육신대전 개정증보신판

육신대전
六 神 大 典

변만리원저, 김동환정리
변만리 역리연구학회 편

資 文 閣

일러두기

　육신대전은 丁巳年(1977)에 초판을 낸 후 20여년 만에 개정판을 내게 되었다고 합니다. 그동안 수없이 복사를 해서 원판이 크게 훼손되었고 잘못된 오자도 많아 독자들에게 많은 불편이 있었다고 하는데 이 모든 것을 철저히 고치고 완벽한 개정판을 완성하는데 20여년이 걸렸으니 이정도 정성 드린 책이라면 그 내용을 설명하지 않아도 가히 짐작하실 것입니다.

　변만리 선생님은 육신대전이야 말로 사주의 꽃이라 말씀하셨습니다. 육신대전은 사주의 백과대전으로서 사주와 운세의 분석과 감정에 만능교사가 될 것입니다. 그러나 그동안 서점에서 판매하는 것보다는 연구서를 후학들에게 직접 가르치는데 만 주로 사용하셨습니다. 선생님의 육신대전이 좋은 서적이라는 것은 자타가 인정하지만 손쉽게 구입 할 수 없었으므로 그동안 복사본이 난무했습니다. 심지어는 선생님의 저서를 인용해 동영상강의를 하는 사람들도 있다고 합니다. 그러나 저작권은 법적으로 보호받기 때문에 이제는 그런 불미스러운 일이 없기를 바랍니다.

　아울러 본 개정판은 실전 사주사례들을 넣어 실증철학을 연구하고 공부하는데 도움이 되도록 하였으며 본서에 기록 된 사례의 사주들은 검증된 실재사례들이라는 점을 첨언 하는 바이다. <사주기록은 좌에서 우로 年月日時柱로 기록하였다.>

乙巳年 立夏之節에
김동환 두 손 모음

新四柱의 꽃을 선물한다.

　陰陽說의 연구에 뛰어든 지 15년이 넘었지만 아직도 이렇다 할 표적이 없으니 歲月이 부끄럽기만 하다. 그 동안 내가 해야 하고 또 할 수 있는 일은 陰陽說의 現代的 科學化와 大衆的 生活化였다. 전문가도 어렵기만 한 古典陰陽說로서는 아무리 공부를 하려해도 알 수가 없고 뜻을 이해할 수 없으니 흥미가 있을 수 없고 자신을 얻을 수가 없다. 과학은 누구나 이해할 수 있는 평범한 상식이듯이 대중은 일상생활에 직접 간접으로 필요하고 응용할 수 있는 지식에 대해서만 흥미를 가진다. 그 무미하면서 까다롭고 횡설수설한 고전 음양설을 총정리하고 체계적으로 알기 쉽게 해설하여 누구나 消化하고 섭취할 수 있는 대중의 양식으로 하는 것이 나의 일차적 과업이요 지표였다. 그 첫 과업으로써 이룩한 것이 6년전에 내놓은 新四柱要訣이요 이를 보다 具體化한 제 이차 과업의 선물이 3년전에 선보인 新四柱通信講座다. 글을 쓸 때는 신기하고 흡족하지만 막상 책을 내놓고 보면 무엇인가 빠지고 부족한 것 같은 느낌이 적지 않다. 그럴 때마다 나는 빨리 보충하고 완성해서 나와 같이 공부하는 동문들에게 하루라도 빨리 알리고 싶은 심정이 간절했기에 나는 잇달아 연구하고 글을 쓰기에 한 시도 멈추지를 못했다. 사주는 이론도 중요하지만 통변이 더 중요하다. 아무리 사주이론에 통달하고 달관 했다고 해도 사주를 놓고 통변에 능하지 못하면 유명무실한 허수아비에 지나지 않는다. 어떻게 하면 통변의 광장을 넓히고 자유자재로 통변할 수 있는 열쇠를 만들 수 있는가 하는 것이 나의 당면과제요, 급선무였다 그 열쇠는 육신과 통변의 법칙이 쥐고 있었다. 그래서 나는 육신을 뿌리째 뽑아 송두리째 재분석하고 재 요리하는 육신의 해부작업에 심혈을 기울였다. 흔히들 말하기를 술서는 알맹이는 없고 껍질만 많다는 평이 있다. 진짜는 내어 놓지 않는 것이 술사들의 속셈이라는 것이다. 이점은 본인도 매우 가슴 아프게 생각한 나머지 기왕 책을 쓰려면 독자들이 알아들을 수 있고 배워서 써 먹을 수 있도록 하여야겠다는 것이 내 소신이었다. 그것은 나의 일생을 통한 과업으로 계속 분발 할 것을 다짐한다.

丁巳年 小暑
邊 萬 里 識

육신대전 개정신판을 내면서

 2011년도인 辛卯年에 자문각을 인수하여 재판을 거듭하면서 "육신대전"을 사례를 넣어 이해를 돕도록 개작 신판을 내야겠다는 생각은 항상 머릿속에 있었으나 엄두를 내지 못하였는데 15년 가까이 된 乙巳년에서야 "육신대전" 개정신판을 내게 되어 감개무량합니다. 육신대전은 독자들의 이해를 돕기 위해 육친별로 여러 사례를 넣어 새롭게 편집하게 되었습니다. 이 방대한 작업을 하면서 오랫동안 편저자의 곁에서 보필해주고 워드작업을 해주신 자문각 발행인이시며 여산서숙 살림 총책임자이신 김정숙 실장님께도 감사의 뜻을 전하는 바입니다. 모쪼록 이 육신대전이 역술을 업으로 하고자 공부하시는 독자제현 학인들에게 다소라도 도움이 되었으면 하는 마음 간절합니다.
 편집상 오류와 오자가 있다면 이해해주시고 직언해주시면 감사하겠으며 공부하면서 이해가 잘 안 되는 부분이 있다면 언제든지 연락하시면 성의 것 답변해드리고 도와드리겠다는 약속도 합니다. 독자제현님들의 무궁한 발전을 기원합니다.

乙巳年 立夏之節에 편저자 金東煥 合掌

目 次

일러두기..3
사주의 꽃을 선물한다..4
육신활용대전 개정판을 내면서................................6

六 親 論 11
比 肩 篇 19
    比肩과 比肩 24
    比肩과 劫財 29
    比肩과 食神 32
    比肩과 傷官 35
    比肩과 正財 40
    比肩과 偏財 44
    比肩과 正官 48
    比肩과 偏官 55
    比肩과 印綬 61
    比肩과 偏印 66
    比肩의 通變 68

劫 財 篇 70
    劫財와 比肩 75
    劫財와 劫財 78
    劫財와 食神 82
    劫財와 傷官 84

    劫財와 正財 86

    劫財와 偏財 89

    劫財와 正官 92

    劫財와 偏官 95

    劫財와 印綬 98

    劫財와 偏印 100

    劫財의 通變 103

食 神 篇 104

    食神과 比劫 107

    食神과 食神 109

    食神과 傷官 112

    食神과 財星 114

    食神과 官殺 116

    食神과 印星 118

    食神의 通變 121

傷 官 篇 124

    傷官과 比劫 127

    傷官과 食神 129

    傷官과 傷官 130

    傷官과 財星 131

    傷官과 正官 134

    傷官과 七殺 140

    傷官과 印綬 143

傷官과 偏印 146

　　傷官의 通變 148

財 星 篇 152

　　財星과 比肩 158

　　財星과 劫財 162

　　財星과 食神 165

　　財星과 傷官 167

　　財星과 財星 169

　　財星과 官殺 172

　　財星과 印綬 175

　　財星과 偏印 181

　　正財의 通變 181

　　偏財의 通變 186

正 官 篇 189

　　정관은 만인의 사표다 190

　　정관은 정상을 향한 대로의 계단이다 193

　　말을 타고 가는 벼슬길은 순탄하다 195

　　정관의 희 기신 197

　　正官과 比肩 197

　　正官과 劫財 200

　　正官과 食神 203

　　正官과 傷官 204

　　正官과 正財 206

正官과 偏財 208
　　正官과 正官 210
　　正官과 偏官 212
　　正官과 印綬 214
　　正官과 偏印 216
　　正官의 通變 217
　　官星과 年月日時 220
　　正官과 12運星 220
　　女命과 正官 222
　　總論 223

偏官 篇 225
　　偏官과 七殺 226
　　七殺과 比肩 229
　　七殺과 劫財 223
　　七殺과 食傷 231
　　七殺과 財星 232
　　七殺과 官星 233
　　七殺과 印星 236
　　偏官의 通變 239
　　인수는 후견인의 별이다 246

正印 篇 244
　　印綬와 比劫 248
　　印綬와 食傷 249

印綬와 財星 252
　　　印綬와 官殺 255
　　　印綬와 印星 257
　　　印綬의 通變 260
　偏 印 篇 264
　　　偏印과 比劫 268
　　　偏印과 食神 268
　　　偏印과 傷官 268
　　　偏印과 財星 269
　　　偏印과 官殺 269
　　　偏印의 通變 269

六神通變의 實例. 40題 273
육신은 사회 환경이다 274

육친론 (六親論)

　　과거 육친궁(六親宮)은 모계(母系)중심으로 안배되어 왔다. 가령 甲日생인 경우엔 癸水가 어머니별인 인성(印星)이 됨으로써 癸水를 중심으로 아버지와 조상의 별을 찾아야 했다. 癸水의 남편별인 관성은 戊土이다. 戊土는 甲木의 편재에 해당한다. 그래서 편재는 아버지별이라고 한다. 조부모(祖父母)역시 아버지의 어머니의 별을 중심으로 따진다. 戊土의 인성은 丁火요 丁火의 정관은 壬水다. 丁火는 甲木의 상관이 되고 壬水는 甲木의 편인이 되니 상관은 조모(祖母)의 별이요 편인은 조부(祖父)의 별이 된다. 재성(財星)은 처첩의 별이며 편재는 첩의 별이니 아버지의 별이 첩과 똑 같은 것이다. 과연 아버지의 별이 첩과 똑같은 것이다. 과연 아버지와 첩을 동등시할 수 있는가? 중국의 위천리(韋千里는) 윤리 도덕을 내세워서 이를 극구 비난하는 동시에 아버지는 어머니와 대등함으로써 인수를 아버지별을 삼아야 한다고 주장했다. 체계적으로 따진다면 부모는 동등한 위치에 있으니 생아자(生我者)는 인수라는 원칙에 따라서 인수의 별로 아버지를 삼는 것은 매우 합리적인 이론이다. 그러나 어머니와 아버지는 같이 살 뿐 한 넝쿨의 한 몸은 아니다. 어머니와 아버지는 그 씨족과 혈통이 전혀 별개이듯 이 그 성격과 직분 또한 관이하다. 어머니는 자식을 낳고 기르는 것이 본분인데 반해서 아버지는 자식의 종자이자 혈통이요 인격을 형성하고 다스리는 가독(家督)이다. 육친의 근본인 육신(六神)은 군주인 일주에 종속된 신하(臣下)로서 그 신하의 체통(体統)이 바로 육친이다. 때문에 육친의 별은 지위와 더불어 직분에 의해서 다음과 같이 육신에 배분된다. 첫째 육신중에 최고의 지위와 직권을 가진 것은 나를 지배하는 극아자(剋我者)다. 극아자는 관살이다. 관살은 나의 가정에서 가장 으뜸가는 가독(家督)이요 법통의 지배자다. 군왕을 다스리고 지배하는 것은 누구인가? 군왕은 한나라의 최고권자로서 누구도 그를 다스리거나 지배할 수가 없다. 있다면 그것은 혈육상의 가장인 아버지일 뿐이다. 아버지는 이 세상에서 가장 지엄하고 존귀한 최고의 별이다. 누구도 부명(父命)을 거역할 수는 없다. 그것은 군왕이라 해서 예외일 수가 없다. 국법상으로는 군왕이 절대적인 최고 권력자 이지만 인륜상으로는 엄연히 아버지의 아들로서 아버지의 슬하에 있다. 그 아버지의 별인 관살이란 덮어놓고 지배하고 억누르는 강제자가 아니고 보다 높은 지체와 지위에서 군왕을 철저히 보살피고 바로 잡으면서 자기만큼 높은 수준으로 인격과 실력을 기르고 가꿔주는 후견인임은 말할 나위도 없다. 왜냐하면 육신은 어느 것이든 군왕을 위해서 있는 신하이자 후견인이기 때문이다. 정관(正官)은 법통의 정당한 보호자인데 반해서 편관은 힘으로 강제하는 부당하고 비정(非情)한 보호자다. 생부(生父)는 자연의 법통에 의한 정당하고 다정한 보호자요 의부(義父)는 아버지의 이변(異變)에 의해서 발생한 비리(非理)하고 비정한 호랑이 같은 보호자 아닌 강제자다. 육친상 아버지로 섬기는 부성(父星)이 정관이라는 것은 자명한 사실이다. 다음은 조부모의 별이다. 甲日生의 정관은 辛金이니 조부는 辛金을 위주로 해서 정관인 丙火를 아버지로 삼고 인수인 戊土를 어머니로 삼으니 甲日主로서는 식신인 丙火가 조부가 되고 편재인 戊土가 조모가 된다. 증조부나 고조부의 경우도 마찬가지다. 어머니 아닌 아버지와 할머니 아닌 할아버지별을 중심으로 정관과 인수를 부모로 삼으니 甲日生의 경우 증조부는 인수인 癸水요 증조모는 겁재인 乙木에 해당한다. 이를 정리하면 다음과 같다.

高祖母..................庚------癸-------戊..................高祖父

曾祖母..................乙------丙-------癸..................曾祖父

祖　母..................戊------辛-------丙..................祖　父

母　親..................癸------甲-------辛..................父　親
　　　　　　　　정인-----일간-----정관

만리식 육친관 제1표

高祖母..................乙------丙-------庚..................高祖父

曾祖母..................辛------壬-------丙..................曾祖父

祖　母..................丁------戊-------壬..................祖　父

母　親..................癸------甲-------戊..................父　親
　　　　　　　　정인-----일간-----정재

고 전 육친관 제2표

이상의 두 가지 도표를 보면 어느 것이 논리적이고 정통적인가를 쉽게 알 수 있다. 제1표에서는 甲日생의 경우 父는 辛金이요 조부는 丙火이며 증조부는 癸水요 고조부는 戊土다. 위로 올라감에 따라서 똑같이 정관의 별이 나타난다. 고조부는 증조부를 다스리고 증조부는 조부를, 조부는 아버지를, 아버지는 나를 다스린다. 체통과 질서가 일사불란할뿐더러 높은 자기 아랫사람을 다스리는 법통을 확고히 정립(定立)하고 있다. 이는 모계(母系)의 경우도 같다. 어머니는 癸水요 조모는 戊土이며 증조모는 乙木이요 고조모는 庚金이다. 조모인 戊土는 어머니인 癸水를 다스리는 어머니의 정관이요 증조모인 乙木은 조모(戊土)를 다스리는 조모의 정관이며 고조모는 증조모(乙木)를 다스리는 증조모의 정관이다. 어머니의 시어머니인 조모가 어머니를 다스리는 호랑이 같은 정관이듯이 조모의 시어머니인 증조모가 조모를 다스리는 정관으로 군림할 것은 당연한 법통 질서다. 좌로 보나 우로 보나 중앙으로 보나 상하의 질서와 체통이 뚜렷하고 정연하다. 육신상 관살은 높은 당상(堂上)으로 올라가는 험한 산길이다. 지체가 높으면 높을수록 길과 위치는 높아지는 것이 의당 지사다. 그와 같이 제1표의 부계(父系)는 위로 올라갈수록 한 단계씩 높은 산과 별이 나타난다. 갈수로 태산이라고할까? 그러나 더욱 중요하고 현실적인 것은 부모와 자식의 삼각관계다. 父代에 있어선 辛(父) 癸(母) 甲(日主)이 되고 조부대에 있어선 丙(父) 戊(母) 辛(日主)이 되며 증조부대에는 癸(父) 乙(母) 丙(日主)이 되고 고조부대에선 戊(父) 庚(母) 癸(日主)가 된다. 父를 주체로 하면 母는 식신이 되고 子는 정재가 되니 식신생재가 되는 것이다. 육신상 식신은 財를 생산하는 꽃이요 재성은 열매다. 아내를 통해서 씨를 뿌리고 싹이 트며 꽃이 피고 열매가 맺는 것이다. 이 얼마나 자연적이고 현실적인 생산과정인가? 재는 식신이 있어야 생산되듯 자식은 아내가 있어야 하고 또 아내를 통해서 낳으며 아내는 씨의 주체인 夫君이 있어야만 잉태하는 것이다. 이와 같이 남성을 주체로 한 육친의 체통은 혈통의 법통이나 인륜의 체통이나 출산의 과정이 있어서 하나같이 질서가 정연하고 현실적이다. 이와는 달리 여성을 주체로 한 육친의 체통은 그와 정반대다.

제2표에서 구체적으로 밝혀졌듯이 나는 아버지를 극하고 아버지는 조부를 극하듯이 조부는 증조부를, 증조부는 고조부를 극하고 지배한다. 그것은 어머니의 경우도 마찬가지다. 어머니는 조모를 극하듯이 조모는 증조모를, 증조모는, 고조모를 극하고 지배한다. 이를 바꿔서 해설하면 고조부는 증조부를 관살로 섬기듯이 증조부는 조부를, 조부는 아버지를, 아버지는 나를 관살로 공경하고 섬기고 있다. 그와 같이 고조모는 증조모를 섬기고 증조모는 조모를, 조모는 어머니를 하늘처럼 받들며 섬기고 있지 않는가? 과연 그것이 부자간의 법통이요 체통이며 인륜이요 질서이며 현실일 수 있는가? 도대체 자식이 아버지를 지배하는 하극상(下剋上)을 윤리법통으로 삼는 사회가 어디 있으며 과연 그러한 사회에서 육친관계가 존재할 수 있는가? 굳이 있다면 그것은 윤리 도덕을 찾아볼 수 없는 동물사회뿐이다. 동물사회엔 어미가 새끼를 낳을 뿐 부모형제의 육친관계나 법통은 존재하지 않는다. 젖 먹일 때만 모자지간이요 제 발로 먹을 땐 뒤도 돌아보지 않는다. 오직 힘과 힘의 대결과 질서가 있을 뿐이다. 여기서 문제가 되는 것은 아들의 별이다. 육친상 아들은 관살에 해당한다. 어째서 아들은 아버지의 지배를 받는 재성이 아니고 도리어 아버지를 다스리는 관살로 군림하는가? 여기에는 두 가지 근본원리가 있다. 첫째는 자식의 생산과정과 체통이요 둘째는 관살이 지니고 있는 본질적인 직분이다.

첫째의 이유로서 오행상 남성을 대표하는 것은 甲木이요 모성(母性)을 대표하는 것은 己土다. 甲木은 샘물을 대표하는 木의 양성(陽性)에 속하는 동시에 양기와 정력의 근본인 생기(生氣)에 해당하고 己土는 대지(大地)를 대표하는 土의 음성(陰性)에 속하고 만물을 잉태하고 생산하는 자궁(子宮)에 해당한다. 인간은 생물을 대표하고 남성은 생식기능을 상징하며 생기는 정력과 생식능력을 의미한다. 그와 같이 만물을 생산하고 기르는 대지의 己土는 여성을 대표하고 생식작용을 하는 자궁으로서 만물의 모성을 상징한다. 그 甲木과 己土는 하늘과 땅의 배합이자 음양의 배필로서 지구상의 부부를 상징한다. 그래서 甲己合을 중정지합(中正之合)이라 한다. 그 하늘과 땅, 남과 여에서 탄생한 것이 하늘과 땅의 아들딸이다.

甲己가 합하면 화토(化土)로 변하니 그 土에서 태어난 土의 아들딸은 바로 金이다. 金은 土의 식신 상관이 되는 동시에 남편인 甲木의 관살에 해당한다. 그래서 여성인 己土는 식신 상관으로 자식의 별을 삼는데 반하여 남성인 甲木은 관살인 庚辛을 자식의 별로 삼는다.

둘째의 이유로선 관살은 앞에서도 말했듯이 군왕의 생명과 재산을 보호하는 근위사단장(近衛師團長)이자 법통이다. 어려서는 군왕이 아버지에 의해서 생명과 재산을 보호받듯이 늙어서는 아들딸이 늙고 병든 군왕을 보살피고 공경한다. 그것은 나를 강제하는 극아자가 아니고 나를 보호하는 호아자(護我者)이니 어려서는 아버지가 관살이 되고 늙어서는 자식이 관살이 되는 것이다. 그래서 자식궁인 시주(時柱)는 관살을 위주로 해서 안배된다. 그 실증으로서 甲日생이나 己日생은 화토(化土)로 변하여 土체가 되고 乙日생이나 庚日일생은 화금(化金)으로 변하여 金체(体)가 되듯이 丙辛日생은 화수(化水)의 水체가 되고 丁壬日생은 화목(化木)의 木체가 되며 戊癸日생은 화화(化火)의 火체가 된다.

土의 관살은 木이요 金의 관살은 火이며 水의 관살은 土요 木의 관살은 金이며 火의 관살은 水가 된다. 그와 같이 甲己日은 土의 관살인 木을 시주(時柱)의 첫머리로 삼아서 甲子시에서 시작하고 丙辛日생은 水의 관살인 土를 머리로 하여 戊子시부터 丁壬日생은 木의 관살인 金을 앞세워 庚子시부터, 戊癸일생은 火의 관살인 水를 기수(旗手)로 하여 壬子로 시부터 시작한다.

이와 같이 자식을 관살로 삼는 것은 일생일대를 통해서 볼 때 현실적이고 자연적인 체통이며 추호도 불합리하거나 모순되거나 하극상이 아니다.

육친은 가정적 사회적인 환경관점에서 적용해야한다.

 六親을 다른 말로 六神이라고도 한다. 그런데 우리는 부모 형제처자에만 국한시키려는 경향이 많아 印星이 吉하면 부모의 덕이 있고, 비견과 겁재가 忌神이면 兄弟無德으로 보고, 女命인 경우 官星이 吉星이면 남편의 덕이 있다고 하고, 男命인 경우 재성이 흉한 별로 작용하면 처덕이 없다는 등 판에 박은 듯이 직역으로 통변하는 것이 현실이다.

 그러나 육신은 인생사에서 상대하고 거래해야할 주변 인물들로 사회적 환경에 해당한다고 봐야 할 것이다. 인간에게 주어진 환경은 크게 가정적환경과 사회적 환경으로 나눌 수 있는데 부모형제처자의 육친은 가정환경의 별이고 상사부하동창친구 동료나 은사 제자 동업자등은 등은 사회적 환경의 별이다.

 현시대는 가정보다는 사회적인 관계와 경제적인 거래가 그 중심과 핵을 이루고 있는 현실이어서 운명과 운세의 길흉을 판단하는 사주분석과 운세 감정에도 역시 사회적인 환경을 중요시한 통변을 위주로 해야 한다는 것이다. 그래서 육신의 대상과 그 범위를 폭넓게 확대 해석 해 볼 필요가 있다.

 첫째 印綬(偏印과 正印)는 자신을 먹이고 입히고 가르치고 기르는 양육과 교육의 후견인이기에 사회적으로 나를 먹이고 입히고 가르치고 인도하는 직장 은사 상사 또는 의식주관계 등 모두가 이에 해당한다고 하겠다.

 둘째로는 比劫(比肩과 劫財)인데 이는 나와 유사한 환경과 여건을 가진 대상으로 동창생 동업자 동료 동향인을 비롯해서 나와 경주하고 경쟁하는 대립자로 나와 대결하는 직업 직종기업인 그리고 나를 시기하고 질투하는 삼각관계나 나의 생명과 재산을 노리고 박해하는 도적 밀고자 고소인 등 모두가 이에 해당 한다.

 셋째는 食傷(食神과 傷官)은 나의 활동의 영역으로 기분과 감정을 동하게 하고 호감과 유혹 을 하는 환경과 여건의 대상으로 자신의 재능과 자본 그리고 의욕을 움직이게 하는 일 직업 기업 권고자

유혹자 등을 비롯하여 자신의 출세의 길을 열어주는 각종고시 취직 투자 증권 보험 계 또는 자신의 실력을 발휘하는 선발대회 기능대회 스포츠경기 등 모두가 나의 피와 땀을 발산시키고 꽃을 피우게 하는 모든 것들에 해당 한다.

넷째 財星(偏財 正財)은 나를 공경하고 섬기는 부하나 나에게 의지하는 종업원을 비롯하여 내가 보살피고 부담 관리하고 지배해야 할 대상으로 자신의 책임 의무 관리대상 나의관심을 끄는 사물이나 욕심을 발동시키는 이해관계 등이 이에 해당 된다.

다섯째는 官殺(偏官 正官)로 관성은 나를 지배하고 명령하고 보호하는 대상으로 상사 규범 법칙과 나의 재능과 의욕을 분발시키는 출세 명성의 기회와 찬스 직위 등이 이에 해당 된다.

이러하듯 육신의 사회적 환경에의 적용은 다양하며 그 폭이 넓어 운세 분석할 경우 육신 분석에서 사회적인 작용을 광범위하고 폭넓게 통변할 경우에야 비로소 육신의 진미를 맛볼 수 있고 그 진가를 느낄 수 있을 것이다.

육친은 주어진 여건과 상황에 따라 본래의 성정이 변한다.

육신은 주어진 여건과 상황에 따라 육신의 성정이 변화하게 되는데 사주에서 육신의 관찰과 분석에서 매우 중요한 관건은 육신의 성정이 주어진 상황에 따라 변화하고 둔갑하기에 어떻게 변화하는지를 정확히 파악 할 수 있어야만 육신의 바른 통변이 될 수 있는 것이다. 문제는 유신이라는 그 별이 주인공에게 쓰임새가 좋은 희신(喜神)이냐 꺼리는 기신(忌神)이냐에 따라 상황이 달라질 수 있어 그 필요성과 가치성에 의미를 두고 육신 해석을 바르게 해야 한다.

비 견 편 (比肩篇)

비견(比肩)은 쌍둥이 인생이다.

사주는 하나의 군주와 일곱의 신하로 구성된다. 그 군주와 동일한 쌍둥이인 제二군주가 비견이다.

한 나라에 두 주인이 있을 수 없다. 그러나 쌍둥이 주인의 가짜와 가짜를 누가 어떻게 가릴 수 있겠는가? 성씨(姓氏)도 다 같고 얼굴이 같으며 음성이 같고 행동이 같으니 어찌 그 진가(眞假)를 구별할 수 있는가? 군왕이 거동하면 비견은 쌍둥이처럼 붙어 다닌다. 잠을 자도 같이 자고 노래를 해도 같이하고 음식을 먹어도 같이 먹고 울고 웃는 것도 언제나 똑같다. 대답을 해도 같이하고 호령을 해도 같이하니 신하들은 언제나 혼동하고 주저하지 않을 수 없다.

주인으로서는 여간 난처한 것이 아니다. 만사에 쌍둥이가 붙어 다니면서 간섭하고 맞장구를 치며 쌍지팡이를 짚고 나서 티눈의 가시보다도 밉고 거추장스럽다. 주인은 하나에서 열까지 신경을 곤두세우고 쌍둥이를 경계하며 그보다 앞장서야 하며 한시라도 한눈을 팔거나 게을러서는 안 된다. 항상 뛰어다녀야하고 경쟁을 해야 하며 무슨 짓을 하든 이겨야 한다. 짜증이 나고 시비가 벌어질 것은 의당 지사다. 그 번거롭고 고달픈 혼동의 쌍둥이 신세를 면하는 길은 독립하고 독점하는 길 뿐이다. 그러기 위해선 독단적이고 독선적인 독립행위를 할 수 밖에 없다

그렇다고 순순히 물러날 쌍둥이는 아니다. 그는 언제나 그림자처럼 따라다니고 쌍둥이로서 같이 행동한다. 아무리 몸부림을 치고 뿌리쳐 봤자 타고난 쌍둥이 신세를 면할 수는 없다. 여기서 군주는 그를 시기하고 질투하며 미워하고 배척하며 다투고 싸우며 독선과 독단을 자행한다. 사람만 보아도 신경질이 생기니 대인관계가 원만하고 능숙할 수가 없다. 만사에 자기본위요 유아독존이며, 편협하고 거칠고 성급하고 의심이 많아 초조하고 서둔다. 무엇을 해도 쌍둥

이가 앞을 가로 막으니 호사다마로 막히는 것이 많다. 주인이 쌍둥이니 신하들은 두 주인을 똑같이 섬겨야하고 군주는 모든 것을 반분해야 한다. 부모의 유산을 비롯해서 재산을 반분하고 벼슬도 반분하며 기회도 반타작해야 한다. 여자는 남편조차도 반분해야하니 어찌 마음이 편하고 집안이 조용할 수 있겠는가? 무엇인가 트집과 발목을 잡아서 내쫓고 독점을 하려는 욕망과 분노가 이글거린다. 그것은 비견의 경우도 마찬가지다. 같은 쌍둥이 주인으로 태어나고도 왕의 자리를 한 번도 차지할 수 없이 신하의 위치에서 가짜주인 또는 대리주인 노릇을 해야 하니 분통이 터질 수밖에 없다. 그가 올바른 주인이 되려면 쌍둥이 주인을 내쫓거나 아예 없앨 수밖에 없다. 그러기 위해선 군주를 제거하는 음모를 꾸밀 수밖에 없다. 그는 자나 깨나 주인의 동태를 살피면서 틈만 있으면 기습을 하려고 기회를 노리는 한편 군주를 신하로부터 이간시키고 불신임을 조성하기 위해서 온갖 모략과 중상을 조작하고 거세하기에 혈안이다. 겉으로는 한 핏줄기의 형제요 쌍둥이지만 마음은 불구대천의 기름과 물 사이다. 변심하고 앙심을 품으며 사사건건 대립하고 시비하며 방해를 한다. 군주는 독점하고 독립하는 것이 소원인데 반하여 비견은 군주를 타도하고 제거하는 것이 소원이니 문자 그대로 오월동주(吳越同舟)격이 아닌가? 명색이 쌍둥이요 동기간이라 해서 군주는 비견에 대해서 재산과 권리와 벼슬까지도 반분하여 왕족대우를 해주지만 비견은 군주를 배신하고 증오하며 배척하고 거세하기에 여념이 없다.

　서로가 겉으로는 형제인양 억지로 다정을 가장하지만 속은 전혀 다르다. 어떻게든 몰아내고 독차지하기에만 혈안이다. 그러나 등에 딱 붙은 쌍둥이인지라 누구도 떨어지거나 쫓아내고 독점할 수는 없다. 하나의 생명과 몸뚱이와 오장육부를 가지고 머리만 둘이니 하나가 꺾이거나 거세되는 법은 없다. 살아도 같이 살고 죽어도 같이 죽어도 같이 죽는다. 그에겐 한 가지 동(同)자가 원수다. 고향이 같은 동향인, 동성동본인 종씨, 동창생, 동기간, 동업자, 동지, 동족,

동성자, 동류, 동급생에 이르기까지 같은 것은 모두가 나를 괴롭히고 노리고 뜯어가는 거머리와 똑같다. 엄연히 내 것인데도 임자가 둘이고 시비와 재판이 있다니 평생을 통해서 바람과 분쟁이 가실 날이 없다. 눈만 뜨면 싸우고 또 누가 진짜이고 누가 가짜인지도 모르는 주인을 섬기는 신하들이 일편단심으로 충성을 다할 수는 없다. 하물며 비견이 신하들을 선동하고 작당하여 군주를 추방하는 음모를 일삼고 있으니 신하의 마음이 흔들리고 변하며 배신하고 거역할 것은 당연하지 않은가? 문제는 누가 이길 것인가의 승패에 있다. 법통으로는 군주가 절대적이다. 누가 신하를 다스리느냐에 열쇠가 있다. 신하들은 같은 쌍둥이지만 승리를 얻을 수 있는 강자에게 가담하고 작당하기를 서슴지 않는다. 힘의 중량은 지지의 十二운성으로 결정한다. 일지가 건록이나 제왕이면 군주가 단연코 주도권을 잡을 것이요 비견이 건록 또는 제왕이라면 비견이 단연코 승리한다. 가령 甲子일주가 甲寅의 비견을 보면 왕관을 빼앗기고 뒷전으로 밀리고 丙寅일생이 丙子의 비견을 보면 군주가 왕관을 차지한다. 자웅을 다투는 일전이 불가피하다. 승자는 남고 패자는 물러가는 것이 상식이지만 몸뚱이가 하나이니 물러갈 사람이 없다. 순순히 복종할 리는 없으니 양자는 죽을 때까지 엎치락뒤치락 싸울 수밖에 없다. 승자도 패자도 없는 닭싸움이 연중무휴로 연속하니 집안 꼴이 어찌 되겠는가? 주인이 둘이면 서로가 가짜이니 가정과 재산은 임자 없는 미결의 분쟁 물로서 허공에 뜬다. 임자 없는 물건엔 도둑이 뛰어들고 협잡이 달려들기 마련이다. 바구니에 손이 들어와도 임자는 할 말이 없다. 물권이 미결이니 권리를 주장할 수 없듯이 도둑을 따질 수도 없다. 만사에 엉거주춤하고 우유부단하며 주저할 수밖에 없다. 나팔수가 둘이요 지휘관이 둘이니 혼돈과 혼란은 불가피하다. 흥정이 될 수 없고 결판을 낼 수가 없다. 모든 것은 시비로부터 시작하여 시비로 끝난다. 기회가 오고 독촉을 해도 갈피를 잡을 수가 없다. 서로의 뜻이 다르고 길이 다르니 옥신각신할 뿐 전진을 할 수가 없다. 서로 물고 늘어지고 버틸 뿐이다.

서로 합심을 해도 살기가 어려운 터에 서로 다투기만 하니 수입이 없고 가난할 수밖에 없다. 돈을 벌어도 임자가 둘이요 자기 것이 될 수 없으니 돈 벌 의욕이 생길수가 없다. 누가 생산하든 소유권은 반분이니 애써 생산할 필요도 없다. 눈치껏 점유하는 데만 재빠르면 된다. 그러나 그것이 어리석은 타산이요 서로 패하고 망하는 답답한 고집임은 말할 나위도 없다. 대화가 단절되고 융통성이 없으니 이해와 관용성이 없는 편견과 아집과 배척으로 일관하니 결과는 서로 망하는 것뿐이다. 앞뒤가 꽉 막힌 장벽에 싸인 우물 안의 개구리처럼 맹꽁만 찾고 있으니 해결의 실마리가 풀릴 수 없다. 가슴을 풀고 창문을 열고 태양을 보며 길이 트고 숨통이 열릴 것이지만 그들은 서로 굳게 닫은 채 보수(保守)를 고집할 따름이다. 그렇다고 쌍둥이는 근본적으로 나쁜 것은 아니다. 군주가 허약하고 국사를 다룰 수 없는 터에 신하가 득세하는 경우엔 대리 군주인 비견이 구세주보다도 아쉽고 반가운 것이다. 평생에 주인 노릇하기가 소망이던 비견에게 섭정(攝政)의 기회를 베푸니 비견은 기쁨과 감격에 겨워서 나라를 다스리기에 온정성과 심혈을 기울인다. 하나의 왕관을 놓고 옥신각신하던 시비와 불화는 자연 해소되고 서로 상부상조하는 따사로운 애정과 화목이 깃드는 동시에 평화와 안정과 번영이 무르익어간다. 주인이 권리를 양보하니 비견 또한 사양하지 않을 수 없다. 서로가 주권을 독점하려고 아우성치는 것과는 달리 서로가 주권을 양보하고 도우려하니 욕심이나 질투나 시기 따위는 찾아볼 수 없다. 그만큼 주인이 호인이요 너그럽고 인정이 많은지라 비견도 호의와 우의와 온정으로 주인을 대하고 도울 수밖에 없다. 같은 형제가 서로 독점하려고 싸우고 발버둥치는 집안은 날이 갈수록 쑥밭이 되고 파괴되며 서로 망하는데 반하여 형제가 합심하고 생산과 건설과 번영에만 열중하고 서로 애지중지 아끼고 도우는 가정이 날로 번창하고 화목하며 봄바람에 꽃이 만발할 것은 자명지사다. 그것은 하나를 양보하고 열을 얻는 것이다. 나라는 비견이 다스리고 소득은 주인과 같이 나누니 이에 더 좋은 팔자가 어디 또 있겠는가? 이러한 주인공은 천하의 사람이니 모두 업이니 대인관계를 할 수로 덕을 보고 얻는 것이 많다. 사람마다 기쁨과 즐거움을 더해주니 어찌 사람을 꺼리고 미워하겠는가? 그는 누구든 사람만 보면 꽃 본 듯이 기쁘게 반겨 맞이하고 지성으로 후대한다. 자기를 반가이 맞이하고 후히 대접하는 사람을 미워하고 싫어할 사람은 없다. 무엇인가 답례를 하고 보답을 하기에 주저하지 않고 아끼지 않는다. 가는 정이 있어야 오는 정이 있다고 주인이 원래 호인이고 다정하고 덕이 많고 아낌없이 베풀기 때문에 상대방도 감동하여 같은 호인이 되고 다정한 벗이 되며 진실한 협력자가 되는 게 아닌가? 그렇다고 신약자가 모두 호인인 것은 아니다. 호의를 베풀자면 의식주가 풍부해야 한다. 인심은 사람보다도 쌀뒤주에서 나온다고 가난하면 인심이고 친구고 동기간이고 알 바가 아니다. 내가 굶고 있는 터에 누구를 도와주고 반겨할 수 있겠는가? <u>그러기에 신약하고 재약하면 인색하기가 소금보다 짜고 소견이 바늘구멍보다 좁다.</u> 반대로 먹고 입을 것은 태산 같은데 신약하다면 어찌 사람 오는 것을 싫어하겠는가? 타고난 제물이 태산 같고 논밭이 사방 수 십리인데 인력이 없어서 감당과 경작을 못하고 있는 터에 천지가 모여들어 일손을 거들어 준다면 그에 더 고마운 일이 어디 있겠는가? 물론 땅이 많고 일손이 없다 해도 인심이 후한 것은 아니다. 성격이 모나고 욕심이 많은 위인은 먹을 것을 창고에 썩혀도 베풀 줄을 모른다. 그러한 수전노와 인색한 냉혈동물에게 사람이 모여들 리는 없다. 워낙 인심이 후하기로 소문이 나고 호인인지라 여기저기서 사람이 모여들고 자기를 찾는 사람에겐 누구에게나 후한 의식주를 베풀고 같이 살기를 청하니 감지덕지해서 자신이 누린바 은공 이상으로 보답하기에 심혈과 정성을 기울이는 것이다. 서로 돕고 아끼고 의지하고 사랑하고 기뻐하고 즐기는 마음과 보금자리에 평화와 번창의 꽃바람이 일고 마냥 행복할 것은 불문가지다. <u>이와 같이 비견은 주인이 신약한 것만으로는 소용이 없고 타고난 재성이 풍부하거나 관성이 왕성한 경우에 한해서만 보물처럼 쓸모가 있고 가치가</u>

있고 대우를 받는 것이다. 그것은 비단 비견뿐 아니라 모든 육신(六神)이 공통적이다. 주인에게 쓸모가 있으면 비싸게 등용되고 쓸모가 없으면 무용지물로서 푸대접과 미움을 받는다.

비견과 비견(比肩과 比肩)

비견이 비견을 보면 첩이 첩을 본 것처럼 더욱 질투하고 시기하고 미워하고 배척한다. 주인이 둘이면 일대일로 나누어 갖기를 원하고 반분할 것을 강력히 요구하지만 주인이 셋 또는 넷이면 문제가 달라진다. 모든 비견이 나누어 가질 수 있을 만큼 재력이 풍부하다면 서로 여유를 가지고 공동 경영의 길을 모색하고 그것이 도리어 생산과 이득에 도움이 될 진대는 아무도 반대나 이간을 부리지 않고 한맘 한 뜻으로 단합하고 협동할뿐더러 누구도 독점할 수 없는 무거운 짐을 서로 나누어지고 운반을 해서 막대한 이득과 분배를 받으니 서로 의지하고 아끼고 돕고 반기고 즐거움을 금치 못한다. 그러나 보따리인 재성은 보잘것없는데 임자는 여럿이라면 나누어 가질 수가 없다. 모두가 가난하고 배고픈 터에 남에게 양보할 수가 없지 않는가? 결과는 누군가가 독점하는 것뿐이다.

누가 보따리를 선뜻 순순히 양보하겠는가? 빼앗길 때는 빼앗길지언정 우선은 싸울 밖에 없다. 힘으로 겁탈하는 것이다. 하나가 움직이면 열이 동시에 움직인다. 서로 보따리를 움켜지고 빼앗기 싸움을 하는 것이다. 거지 동냥자루 찢기와 무엇이 다르겠는가? 주먹이 날고 몽둥이를 휘두르며 피투성이가 된 채 난장판이 벌어지는 것이다. 보따리는 갈기갈기 찢어지고 먹을 것은 짓밟히어 곤죽이 되니 얻는 것은 만신창이와 구사일생의 상처뿐이다. 눈만 뜨면 싸우고 겁탈하고 두들겨서 피투성이로 기진맥진이니 살 도리가 없다. 같이 협력해서 생산해도 살기가 어려운 터에 생산은커녕 싸움질만 하고 남의 것을 겁탈하기에 여념이 없으니 어찌 가난과 굶주림을 면할 수 있겠는가? 날이 갈수록 미워하고 시기질투하고 배척하는 편견만 무르익어갈 뿐이다. 타협이나 대화나 화해나 반성이나 양보란 터럭만큼도 생각할 수 없이 오직 혼자서 독점하고 출세하고 잘 살려는 아집과 유아독존의 일념에 사로 잡혀 있을 뿐이다. 서로가 살길을 찾는 것이 아니고 서로가 죽을 길을 줄달음치고 있으니 얼마나 어리석고 무모하며 답답한 우물 안의 개구리인가? 그들은 사람이 원수다. 형제가 그러하고 동기간이 그러하며 친구가 그러하고 만인이 그러하다. 사람을 만나면 원수를 만나듯이 백안시하고 배척하고 의심하고 미워하고 싫어하고 냉대하고 말썽부린다. 대인관계가 서툴고 거칠고 딱딱하고 무례하고 엉망이니 사회와 용납하지 않는다. 흥정이나 사교나 타협이란 아랑곳없이 오직 천상천하 유아독존 격으로 누구에게나 안하무인으로 군림하려 드니 어느 누가 그를 받아들이겠는가? 어딜 가나 외톨이처럼 따돌리고 배척받으며 물에 기름 돌듯 하니 그에겐 인정이나 우정 따위를 느끼거나 생각할 겨를이 없다. 닥치는 대로 겁탈하고 혼자서 사는 것이다. 날치기든 들치기든 잡아낚는 데는 천재적인 소질을 가지고 있다. 그것은 비견이 아니고 겁재의 천성이다. <u>비견이 여럿이면 겁재로 변질하고 둔갑하듯이 비견의 기질을 떠나서 겁재의 난폭한 성질을 거침없이 부리는 것이다.</u> 가난하면 염치를 모르고 배가 고프면 체면을 차릴 수 없고, 먹을 것은 적은데 먹을 사람은 많다보니 염치와 체면을 불구하고 우선 닥치는 대로 먹을 수밖에 없지 않은가? 서로가 앞을 다투고 보따리를 잡으려니 실력을 행사하고 난폭하지 않을 수 없다. 남이야 먹든 말든 나만 먹고 살겠다는 철저한 이기주의가 비사회적이고 비정상적인 편견과 편굴(偏屈)을 조성하는 것이다.

성정(性情)과 운질(運質)에 대하여

비견은 분산 이별 쟁투 비방 독행 고독 등을 나타낸다. 그러므로 비견운세기간에는 혼자서 독식할 수 있었던 부모유산 재산 관직 일거리 기회 등을 둘로 나누어 반타작할 수밖에 없다. 특히 여성의 경우에는 비견운세가 나타나면 미혼자라면 남자 애인을 두고 삼각관계가 형성 되고 기혼자라면 자신의 남편까지도 반분하여 하는 형상이니 부부불화가 일어나게 된다.

비견은 형제자매 친구 등 동기자(同氣者)를 뜻하므로 본질적으로 "나와 나누어 갖는 것"을 의미합니다.
사주에 비겁이 많으면 군겁쟁재(群劫爭財)라 하여 나와 형제들이 재물 다툼을 하게 되는 격이 되어 가난하게 살게 됩니다. 내 동조자를 믿고 아만성이 있어 다른 사람들의 말은 듣지 않고 독자적으로 매사를 처리하려는 기질이 있어 사고에 능하지 못하니 고집쟁이로 살게 됩니다.

배우자 궁인 일지에 비견이 있으면 나와 처가 동등하다 하여 여필종부의 마음이 없어 서로 충돌하고 화목치 못하다 하는데 역학용어로 간여지동(干與支同)이라고 하지요.

女命에서는 배우자궁인 일지에 비견이 있으면 남편과 다툼이 발생 부부가 화목치 못하다. 여자사주에 비견은 남편의 첩도 되기 때문에 첩이 나와 동등하려고 하니 말썽이 생겨 부부 불목하다 말합니다.

비견은 편재(父星)를 극하고 정인(母星)을 설기 시키게 되니 부모와 인연이 박하다고 말하며 남자 사주에서는 편재가 애인이 되는데 애인과의 인연도 없고 사주에서 편재는 남녀 공히 큰돈 횡재하는 돈이 되는데 강한 극을 하게 되면 돈이 모아지지 않으니 돈이 새어 나간다고 하는데 비견이 형 충을 하거나 월지 공망이면 형제의 도움이 없고 인연이 박하다고 합니다. 비견이 좋은 점은 관살이 강할 때 자신을 방어할 동조로 유용하고 비견이 강하고 식신상관이 있으면 식신생재라 하여 형제(比肩)의 기를 빼앗아 재물을 실어 나르는 격이 됨으로 재성이 힘을 받아 길합니다.

비견이 과다하면 남의 구속을 받기 싫어함으로 동업은 불가하며 자영업이 좋으나 사업을 하려면 식상과 재성이 기본적으로 있어야 좋습니다.

[문] 비겁의 장단점과 작용에 대하여 알고 싶습니다.

비견과 겁재를 통틀어서 비겁이라 말하는데 겁재를 비겁이라고도 한다. 비겁은 장점도 많지만 단점 또한 많습니다.
비견과 겁재에 대하여 다시 한 번 익히는 시간을 갖는다 생각하시고 위에서 말한 "比肩의 性情과 運質에 대하여"를 두세 번 정독하시고 활용하는 방법에 게을리 하지 마시기 바랍니다.

[문] 세운에서 비겁이 용신(길신)으로 들어올 때는?

사업적 야심이 강하다. 적극적이고 활동적이다. 정복심과 점유욕이 강하다. 형제간 재산 분리 분산 분가 등이 발생한다. 친구 동료 형제의 도움을 받는다. 사업 확장 사세가 신장된다. 특히 재다신약(財多身弱)사주에서는 용이 물을 만난 격 이니 크게 발전한다. 로 보면 됩니다.

[문] 세운에서 비겁이 기신(흉신)으로 들어올 때는?

친구 동료로 인한 피해 또는 파재를 당한다. 부부사이에 충돌로 불화가 발생한다. 독선적인 성격으로 변해 일을 그르쳐 낭패 당한다. 재물을 도적맞거나 약탈당한다. 친구 형제 동료로부터 배신당한다. 수입보다 지출이 많다. 특히 男命에 정재가 약하면 겁재 세운 대운에 이별수가 있게 되니 조심해야 한다. 라고 말하면 됩니다.

坤命	癸卯	丁巳	丁巳	庚戌
수	8	18	28	38	48	58	68
대운	戊午	己未	庚申	辛酉	壬戌	癸亥	甲子

庚戌	丁巳	丁巳	癸卯	坤命

<비겁 태왕한 사주이야기>

4월달 여름철(丁巳月) 丁巳일에 태어나서 화기(火氣)가 하늘을찌를듯합니다. 비겁이 중중한 명조이군요. 년상(年上)의 官殺 癸수는 고립된 상태에서 맥을 못 추고 있습니다.

이사주의 주인공은 자수성가해야 할 팔자로 구성되었습니다.

火生土로 土生金해서 살라했으니 자신의 노력으로 살아가야 합니다. 부군(夫君)은 있어도 없는 듯이 일은 정상적인 직업이 아니라 천하고 힘든 일로 노력하며 살아가라 했으니 잡부요, 장사라면 노점상일 것입니다.

壬수는 월상 비견이 빼앗아가고(丁壬合) 亥수는 월일지가 합작으로 충거(沖去)시키니 官이 몰(沒-빠질 몰) 해버린 상태입니다. 그래서 있어도 없는 듯이 살라는 것입니다. 巳中庚금 재성이 時上에 투출되어 돈 욕심 많고 돈복은 타고나서 곤궁하지는 않을 것입니다.

48대운인 壬戌 운은 무난하게 살아갈 운세입니다.(水土희신운)壬辰년 운세는 壬수가 辰토 상관을 달고 들어오는군요. 壬수는 합불합 충불충(合不合 沖不沖-丁壬이 투합 되어 불합하고 丁癸 충도 안 됨)으로 무해 무덕하지만 辰토 상관을 달고 들어와서 건강관리를 해야 하는데요. 이런 해에는 여자이기 때문에 자궁 쪽 검진 잘 하라고 부탁해야합니다.(壬癸수가 신장방광이고 辰토가 土剋水를 극하므로)

癸巳년 운세는 불길합니다. 다만 확장하는 등 동(動)하면 손(損)이요 흉하고 정(靜)하면 길입니다.
癸巳년이 되면 월주와 일주가 동시에 天沖地沖하여 대기(大忌)하다 말 할 수 있습니다.

58대운인 癸亥 운에는 많은 삶의 변화들이 발생할 것입니다.(丁癸沖 巳亥沖)누구나 50대에 맞이하는 대운에서는 월지 충을 만나지만 일간까지 충을 당하면 특히 주위 해야 합니다. (水火相戰이므로 배우자와의 인연이 박하다 말 할 수 있어 부부간에 생리사별 수로도 봅니다)

[여산서숙 간 실전사주간명사례108제 99쪽에서]

비견과 겁재(比肩과 劫財)

　비견은 합법적인 상속자로서 상속과 권리를 분배받을 권리가 있는데 반하여 겁재는 불법적인 침범자로서 겁탈을 본업으로 한다. 돈을 나눌 때 도독이 뛰어들면 무법이 난무한다. 누구든 움켜쥐는 것이 주인이다. 겁재는 법을 외면하고 실력투쟁을 위주로 한다. 힘센 자가 이기고 점유하는 것이다. 도독이 주먹을 쓰면 비견과 주인도 주먹을 쓸 수밖에 없다. 합법적인 분배가 불법적인 쟁탈로 둔갑을 한 것이다. 비견과 주인이 하루아침에 겁재로 변질하고 전락한 것이니 비견과 겁재가 혼동된 것이 아니고 겁재가 셋이 등장하여 겁탈을 일삼는 것이다. 겁재는 법에 쫓기고 있는 몸인지라 비견처럼 태연하게 법을 찾고 분배를 기다리거나 주인처럼 성실하게 생산하고 평화적으로 살 수가 없다. 당장 일확천금을 해서 어디론지 사라져 버려야 한다. 주인과 형제가 도독을 만나면 같이 작당을 하고 보니 위세가 당당하다. 집단적인 대규모의 겁탈 작전에 능소능대한지라 밀수나 조직적인 도박 또는 들치기를 즐긴다. 그러나 도독에게 협동정신과 동업의 도덕이 있을 수는 없다. 그들은 서로가 의심하고 배신하고 배척하면서 돈만을 노린다. 이해타산이 맞으면 동지요 형제인데 반하여 이해가 상반되면 적과 원수로 변한다. 집단적인 겁탈자는 대담하고 큰 것을 탐내면 무자비하다. 돈을 위해선 무슨 짓이든 할 수 있다. 목적을 위해선 아첨도하고 체면도 차리는 척 하는 등 수단과 방법을 가리지 않지만 목적이 빗나가면 당장 표범으로 변한다. 천하에 겁탈자가 무리를 이루었으니 그 위풍은 당당하다. 그들은 돈뭉치만 발견하면 어떠한 것이든 겁탈할 수가 있다. 타고난 재성이 왕성한 경우 그들은 그 재원(財源)을 대대적이고 급속도로 멋지게 개발함으로써 일확천금하고 치부할 수가 있다. 돈이 많아 분배에 만족하면 겁탈자들도 의리를 지키고 체면과 염치를 알며 다정하고 우애가 깊다. 그들은 동업을 즐기고 상부상조하는 협동심이 강하며 투기와 도박에 능하고 밀수와 아편 등 대담한 겁탈행위에 능숙하고 민감하다. 생사를 같이하는 전우처럼 피로써 맺은 인연인지라 비밀을 지키고 조직적인 집단행동에 능사하다. 서로 믿고 의지하고 아끼고 베풀고 단합하는 협동정신이 대단하다 그러나 재성이 빈약하면 양상이 달라진다. 물건은 하나인데 도둑이 열이니 집단은 무용지물이다. 하나는 살고 아홉은 물러서야한다 누가 물러설 것인가? 겁탈자에게 양심이나 양보란 없다. 오직 힘으로 대결하고 겁탈하는 것이다. 변심과 배신을 식은 죽 먹듯 한다. 서로 의심하고 경계하고 눈치보고 기선을 제압하는데 번개처럼 빠르다. 비견처럼 우물쭈물하거나 주저하지 않는다. 대담하고 난폭하고 거칠고 냉혹하다. 서로가 겁탈하기에만 여념이 없고 생산자와 재원은 없으니 도대체 무엇을 겁탈하고 무엇으로 살 것인가? 그들은 무인지경의 심산유곡을 달리는 산적과 같다. 아무리 겁탈하려고 해도 기회를 얻지 못하고 매양 헛수고니 늘어나는 것은 가난과 불안과 초조와 짜증과 허탈뿐이다. 그들은 무엇이든 닥치는 대로 겁탈하려고 온갖 수단과 방법을 짜내지만 결과는 언제나 허무할 뿐이다.

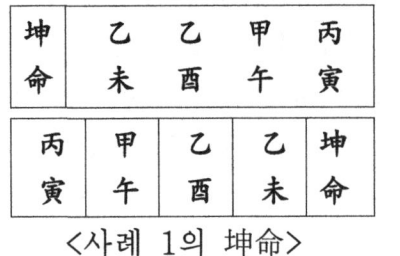
<사례 1의 坤命>

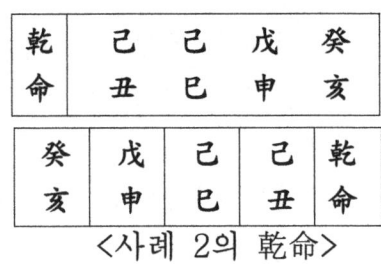
<사례 2의 乾命>

사례 1의 경우는 4木으로 겁재 둘이나 되어도 겁재작용을 못한다. 오히려 七殺을 묶는(乙庚合) 역할로 순화시키니 형제의 덕이 있다. 다만 7남매의 차녀로 태어났으나 위 언니가 교통사고로 청춘죽음을 하여 장녀 노릇하고 있는 것도 연구대상인데 겁재(兄弟)가 백호대살에 놓인 점으로 형제 흉사로 보고, 日主 甲木은 장남장녀로 산다는 점도 고려대상이다. 木은 風也라 했으니 특히 乙木은 風氣로 나이 들어 건강관리가 요구되는 팔자이다.

사례 2의 경우는 4土로 劫財一色인고로 빼앗기기도 하지만 빼앗아 올 수도 있는 힘을 가진 身旺財旺한 命造에 식신이 잘 발달 되기도 하였지만 火土相生에 食神生財로 잘 연결 된 팔자여서 好命으로 간주되는데 젊어서는 포목장사로 성공했고 은퇴 후는 자가 점포 임대료 삼백여만원으로 잘 살아간단다. 그래서 비겁이 많아도 식상과 재성이 있으면 그 힘으로 인인성사(因人成事) 된다는 것이죠, 다만 甲午년에 심장에 문제가 발생 병원에 입원 후 몇 개월 만에 훌훌 털고 일어난 것도 기적이며 土기운이 강한 사주에 木火의 기운이 강하게 들어오면 火는 심혈관으로 심장병이 발생 할 수 있습니다. 평생 포목장사를 한 것. <木은 포목 의류에 해당 木으로 疎土>

비견과 식신(比肩과 食神)

　　비견은 나뭇가지요 식신은 꽃과 열매다. 아름다운 꽃과 열매는 많을수록 좋다. 가지가 많으며 꽃과 열매도 풍성하다. 그래서 식신은 비견을 기뻐하고 또한 식신을 기뻐한다. 형제가 합심하여 의식주를 생산하니 서로 화목하고 다정하며 번창한다. 그들은 상속을 같이 나누듯이 모든 소득을 공평하게 분배한다. 하나의 의식주에 형제가 의탁하니 그들은 천생연분의 동업자요 협동자요 공동체로서 합법적으로 생산하고 분배하고 치부한다. 동등한 자본과 능력과 노력으로 합동 생산하는지라 불평이나 불만이 있을 수 없고 시기와 질투나 의심과 불안이 있을 수 없다. 서로 믿고 의지하고 화목할 따름이다. 하나의 기업과 공장으로 두 배의 자본과 두 배의 생산을 감당하니 소비는 반감되고 소득은 배로 증대한다. 그만큼 부의 생산과 속도가 빠르고 안전하며 영구적이다. 그러나 신약자의 경우는 다르다. 건전하고 왕성한 나무는 가지가 많고 꽃이 많이 필수록 좋지만 뿌리가 약하고 수분이 부족한 나무는 꽃피는 것이 두렵다. 한 송이 꽃도 제대로 감당할 수 없는 터에 여러 가지에서 꽃이 만발하면 어찌 되겠는가? 허약한 산모가 아기를 낳다가 기진맥진하여 쓰러지듯이 나무는 끝내 꽃 때문에 탈기하고 꽃 또한 제대로 피지도 못한 채 시들어 버리니 만사는 도중하차하고 만다. 무엇 하나 이루는 것이 없이 중도에서 유산되고 실패한다. 비견은 그 실패작을 주동하고 서둘며 고집하고 촉진하니 비견에 대한 주인의 감정이 좋을 리는 없다. 형제의 사이가 벌어지고 불화하고 농사마다 실패하니 가난하고 불안하며 건강 또한 온전할 수가 없다. 동업이 파산하고 그 때문에 불화하며 미워하고 싫어한다. 그들은 서로가 현명하지 못한 어리석은 오판에서 출발하였을 뿐 아니라 서로 고집과 편견으로 일관하였기 때문에 파산으로 줄달음친 것이다. 같은 신약자가 보약을 외면하고 설기와 향락에만 경쟁을 하였으니 환자가 난봉을 피우고 재산을 탕진한 것과 다를 바 없다. 노름과 유흥을 서로 탐하고 동업하고도 실패의 책임을 서로 전가하니 처음엔 다정했던 친구가 끝내는 원망하고 미워하는 적수로 변질하는 것이다. 흥하는 동업이 아니고 망하는 동업을 했기 때문이다.

坤命	辛卯	己亥	甲寅	丙寅
수	9	19	29	39	49	59	69
대운	庚子	辛丑	壬寅	癸卯	甲辰	乙巳	丙午
丙寅	甲寅	己亥	辛卯	坤命

<木多金缺 食神으로 通氣>

목다금결(木多金缺)의 사주로 관성(夫星)이 허약한 사주이지요. 그래서 처음 왔을 때 그 말로 첫말을 텄던 기억이 나는군요. 여사님 사주는 다 좋은데 한 가지 흠이 있네요. 남편 덕이 적고 일부종사하기 어려운 팔자입니다. 라고 했더니 그래서 이혼하고 혼자 살아간답니다. 혼자 살아도 궁색하게 살지는 않겠어요. 라고 데 받아 말했던 기억이 납니다. 그럭저럭 잘 살아간다는 이 사주 세밀히 간명해보겠습니다.

亥월의 甲寅목이 寅시와 卯년을 만나니 지지가 모두 木입니다. 月上 己土는 甲己로 묶였고 멀기는 하지만 年干 辛금은 時干 丙火와 丙辛合을 하고 있네요. 합이 이렇게 많으면 별로 좋지 않습니다.(合多有情) 다행히 甲寅목으로 주체성이 강해 별문제는 없겠지만 合多하면 有情해서 지조가 없다고 하는데 이 사주는 지조가 없다고 할 수는 없지요.(木이 많아 주체성이 강함)관성인 金이 맥을 못 추는 형상이어서 남편 덕이 없다 한 것입니다. 대운이 29세-58세까지 동방목운이라 이 대운에 夫星이 허약해지는 운이라 세운이 불리할 때 이혼합니다.

이 사주는 월지 편인이고 木이 많아 신왕 하므로 식신이 용신인데 편인운을 만나면 대단히 불리합니다. 일명 도식(倒食)이라 하여 대단히 꺼리게 되는데 壬辰년이 되면 壬수 편인이 辰土 水庫를 달고 들어오는 해이므로 용신 丙火 식신이 박살나는 운세라 한 말입니다. 이런 운을 만나면 몸 사려야 합니다. 식신은 의식주요, 활동이라 사업자라면 부도요, 건강도 불리하고 잘못하면 활동이 정지되는 운세입니다.

　이 사람은 욕심이 매우 많습니다. 비겁이 중중한데 己土 재성과 합을 하기에 욕심이 많다한 것이고, 배부른 상태에서 설기되는 식신이 상하면 매사좌절이라, 조심하라고 말한 것입니다. 그 후로 한 번도 전화가 없어 궁금하던 차에 년 말인 12월 27일 찾아왔습니다. 금년 운세가 매우 불리한데 어떠했느냐고 물어봤더니 관재로 8개월동안 영어(구속)의 몸이 되어 있다가 어제께 풀려났답니다. 팔자는 못 속인다더니 그렇게 되고야 말았으니 도식의 무서움을 다시 한 번 느끼게 합니다.

비견과 상관(比肩과 傷官)

　상관은 열매 없는 꽃이요 비견은 상관의 산모다. 헛꽃은 아름다울 뿐 실속 없는 정력과 시간과 재능의 낭비다. 그래서 주인은 상관에 대해서 불평과 불만이 크고 언제나 비판적이고 싫어한다. 그 미워하는 헛꽃을 양산(量産)하는 비견을 주인이 반겨할 리는 없다. 한 송이도 아까운데 가지마다 만발을 시켜놓았으니 어찌 눈살을 찌푸리지 않겠는가? 비견은 동업자요 상관은 과속 열차다. 같은 동업자의 권유와 주동으로 과속을 즐기다가 사고가 발생하고 손재를 당하니 백해무익한 것이 친구다. 누구든 사람만 만났다 하면 비생산적이고 화려한 유흥의 골목길을 즐기게 되고 끝내는 시비와 낭비로 쓴잔을 마신다. 정력의 소비가 과다하고 과속을 촉구하고 강요하니 몸이 온전할 리가 없다. 움직였다 하면 헛꽃만 피고 불평과 불만과 향락과 사치만을 곱빼기로 증산하니 인인성사가 아니라 인인패사의 연속이다. 신왕자의 경우는 소화 작용과 기분의 신진대사를 촉진하니 도리어 숨이 통하고 속이 풀리며 기분이 전환되고 능률이 향상된다. 그 모두가 비견의 덕분이니 인덕이 많고 인인성사를 잘한다. 누구든 손을 잡으면 일이 속성으로 진행되고 척척 풀리며 빠른 소득을 가져온다. 동업을 즐기고 친구를 좋아하며 합자를 기뻐할 것은 당연하다. 그는 언제나 유익한 기회와 정보를 제공하는 유능한 친구 때문에 투자하고 전진하며 출세하고 발전한다. 일이 막히거나 어려우면 주위에서 도와주고 뚫어주는 지원자가 나타난다. 내가 하지 않아도 남이 앞장서서 시원하게 처리한다. 본시 신왕자는 비견이 흑이요 암이다. 사사건건 간섭하고 따지고 덤비고 분배를 요구하니 여간 골치 아픈 것이 아니다. 그 눈의 가시 같은 비견을 상관이 감쪽같이 설기하고 처리하여 속도를 내는 연료로 쓰니 공로자는 비견이 아니라 상관이다. 머리를 멋지게 움직여서 무용지물을 유용하게 활용하니 화가 복으로 변하듯 적이 동지가 되고 병이 약으로 바뀐다. 그만큼 그는 총명하고 비범하며 능소능대하고 인간요리가 멋지다. 기분과 감정으로 대하는 것이 아니고 실리적이고 타산적이며 기술적으로 처리한다. 만사에 선수를 치고 기선을 잡으니 누구나 탄복을 하고 그를 따른다. 남이 나를 위해서 힘을 쓰는 것이 아니고 내가 머리를 써서 만인이 나를 위해서 힘쓰도록 유도하는 것이다. 그러나 신약하거나 상관이 흉신인 경우엔 그와 정반대다. 누구든 접촉하면 적자(赤字)와 출혈을 본다. 둘이서 상관을 생하니 처음은 꿀처럼 달고 즐겁지만 결과는 쓰디쓴 고배를 마시게 된다. 즐거우면서 비극을 초래하는 것! 그것은 향락과 주색잡기(酒色雜技)다. 비생산적이고 무리한 소모와 낭비를 즐기다가 몸을 버리고 가산을 탕진한다. 주색과 유흥이 대표적대상이라 하겠다. 비견이 상관을 조성하듯이 주위에서 언제나 불리한 함정으로 유도하고 오도(誤導)하기도 하지만 나 자신 또한 그러한 방향으로 머리를 쓴다. 비견이 상관을 생산하기도 하지만 상관도 비견을 설기하고 유도하듯이 나 스스로도 남을 유인하여 같이 물에 빠지는 자살행위를 곧잘 한다. 긁어서 부스럼을 만들고 스스로 무덤을 파는 격이다. 그 모두가 지나친 신경과민과 오버센스 그리고 국부적인 편견과 유아독존 아집에 의한 오판의 소산임을 말할 나위도 없다. 만사에 예민하면서 속단하고 성급하게 서두르다가 곧잘 일을 저지르는 터에 자기와 똑같은 친구를 만나서 장단을 맞추니 더욱 속도위반할 수밖에 없다.

상관은 만사에 비판적 반항적 직선적으로 바른말 잘해

상관은 머리가 비상하리만큼 총명하고 신경이 날카롭고 예민한 것이 상관의 특징이다. 뜻을 이루고 성취하려면 머리를 쓰고 분발하지 않으면 안 되기 때문에 상관은 가능한 한 두뇌를 최대한 계발하는 것이다.

상관은 호전적이고 부정 불의에는 거침없는 비판자

상관은 상대의 인격을 존중하고 정의와 의리에 강하여 인격자 앞에서는 양처럼 온순하고 고분고분 하지만 불의, 부정, 비겁함 등의 앞에서는 칼날처럼 강하고 단호하다. 그래서 상관은 세상이 공평하게 고르지 못하고 공정하고 의롭지 못하면 규탄하고 저주하게 된다. 또 상관은 추호의 부정이나 불의를 보면 파헤치고 비판하기를 좋아한다.

상관이 用으로 작용하면 천재성, 체로 작용은 유아독존

상관은 사리에만 치우치고 현실과 실리를 무시하는 경향이 있어 돈을 벌고 치부 할 수 없는 것이 자연과 우주의 섭리이므로 사주를 분석할 때 상관의 성정을 번개처럼 그리고 거침없이 속전속결로 질주하듯 달리는 특성으로 봐야 한다.

상관은 관성을 정면으로 공격해서 상대를 상처투성이로 만들어 버리기 때문에 사주를 분석할 때 상관과 정관이 같이 있거나 대운이나 세운 등 행운에서 만날 때 관재구설, 교통사고, 질병 등 정신적 육체적 수난을 당하기 쉽기에 이런 운세 기간에는 각별히 조심해야 한다.

상관이 體가 되면 매사를 자기본위로 결정하고 처리하는 직선적, 독선적, 유아독존적, 안하무인격의 성품을 갖게 된다. 고로 남의 말과 주장을 받아드리지 못하고 대화와 타협을 거부하며 성품이 급하고 모가 나며 표독하다.

상관은 일간의 기운을 설기하는 별이고 정인은 일간의 기운을 북돋아주는 새조(生助)의 별이어서 상관과 정인이 같이 나타나거나 사주에 같이 있으면 상관은 크게 제약되고 무능해 지므로 상관이 정인의 기질로 바뀌게 되지만 정인이 없고 상관이 극성하면 브레이크가 고장 난 자동차와 같이 질주하게 된다. 그러나 상관과 재성이 함께할 경우 돈 버는 재간이 비범하고 수완과 요령이 탁월해서 재물을 생산하고 축적하게 되는데 단 조건은 일주가 강해야 한다.

<문교부 관료출신 주봉선생의 命>

　위의 주봉(周峯)선생님은 午월의 庚금이 午시를 만나고 일지에 子水를 놓고 월시지 정관을 놓았으니 정확한 분이어서 시간 하나도 정확하게 지키시는 분이구나 하는 생각을 해 보았습니다. 초면부지의 고객을 만나면 무엇으로든 말을 터야 하는데 고객 대부분은 무엇인가 맞춰주길 바라기 때문에 핵심적인 한마디를 건네주어야 소통이 됩니다.

　주봉선생님은 팔자에 정통 관료팔자인데 관료로(用官)가셨으면 무난한 삶을 살았을 것이고 財(사업가)를 썼다면 기복이 심했을 팔자인데 젊어서 무슨 일을 하셨나요? 라고 물었더니 문교부 사무관으로 시작해서 국장으로 정년을 하고 문교부산하 단체에서 늙었습니다. 참 잘하셨네요, 조강지처와 해로하기 어려운 팔자인데 해로하고 계신지요? 어쩐지 초년에 고생을 많이 했습니다. 결혼하고 6개월 정도 살다가 헤어지고 16세연하의 여성과 41세에 재혼해서 4남매 두고 잘 살고 있습니다. 아이들도 다 잘 됐습니다.

　젊어서 고생을 많이 했다하여 대운을 살펴봤더니 22세 辛卯 대운이 예사롭지 않아 보여서 한 말씀 드렸습니다. 10년간은 고생하셨을 것 같군요(辛卯운-辛금은 겁재요 卯목재성은 子卯刑으로)10년이 뭐니까 아마 15년은 고생하였을 것입니다. 고시공부 한다고 고생하고 이혼하고 독신으로 마음고생 많이 했지요. 사법고시라면 일찍 공부를 포기했어야 했는데요. 왜요? 사주에 그런 것도 나옵니까? 주봉선생님은 행정 관료지 사법 관료는 아니거든요. 월시지에 午화 정관을 놓아서 한 말입니다. 편관성이 강하다면 법관이죠. 아

그렇군요. 내 팔자에 조강지처와 못사는 살이라도 있나요? 꼭 그런 것은 아니고요. 배우자궁의 子수가 쌍午火에 沖을 당하고 사주에 편재가 나타나고 정재는 未中乙木으로 암장되어있으나 年干 辛금에 제지당해(乙辛沖)무력해서 한 말입니다.

  41세에 재혼해서 잘 살았다기에 대운을 보니 己丑 인수대운이었습니다. 더군다나 丑未 충까지 하여 많은 발전을 하여 겠구나 생각했습니다. 사무관으로 출발해 이사관으로 승진도하고 탄탄대로를 걷지만 누구나 만나는 50대의 월지 충을 만납니다. 주봉 선생님은 누구보다도 강하게 충을 하는군요.

그런데 삶의 변화는 있을지라도 큰 문제는 없습니다. 2子水와 2午火가 쌍으로 충 하는 것 같이 보이지만 沖 不 沖입니다. 충은 충이되 충이 미약하거나 하지 않을 수 있습니다. 싸움은 강약의 차이가 있어야 하는데 이놈들은 막상막하여서 싸움이 잘 안 되는 것입니다. 또 충은 발전이기도 하고요. 子 대운에 정년하고 문교부 산하 단체로 이직하셨다고 해서 대운을 살펴보니 62 대운은 丁亥운인데 丁壬합으로 官을잡아주고 亥수 식상 운이라 식상은 활동무대요, 亥수는 역마니 역동성 이 강해 왕성한 활동으로 노익장을 과시 할 수 있었겠다,   [여산서숙 간 실전사주108제에서]

이 命造는 식상이 조후용신으로 균형을 잘 이룬 사주여서 일생이 안정 되고 장수하는 팔자입니다.

비견과 정재(比肩과正財)

　　비견은 합법적인 상속자요 정재는 합법적인 자기 재산이다. 비견은 같은 왕자라면서 권자에 오르지 못한 후보생(候補生)으로서 자나 깨나 왕권을 노리고 있다. 그는 똑같은 왕의 혈육으로서 상속권과 계승이 있지만 모든 것은 왕인 일주가 독점하고 지배함으로써 이름만의 왕자요 아무런 실권이 없다. 그가 왕의 법통을 내세우고 재산과 권리의 분배를 요구하는 동시에 사사건건 왕과 맞서고 국사 전반에 걸쳐서 간섭하고 개입하려 들것은 의당 지사다. 욕심 많은 군왕이 모든 것을 독점하려고 숨기고 감춤으로써 비견이 손을 쓸 수가 없던 터에 재물이 나타났으니 비견이 가만히 있을 리가 없다. 그는 번개처럼 보따리를 움켜잡고 분배를 요구한다. 남자의 경우에는 정재는 아내에 해당한다. 똑같은 왕자 앞에 하나의 여인이 나타난 것이다. 두 왕자는 서로가 남편임을 내세우고 아내의 손목을 잡아끈다. 아내는 두 왕자의 얼굴을 쳐다본다. 얼굴이 같고 음성이 같고 이름이 같고 모두가 똑 같으니 어느 쪽을 택할 것인가? 여인은 어느 쪽도 택하지 못한 채 어리둥절하고 주저할 수밖에 없듯이 두 사나이는 서로 내 여인이라고 주장할 뿐 점유할 수는 없다. 꼼짝없이 비견에 당한 것이다. 재물과 아내는 임자가 둘이니 사실상 임자 없는 재물이요 아내로서 허공에 뜰 수밖에 없다. 임자 없는 물건은 도둑이 노린다. 그러나 서로가 눈을 부릅뜨고 지켜보니 도둑이 뛰어들 수도 없다. 그렇다고 언제까지나 두 왕자 사이에서 서성거릴 수도 없는 것이 여인이다. 남편이 똑똑했다면 그러한 변은 발생할 수 없지 않은가? 가타부타 결론을 내리지 못하고 서로 싸우고만 있으니 어쩌라는 것인가? 신부로서는 이에 더 큰 모욕과 망신이 있을 수 없다. 어쨌든 빨리 손을 써서 신부를 맞이해야 하지 않겠는가? 그러한 슬기도 눈치도 요령도 재간도 없는 무뚝뚝하고 무표정하며 어리석고 서투른 남편에게 정이 가고 믿음이 갈 수는 없다. 첫날밤부터 소박을 맞은 것이 아닌가? 오죽 못났으면 아내하나를 제대로 다루지 못하고 길바닥에 세워놓고 있는 것인가? 분명히 남편은 무엇인가 부족하고 멋없는 사나이다. 그에 비하면 비견은 용감하고 똑똑한 사나이가 아닌가? 남편은 자기여인도 자기 멋대로 다루지 못하는데 비견은 엄연히 왕비인줄 알면서도 자기 여인이라고 우기고 덤비고 여인에게 손짓과 미소를 띠고 있는 게 아닌가? 그 여인의 마음이 흔들리고 변화의 싹이 틀 것은 필연적 사실이다. 여인의 입장에서 볼 때는 두 사나이의 틈바구니에 낀 한 여인이 아니고 한 여인이 두 사나이를 거느리고 있는 것이다. 두 사나이는 호사다마격으로 여자복에 마가 붙은데 반하여 여인은 한꺼번에 두 남자를 얻으니 남자복이 덩굴째 굴러 들어왔다고 할까? 두 남자를 거느린 여인은 한 남자에 충실할 수 없다. 유혹하는 또 하나의 사나이에 정이가고 마음이 변하니 남편에겐 고민거리가 생긴다. 그 이유는 남편이 만족스럽지 못한 동시에 여인이 정숙하지 못한 때문이다. 그 아내로 인해서 남편이 정신적 물질적인 타격을 받을 것은 불문가지다. 원인은 제삼의 사나이 때문이지만 사실은 아내의 변심이 문제다. 아내를 유혹하고 변심케 한 비견을 미워하고 배척하며 아내를 독점하려는 욕망이 치솟을 것은 당연하다. 신 왕자가 비견을 싫어하는 것은 바로 이러한 이유 때문이다. 재성이 없고 비견의 침해가 없다면 굳이 미워할 필요는 없다. 다만 대인관계의 요령과 처세가 서툴기 때문에 호감을 사기가 어려울 따름이다. 그러나 재성이 득령하여 왕성하고 신약한 경우엔 사정이 판이하다. 비견이 대신해서 가산과 아내를 보살피고 병든 주인의 생명과 재산을 온전하게 보호하니 도리어 생명의 은인이요 유일한 후견인이라 하겠다. 재성이 왕성하면 누구든 독점할 수가 없다. 마치 잉어낚시에 고래가 걸린 것과 같다. 고래는 혼자서는 잡지도 처리하지 못한다. 여러 사람이 합심해야 잡고 처리할 수 있다. 그 큰 고래를 잡고도 끌어올리질 못할 뿐 더러 도리어 고래에 질질 끌리어 다니며 금세 바닷물에 빠질 지경에 비견을 만나고 힘을 합쳐서 잡으니 이에 더 고맙고 반가운 친구가 어디 또 있겠는가? 그러나 은인을 미워할 바보는 없다. 천 번이고 만 번이고 감사하고 반겨하며 후한 답례를 아끼지 않는다. 남을 도와준 대가로 많은 재물을 나누어 받은 비견이 주인을 좋아하고 계속 도와줄 것은 물론이다. 그들은 서로 의지하고 협력하며 상부상조한다. 그만큼 그들은 현명하고 능소능대하며 현실적이고 실용적이다. 가난한집에 식객이 모여들면 싸움질이 능사인데 반하여 부자 집에 식객이 몰리면 웃음꽃이 핀다고 만사는 인심이 아니라 재물에 달려 있는 것이다. 身弱財旺하고 비견이 있으면 마음씨가 너그러운 것이 아니라 돈주머니의 인심이 너그러운 것이다. 같은 두 사나이를 거느리면서 身旺財弱의 아내는 두 남자를 시기질투의 골목길로 몰고 가서 죽도록 싸움질만 시키는 한편 변심을 하게 하는데 반하여 신약재왕자의 아내는 두 사나이를 의좋고 정답게 기쁨을 나누게 하면서 힘써 돈을 모으고 치부하게 만드는 조화는 무엇인가? 전자는 남편이나 아내가 똑같이 어리석고 인색하며 융통성이 없는 고집불통인데 반하여 후자는 남편과 아내가 다 같이 현명하고 너그러우며 인정이 후하고 융통성이 많기 때문이다. 보기 좋은 떡이 먹기 좋다고 정다운 아내가 아름답고 어여쁠 것은 자명지사다.

乾命	丁亥	壬寅	己未	乙亥
수	1	11	21	31	41	51	61
대운	辛丑	庚子	己亥	戊戌	丁酉	丙申	乙未

| 乙亥 | 己未 | 壬寅 | 丁亥 | 乾命 |

<자수성가로 부자가 된 명조>

위 사주는 身旺財旺한 命造로 자수성가한 대표적인 인물이다. 총각 때는 형님과 형수 밑에서 포목점 점원으로 일 하다가 총각상회라는 상호로 독립하여 젊어서는 여러 가지사업에 손을 대어 큰돈을 벌어 부동산에 투자하여 거부가 된 입지전적인 인물인데 원국에 식상이 없어 줄줄은 모르고 움켜쥐기만 한다고 형수가 떼 국 놈이라

고 할 정도로 지독한 사람이다. 正官格으로 정도가 아니면 가지 않는 사람이다.

정재의 성정과 특성에 대하여

正財의 性情과 特性에 대해 살펴 요약한다면 다음과 같다.
1, 正財의 運質은 자산과 신용을 말하고 검소하며 貯蓄形이 특징이다.
2, 正財는 남자에게는 정식 아내(正妻)요, 남자의 사주에서는 정재가 아내요 재물로 아내와 돈관계로 보아야 한다.
3, 正財는 남녀 공히 재물인데 횡재의 돈이 아닌 정식으로 노력한 대가로 자기가 벌어드린 재물이다.
4, 신왕사주에서는 정재가 있으면 처첩과 더불어 향락하는 팔자로 보아야 한다.
5, 신약사주에서는 부귀한 집안에 태어나도 빈천하게 살아갈 수 있다.
6, 신약사주인데 정재가 과다하면 빈천하고 고난하게 살거나 공처가 일수도 있고 여색으로 손재하거나 모친과 일찍 이별하기도 한다.
7, 여자사주에 정재가 많으면 가난함이 특징이고 남자사주 에 정재가 두 개 이상이면 편재로 변해서 多妻가 된다.

비견과 편재(比肩과偏財)

　정재는 합법적인 아내이지만 편재는 임자 없는 여인이다. 서로가 자유로운 입장에서 기분과 감정으로 교제하고 돈과 이해타산으로 만사를 처리한다. 허공에 뜬 임자 없는 돈과 여인은 문자 그대로 공짜의 돈이요 여인으로서 뭇 사람의 시선과 군침을 돋게 한다. 기분이 동하고 감정이 설레이며 마음이 허공에 뜬다. 편재가 왕성하고 신약하다면 노다지 광산을 갖고도 힘이 허약해서 그림의 떡처럼 보고만 있듯 큰 고기를 발견하고도 힘이 없어서 건져 내지를 못하고 있는 것이다. 이때에 비견이 와서 합세를 하고 무진장의 고기떼를 건져내니 일확천금을 한다. 공돈을 벌고선 그냥 돌아설 수는 없다. 비견에서 푸짐한 답례를 하니 비견은 여기저기서 구름처럼 모여들고 노다지 광산을 멋지게 개발한다. 천하의 비견으로 거부가 되었으니 수하에 꿀벌 같은 백만 종복을 거느린다. 모두가 공돈을 갖다 주고 노다지 부대가 인산인해를 이루니 어딜 가나 돈뭉치가 쏟아진다. 동서남북에서 돈과 여인이 산더미처럼 생기는 직업과 주인공은 과연 무엇일까? 천하에 시장을 거미줄처럼 개척하고 돈을 거둬들이는 재벌이 아니라면 여기저기서 노다지 상납을 거둬들이는 고관대작을 첫손으로 꼽을 수 있고 투기와 금융의 왕초를 다음으로 손꼽을 수 있다. 눈만 뜨면 비견이 노다지 같은 공짜 돈뭉치를 끌어들이니 그에게 후한 상과 벼슬을 내리기에 인색할 까닭이 없다. 그만큼 수단과 아량과 뱃장이 일품인지라 천하의 왕봉(王蜂)으로서 천병만마(千兵萬馬)의 꿀벌을 능히 거느릴 수 있다. 공돈은 공돈으로 나가기 마련이다. 본시 편재는 나의 재산이 아니고 천하의 돈으로서 누구도 점유할 수 없다. 한때 잠시나마 만져보고 써 볼 따름이다. 참새 떼가 무더기로 모여들었다가 때가 되면 우르르 날아가듯이 편재는 나는 새처럼 항상 이동하고 왔다간 반드시 나간다. 때문에 정재처럼 자기소유가 되거나 저축할 수 없다. 욕심을 부리지 말고 부지런히 지출해야 한다. 자선을 하고 인심을 쓰는 것은 가장 현명한 편재의 처리다. 관광을 하고 인생을 즐기는 것도 재치 있는 처리다. 그러나 욕심을 부리고 치부를 하는 것은 그릇되고 부질없는 오산이다. 돈은 돌고 돌듯이 공돈은 새로운 임자를 찾아서 돌고 돈다. 그것은 점유한 자기 돈이 아니고 잠시 맡겨진 남의 돈이다. 그 돈을 자기 돈인 양 움켜쥐려면 문제가 커질뿐더러 자칫하면 생명이 위독하다. 어차피 떠나야 할 나그네는 막을 수 없듯이 쏟아져 나가는 소 떼를 가로 막으며 소뿔에 치어 죽기 마련이다. 오는 임은 다정하지만 가는 임은 매정하듯이 돈이 들어올 때는 흥겹고 도처춘풍이지만 돈이 나갈 때는 찬 서리가 내리는 추풍낙엽이다. 공수래공수거가 바로 편재의 인생이니 언제나 홀가분하게 떠날 준비를 하면 그러한 봉변과 망신과 비극은 면할 수가 있다. 편재가 빈약하고 신왕한 경우엔 전혀 다르다. 길가에 떨어진 공돈은 몇 푼에 지나지 않는데 노리고 있는 장사는 부지기수니 어차피 독점하거나 치부하기는 글렀다. 서로가 지켜보는 가운데 누구도 차지 할 수 없으니 공동으로 주어서 공술로 잠시 기분을 낼 수밖에 없다. 기분이 흥겨우면 주머니의 돈을 쓰기 마련이니 공짜 때문에 공돈이 도리어 나간다. 재미보고 돈을 버리는 것은 무엇일까? 노름과 주색이 으뜸이라 하겠다. 혼자서 주웠다면 자기 것이 되고 공돈을 벌었을 것인데 제삼자와 마주친 때문에 공돈을 줍고도 도리어 손재를 본 것이다. 그와 같이 비견은 호사다마 격으로 돈 벌 기회를 가로막는 반면에 돈쓸 곳으로 유혹해서 기어이 손재를 당하게 한다. 나의 돈주머니를 노리는 노름꾼 술친구 오입꾼 그리고 투기업자가 그 대표적 인물이 아니겠는가? 편재는 아름답고 요염한 여인이다. 한 여인을 두 남자가 탐하니 서로 시기하고 질투하며 멋과 기분과 과시할 것은 필연적 사실이다. 혹시 빼앗기질 않을까 초조하고 불안하며 서둘 수밖에 없다. 그러나 타고난 돈주머니가 가벼우니 마음은 간절하나 인색하고 소심하며 주저하지 않을 수 없다. 이를 보고 비견이 가만히 있을 수는 없다. 그는 아낌없이 돈을 쓰고 멋있게 유혹하니 여인의 마음이 흔들리고 그에 기울어지며 변심할 것은 당연하다.

사사건건 경합자가 나타나서는 보다 멋있는 재간을 부리니 만사가 수표로 돌아간다. 무엇을 하든 기회가 생기면 마가 나타나고 월등한 실력으로 가로채니 쓰디쓴 고배만 마시고 기어이 손해를 보게 된다. 요령이 없고 수단이 부족한 것이 첫째원인이 되는 것이지만 사실은 상대방의 유인에 쉽게 걸려들고 경거망동하는 동시에 어차피 돈을 쓰면서 멋지게 쓰지 못하고 인색한 것이 실패와 주인(主因)이다. 노름을 해도 배짱이 없고 우물쭈물하다가는 모든 기회를 놓치듯이 외도를 해도 자 벌레처럼 이리재고 저리 재며 저울질과 인색을 떠니 어느 여인이 따르겠는가? 멋은 탐하면서도 멋다운 멋은 부려보지도 못하고 돈만 쓰니 결과적으로 적자인생이 될 수밖에 없다. 노름을 해도 적자요 외도를 해도 적자요 투기를 해도 적자요 장사를 해도 적자다. 그 적자의 원인은 언제나 자기를 속이고 배반을 하고 유혹하는 적자친구 때문이다. 그가 친구를 좋아하고 믿을 리는 없다. 그는 누구보다도 의심이 많고 시기 질투가 많으며 소견이 좁고 처세가 서툴며 자기 욕심만을 부리고 유아독존이기 때문에 언제나 배신을 당하고 미움을 받으며 고독하고 우울하다.

편재와 체용과의 상관관계를 살펴보자

(1) 편재(偏財)가 用일 경우 투기로 치부함을 암시하듯 저마다소득을 올리는 돈주머니로서 쓸모가 있다. 수완이 비범하면서도 인심이 후하기에 인인성재(因人成財)로 내 주변사람들이 다 귀인이고 돈 버는 재간 과 수완이 제일이고 치부하는데 신용 성실 인심이 으뜸이기에 만인이 따르고 도와준다.

(2) 편재(偏財)가 체(體)일 경우 편재가 많으면 투기로 파산함을 암시 하는 것이니 재난을 일으키는 골칫거리로서 투기와 욕심에 빠져 수난을 겪게 되고 평생 동안 산재 질병(散財 疾病)을 갖고 산다. 인인손재(因人損財)로 재간과 수완은 뛰어나지만 내 주위 사람들이 나를 돕지 않고 외톨이 신세로 낙오자가 되거나 돈을 모으고 치부하기는커녕 밥 먹고 살기도 고단한 인생이 된다. 고로 일단 편재든

정재든 신왕해서 用으로 써야 한다는 것을 알았을 것이다.

<신 격 호 롯데 창업주 회장>

위 명조는 月 時干에 己土 편재(偏財)가 투출 된 명조로 酉月乙木이 실령(失令)하여 허약하지만 時支卯木에 뿌리하고 멀기는 하지만 年干 壬水의 생조(生助)와 대운에서 60년간 水木吉神 운으로 흘러 대 재벌회사 회장이 되었다고 간명한다.

[命理辭典]

酉月乙木이 己卯時를 만나서 귀록격(貴祿格)으로 형성 되었다. 月時가 相沖하지만 日支 巳火가 있어 巳酉合으로 沖破를 구제한다. 그러나 乙木日元이 허약하고 고립된 상태이다. 고로 木比가 급선무인데 보이지 않는 구나 다만 年干의 正印壬水 가 돕고 時地 卯木이 扶助하니 허약한 木은 아니므로 대운에서 水木運을 만나면 大發할 것이다.

[陳柏瑜看命]

酉月乙木이 失令失地로 虛弱한 七殺格이라 하였다. 그러나 歸祿格으로 보아 命喜 水木하고 忌火土金으로 대운에서 17세부터 61세까지 연속하여 40여년간 水木之運으로 오행 되어 대규모의 사업을 경영함에 있어 세계적인 대재벌로 성공 할 수 있었다고 평했다.

[인터넷 간명]

인터넷에 떠도는 사주는 약 네 개정도 되는데 그래도 乙巳일주가 가장 합리적일 것 같다. 1944년 甲申년에 창업하여 실패한 원인은 甲己合으로 劫財 甲木이 財를 合하여 갔다(合去)로 실패하였던 것이다.

　일지에 傷官을 놓아 생각하고 창조하는 기술과 끼 능력이 다분하고 傷官生財로 이어지는 命이라서 사업가 기질이 많고 사업성이 뛰어난 것이다.

비견과 정관(比肩과正官)

　비견은 나의 재산과 권좌를 노리는 식객이요 정관은 주인의 생명과 재산과 권좌를 보호하고 보좌하는 정부의 수반이다. 정부는 무기와 경찰과 감옥을 가지고 있다. 주인의 생명과 재산을 침해하거나 명령을 거역하는 자를 철저히 경계하고 단속하며 처벌하는 것이 정관의 본분이다. 주인으로서는 최고의 안전보장 기간이지만 비견으로서는 감히 넘볼 수 없는 절벽강산이요 철조망이다. 고양이 앞에 생쥐처럼 비견은 정관 앞에 굴복하고 정관은 법대로 움직이는 호법자인 까닭에 불법이나 사기 협잡이 통하지 않을뿐더러 비견을 백성으로 다스리기 때문에 비견은 오히려 중인을 위해서 온갖 봉사를 다해야 한다. 정관은 벼슬길로서 정당에 올라가는 험하고 높은 길이다. 그 고갯길을 올라가는데 비견이 뒤에서 밀어주고 도와주니 주인공은 남보다도 배의 속도를 낼 수 있다. 이는 두 개의 기관차가 화물열차를 이끌고 고갯길로 올라가는 것과 똑같다. 속도가 빠르고 능률이 훌륭한 기관차는 특급열차의 기관차로 발탁되듯이 비견을 가진 정관은 고관대작의 촉망과 총애를 받고 당상의 측근이요 보좌관으로 발탁된다. 혼자서 두 사람의 능률을 올리고 상전을 알뜰하고 재치 있게 또 만족하게 공경하니 서로가 보좌관으로서 탐을 내고 이끄는 것이다. 정관을 위주로 할 때 비견은 정재가 된다. 재성은 자기 지배하의 수하로서 재성이 여럿이면 부하가 많은 고관이나 상전의 의미한다. 그 고관의 제1 측근자는 바로 비서다. 그와 같이 비견을 쓰는 정관은 바로 고관대작의 비서로서 유능하고 대성한다. 주인공이 정관의 심복으로서 열과 성을 다하듯이 비견은 주인공을 보좌하는 비서로서 최선을 다한다. 비견은 삼자요 대중이다. 대중의 신임과 추천으로 출세하고 고관의 비서로서 발탁되는 주인공은 대중을 이해하고 포섭하며 애지중지하는 천하의 호인이요 남을 위해서 자신을 희생하고 봉사하기를 아끼지 않는 대중의 벗이요 신임자다. 남의 일이라면 무엇이든 발 벗고 나서는 봉사자이기 때문에 대중은 그를 신임하고 존경하며 친구로서 다정하게 접근한다. 그러한 대중의 등불은 대중을 상대로 하는 정치인이나 장관 또는 사회사업가에겐 으뜸가는 심복의 지팡이다. 그는 누구보다도 대중을 요리하는 솜씨가 비범하다. 처음엔 비서로서 상전을 섬기지만 장차는 대중의 심부름꾼으로서 크게 각광을 받을 수 있다. 선거에 의한 출세와 요직에 능소능대한 천부적 재질을 가지고 있는 것이다. 내가 남의 심복으로 정성을 다하듯이 나를 위해서 지성을 다하는 나의 심복을 많이 거느린다. 내가 남을 배신하지 않듯이 나의 심복도 나에 배신함이 없으니 언제나 평화롭고 다정하며 화목하고 봄 날씨다. 도처춘풍이요 평생 순풍순우(順風順雨)다. 그러나 신왕하고 관성이 허약한 경우엔 그와 정반대다 하나의 벼슬을 놓고 둘이서 옥신각신 서로 다투는 격이다. 여자의 경우엔 한 남편을 놓고 두 여인이 다투는 형국이다. 관성이 허약하면 보잘것없는 벼슬이요 남이다. 그것이나마 서로 차지하겠다고 앞을 다투니 벼슬과 남편은 허공에 뜰 수밖에 없다. 임자가 둘이지만 그 실은 누구도 점유 할 수 없으니 임자가 없는 벼슬이요 남편이다. 그 틈을 타서 벼슬과 남편에 도둑이 끼어들고 날치기가 덤빌 것은 의당 지사다. 벼슬할 기회가 오면 약방에 감초처럼 경쟁자가 나타나서는 시합이 붙고 고삐를 가로채니 어느 세월에 벼슬하고 출세할 것인가? 여자의 경우엔 남편이 나타나면 한 여인이 기다렸다는 듯이 나타나서 쌍지팡이를 짚고 번개처럼 가로채니 시집갈 기회는 함흥차사다. 무엇인가 활동을 하고 출세할 기회만 있으면 마가 생기고 허사가 된다. 이는 엎드리면 코 닿을 낮은 언덕에 놓여 있는 낮은 감투를 놓고 서로 경쟁을 하고 싸움질하는 것과 똑같다. 물론 정관은 비견이 아닌 주인의 것이다. 이것이 내 것이다 하고 차지하면 만사는 끝이다. 그러나 그에겐 그러한 슬기와 요령과 재치가 없다. 자기 것을 가지고도 우물쭈물하니깐 삼자가 달려들고 가로채려는 것이다. 그만큼 어리석고 소심하며 서투른 인생이니까 비견이 장난을 치고 벼슬을 앞지르는 것이다. 만사에 우유부단하고 요령과 수단이 부족하며 욕심만 부리는 것이 큰 결점이다. 여자의 경우는 자기 남편을 가지고도 비견과 싸움질만 하고 선뜻 받아들이지 못하는 반면에 비견은 온갖 수단과 재치로서 남편을 유혹하고 공경하니 남편이 변심하여 비견으로 기울어진다. 호사다마이기 보다는 아내의 자격이 부족하기 때문이다. 오죽하면 남편이 아내를 외면하고 비견에게 몰두하겠는가? 정관의 입장에서 관찰하면 신약(身弱)하고 재왕(財旺) 또는 재다(財多)하면 병든 환자가 두 아내를 거느리니 더욱 허약하고 무력한 동시에 감당할 능력이 없다. 왕성한 재성이 허약한 관성의 지배를 받고 순응할 리는 없다. 두 여인은 남편을 능가하여 멋대로 행동하고 자유방종 한다. 법과 질서가 무력하니 두 여인은 무법천지요 안하무인이다. 무엇이든 하고 싶은 대로 자유로이 행동한다. 남편이 무력하니 남편에 대한 욕구불만이 대단하고 그 욕망을 충족시키기 위해선 수단과 방법과 체면을 가리지 않는다. 탈선과 방종이 심하지만 남편은 할 말이 없고 제약할 능력도 없다. 버릇이 없고 염치가 없으며 남편 공경할 줄도 모른다. 그러기에 그를 상대하는 남자는 그를 싫어하고 변심한다. 남편을 공경하고 섬기는데 요령과 서비스가 부족할뿐더러 성의가 없으니 어느 남자가 반겨하고 기뻐하겠는가? 본인은 남편이 무력하다고 불평이 대단하지만 사실은 그 자신이 부족 투성이 인 것이다. 그것은 남자의 경우도 똑 같다. 무엇을 해도 성실과 근면이 부족하고 예의와 염치가 바르지 못하며 남을 시기하고 질투하니 모든 면에서 뒤처지고 막힘이 많으며 출세가 어렵다. 이는 아버지는 허약하고 무력한데 자식이 많은 격이니 아버지의 덕이 없고 형제간에도 시비가 많으며 윗사람을 공경하고 섬길

줄을 모른다. 어려서는 아버지의 말씀이 곧 법인 듯이 정관은 법질서이자 법을 다루는 법관이다. 법관 앞에 똑같은 비견이 나란히 서 있는 것은 시비를 가리자는 것이요 법관이 무력한즉 법에 의한 심판보다도 실력과 주먹에 의한 심판이 앞서게 된다. 주인을 지키고 보호해야 할 정관이 비견에 쩔쩔매고 법을 바로 잡지 못하니 재판을 하면 눈뜨고 도둑맞는 결과가 된다. 그만큼 제삼자가 자신을 얕보고 생명과 재산을 침해하니 만사에 장애가 많고 시비가 잇달으며 손재가 많다.

정관의 기본성정과 운질에 대하여

육신분석에서 아극자관귀(我剋者官鬼)란 표현과 같이 나를 극하는 것은 官鬼(벼슬 관, 귀신 귀)이니 곧 직업과 질병을 뜻한다. 남자 사주에서는 관성이 음양불문하고 자식 건강 직업을 관찰하는 기준이 된다. 그러나 여자 사주에서는 남편 애인 직업 질병을 관찰하는 기준으로 하지만 특히 정관은 정식 남편을 의미하고 편관은 애인 또는 정부를 의미한다. 대체적으로 편관을 질병판단의 기준으로 보지만 편관이 사주에 없으면 정관이 편관을 대신하기도 한다.

정관의 특징에 대하여

1, 정관은 명예와 직업 등 관록을 살핀다.
2, 정관을 가진 자는 직업을 행정관 또는 문인으로 본다.
3, 여명에서는 정관이 내 정식남편이다.
4, 정관의 특성은 정통 명랑 인품 단정 명망 등으로 본다.
5, 정관도 너무 많으면 편관으로 변하기 때문에 신체 허약하고 삶은 곤궁하며 특히 여자는 개가를 하게 되고 남자는 직업이 불안하다. 너무 많으면 빈곤으로 보고 재난도당하게 된다.
6, 정관이 합이 되는 여자는 홀로 사는 과부이거나 아니면 웃음을 파는 기생이 되기도 한다.

<일본인 현지처 사주>

위 사주를 학문적으로 풀어보도록 하겠습니다.

네 기둥(四柱)이 괴강살, 백호살 로만 구성 된 팔자가 드센 명조인데요, 이런 경우 도 아니면 모라해서 武官으로 대성하는 팔자일 수도 있고 나락으로 떨어져 형편없는 삶을 살 아 갈 수도 있습니다. 그것은 사주구성도 좋아야 하지만 흐르는 운세가 좋아야 하는데요, 초년 운을 보아서 진로선택이 잘 되고 못 됨을 알게 됩니다. 그렇다면 이 사주의 주인공은 어떻게 살았을까 궁금하시지요, 정답부터 내어놓고 시작합시다.

이름은 "경주"라고 하고 일본에서 75세 된 돈 많은 아저씨현지처노릇하며 살고 있었으나 하는 일도 없고 하루 종일 혼자 있는 시간이 많다보니 지겹고 그런 생활하기 싫어 탈출하는 마음으로 한국으로 건너왔답니다.

이 말을 듣고 팔자는 못 속인다는 말이 딱 맞구나 생각 했습니다. 관살 혼잡에 음습한 사주인데 운마저 음습하게 흘렀으니 용빼는 재주 있나요, 창녀같이 살 수밖에요, 원래 이런 사주는 창녀 팔자라 그럽니다. 너무 심했나요, 공부차원에서 하는 말이니 이해하고 듣기 바랍니다. 간명하다 보면 가끔 이런 사주 만나게 됩니다.

만약 운이 동남방운인 木火운으로 흘렀다면 상황이 달라 질 수도 있습니다. 그래서 이런 사주 만났다고 모두 나쁜 팔자로 보면 곤란합니다. 운세가 중요하니 운세를 보고 길흉을 얘기하기 바랍니다. 그러나 무조건 이런 명조만나면 특수한 팔자를 타고 났군요, 직업을 먼저 물어보세요, 이런 사람은 군경 검 판사 요리사 재단사 정육점 디자이너 등 자르고 꿰매는 일을 하면 좋고, 라고 못을 박아놓고 시작해야 합니다. 만약 그 길이 아니라면 불리한 삶 쪽으로 간명해야 할 것이기 때문에 직업부터 물어보라고 한 것입니다.

　壬子는 羊刃殺이고, 癸丑은 白虎殺이며 壬戌은 魁罡殺이고 甲辰은 白虎殺 입니다. 만약에 이런 팔자가 검 판사라면 정년하고 변호사 개업해라 그래야 하고, 의사라면 수술의사 개업의는 못할 것이고 늦게 개업해야 하고 라고 말해야 하는데요, 그 이유는 사주에 재성이 약해서 한 말이고 늦은 나이에 재성인 火운이 들어오기에 늦은 나이에 변호사나. 병원개업 하라 그럽니다. 수술의사라는 말은 丑戌형 辰戌충이 된 팔자라서 한 말이고, 월급자라야 하고 오직 출세만을 생각해야지 이런 사주가진 공직자가 뇌물 받으면 쇠고랑 차기 십상이지요,

[궁금한] 만약 결혼을 했다면 두 번은 헤어졌을 사주인데요, 라고 말한 것은 무엇을 보고 한 말인가요?

[흥장님] 관살 혼잡에다가 음기가 강한 명조에 운까지 읍습 하게 흐르고 배우자궁이 형 충을 쌍으로 먹은 것을 보고 알게 되었습니다.

<참고> 원국에서 子丑합일 경우 亥子丑의 기운으로 凍水로 봅니다. 子丑합 土라는 것은 육합의 원리로 한 말뿐 실전에서는 水로 보아야하고 형 충을 쌍으로 맞았다는 말은 丑戌형 辰戌 충으로 배우자궁의 戌土 칠살이 두 번 얻어터진　형상이라서 이런 경우는 매우 심한 이유로 한 말이다, 그런데 미혼인 것도 이런 영향이 미칠 수 있느냐를 물어본다면 약간의 영향은 있을 수 있지만 결정정적인 것은 아니라고 보고 다자무자(多者無者-많은 것은 없는 것이다) 원칙에서 미혼일 것이고, 水는 음기로 보아 음란행위로도 볼 수 있으나 월지가 정관을 차서 나름대로 정확하고 의리 있고, 창녀같이 행동은 못할 것이다.

[궁금한] 이런 사주를 가진 주인공은 크게 성공 할 수도 있고, 아니면 숨어서 살아야 하는 팔자일 수도 있습니다. 라고 한 것은 무었을 보고 한 말인가요?

[흥장님] 성공할 수 있다는 것은 괴강 백호격 이기에 한 말이고 다만 그런 일을 하고 있을 때에 해당되는 것이고, 숨어서 살아야 한다는 말은 子丑合水에 壬癸水가 투출되어 음습하여 한 말로 이런 경우 水는 감춘다, 밤이다, 어둡다는 원리로 들어 내놓지 못하는 일로 보는 것이다.

[궁금한] 己酉운은 나름대로 살아가기는 형편은 좋아 보이나 진흙탕 물에서 놀고 있는 형상이니 크게 빛은 보지 못할 운세지만 나이가 들수록 좋아집니다. 라고 한 것에 대하여 설명해 주세요?

[흥장님] 일간 壬수가 己토를 만나면 기토탁임(己土濁壬-壬수가 己토를 운에서 만나면 흐려진 물로 봄) 되어 한 말이고, 그러나 酉금은 정인으로서 金生水로 도와준다는 의미로 형편은 좋아 보인다고 한 것이고, 나이가 들수록 좋아진다는 말은 57대운부터 남방火운이라서 하는 말입니다. [별난 사주 에서]

비견과 편관(比肩과偏官)

　비견은 합법적인 상속자요 편관은 무력에 의한 재산보호와 겁탈의 양면성을 가지고 있다. 주인이 튼튼하고 재물이 풍족하며 대우가 좋으면 충성을 다하여 생명과 재산을 지키고 반대로 주인이 허약하고 재물이 빈약하여 대우가 부실하면 주인이 지켜야할 칼을 주인에게 돌리고 생명을 위협하고 재물을 겁탈하는 강도로 변한다. 비견이 가장 두려워하는 것은 정관과 (칠살)이다. 정관은 법대로 다스리니 크게 두렵거나 다칠 염려는 없지만 편관은 칼로 다스리니 고양이 앞에 쥐처럼 꼼짝할 수가 없다. 총을 겨누고 주인에게 순종을 강요하니 손을 들 수밖에 없다. 상속권의 반분을 포기함은 물론 주인의 복종으로서 충성을 다해야 한다. 비견으로선 청천벽력이지만 주인에겐 여간 다행한 것이 아니다. 사사건건 개입하고 반타작을 요구하는 말썽꾸러기가 풀이 죽은 양처럼 고분고분 순종하니 오른팔을 얻은 것과 똑같다. 형제가 합심 협력하니 사나운 편관 또한 주인을 두려워하고 충실히 공경한다. 천하무사가 호위하고 만인이 나에게 순종하고 동지로서 지원하니 권위가 만리에 떨치고 천하를 호령할 수 있다. 누구도 감히 자기를 넘보거나 대항할 수가 없다. 맹호 같은 영웅이자 무장(武將)인 편관을 자유자재로 움직이고 활용할 수 있는 것이 바로 비견의 덕이다. 비견은 형제요 친구니 형제와 친구의 힘으로 권세를 잡고 희롱할 수 있는 것이다. 편관은 범처럼 무서운 권좌로서 그에 오르기는 절벽처럼 험하고 어렵다. 그 가파른 고개를 혼자서 오르지 못하고 허덕이는 판국에 여러 동지가 모여들고 뒤에서 힘껏 밀어주니 단숨에 절벽을 넘어 권좌에 오를 수 있으며 그 공은 오로지 비견에 있는 것이다. 인인성사(因人成事)로서 인덕에 의해서 벼슬을 하고 영웅이 되며 이름을 떨치는 것이다. 남의 덕에 사는 사람이 사람을 미워하거나 교만할 수는 없다. 마치 물고기가 물을 본 듯이 사람만 보면 기뻐하고 정성을 다하여 후대한다. 인정이 많고 인심이 후하며 욕심을 부리지 아니하고 남의 일에 지성을 다하는 호인이기에 만인은 그를 좋아하고 아끼며 무엇이든 힘껏 보살펴 주는 것이다. 무엇보다도 그는 천하를 호령하는 권세를 가지고 있으니 더욱 문전성시를 이룬다. 칼을 잡고도 교만하지 않고 성실하게 후대하니 주위에서 더욱더 높이 추켜세우고 받드는 것이다. 그는 혼자서는 편관을 다룰 수 없다는 것을 잘 알고 있기에 남과 손을 잡고 남의 힘을 빌리는 데 뛰어난 소질과 재능을 가지고 있다. 대중의 투표로 선출되는 선거나 공천 등에 능소능대하고 만인의 신망과 추대로 대권을 잡는 만인지상의 인물이다. 그만큼 아량이 넓고 관용성과 인심이 후할뿐더러 사태를 파악하고 처리하는 지략과 용기가 출중한지라 어떠한 위험이나 난관도 과감히 극복하고 나라의 대사와 대업을 민첩하고 자신 있게 성취할 수 있다. 그에겐 언제나 수족 같은 보필자가 심혈을 기울어서 좌우를 살펴보니 언제 어떠한 일이 발생해도 기습을 당하거나 당황할 염려가 없이 침착하고 박력 있게 밀고 나갈 수 있는 것이다. 세상엔 공짜가 없듯이 덮어놓고 도와줄 사람은 없다. 무엇인가 이득이 있어야만 관심이 갖고 모여들며 믿음이 있어야만 적극 참여한다. 비견이 나를 존경하고 순종하는 것은 천하를 호령하는 칼과 권세가 있기 때문이다. 천병만마를 다스리는 병권과 권력을 행사하는 추상같은 형권(刑權)을 장악하고 만인을 호령하는 호랑이 같은 권력자이기 때문에 문전성시를 이루는 것이다. 그에게 찾아오는 비견이 칼과 권세를 즐기는 사람일 것은 불문가지다. 비견을 위주로 하면 비견과 더불어 편관을 장악하는 것이지만 편관을 위주로 할 땐 칼로 만인을 지배하고 호령하는 것이다. 선천적으로 만인을 위압하고 다스릴 수 있는 대담한 지략과 권위와 능변과 패기(霸氣)를 타고난 비범한 인물로서 대인관계와 인화조절이 능소능대한 것이다. 그 호랑이 같은 권세로 천하를 호령하는 편관이 무기력하고 허약하다면 어찌 되겠는가? 비견은 종이호랑이 앞에서도 무릎을 꿇고 복종할 것인가? 아니면 경멸하고 도외시하여 멋대로 행동할 것인가?

보잘 것 없는 무력한 편관에 반기들 들고 지배를 거부하며 독자적인 행동을 통해서 비견의 고유권리인 상속을 분배를 요구하고 사사건건 주인에게 간섭하고 시비를 일삼을 것은 자명지사다. 하나 어찌 하겠는가? 칼이 녹슬고 부러졌으니 비견이 무슨 짓을 하든 손쓸 도리가 없지 않은가? 비견의 행포에 골치를 앓고 있는 비견을 상대하는 대인관계가 원만하고 능숙할 수는 없다. 그는 비견을 보기만 해도 이맛살이 찌푸려지듯이 사람만보면 공연히 눈살이 찌푸려지고 신경질이 생긴다. 사람을 대하는 솜씨가 거칠고 서툴며 모나고 인색한 주인에게 사람이 따르고 기회가 올리는 만무하다. 그 결점은 누구보다도 잘 알고 있는 비견은 만사에 친절하고 능숙하며 원만하고 민첩하다. 그러기에 모든 기회와 권세와 인재는 비견에게 한결같이 몰려들고 주인은 거들떠보지도 않는다. 이와 같이 무엇을 하려고 하면 반드시 경쟁자가 나타나고 나보다 월등히 유능함으로써 기회를 놓치고 허탕을 친다. 여자의 경우에는 남편과 애인을 삼자에게 빼앗기는 경우가 많다. 그 이유는 자기보다 유능한 친구가 유혹으로 가로채는 것이니 남편이나 애인에게 친구나 여인을 소개하거나 접촉시키는 것은 금물이다. 무엇보다도 자신은 처세와 사교가 서툴고 원만성과 융통성이 부족하기 때문에 재치 있고 멋진 친구와 사교하는 것은 실패와 비극의 씨앗이 된다.

편관이 用이면 정관처럼 군자와 같고 體로 작용하면 독선적이고 잔인하다.

편관이 用으로 작용하면 정관처럼 군자의 기질과 성품으로 너그럽고 원만하며 합리적이고 합법적이며 인물이 비범하고 출중하여 쓸모 있는 인재로 정치 언론 법관 수사관 무관 철학가 혁명가 등에 적합하다. 그러나 편관이 체로 작용하면 호랑이 같은 사나운 기질로 성급하기 바람과 같고 살기 독기가 있어 타협과 후퇴를 모르며 잔인하고 무자비한 행동을 대수롭지 않게 자행한다.

<동주와 앙탈쟁이 주점운영자>

兩神四柱로 두 가지 오행밖에 없이 태어났는데 오행이 相生되면 兩神成象格으로 보아야 하지만 이 사주는 相剋되는 경우라서 종도 못하는 팔자로 보아야 합니다.

[命造解說]

사주구성이 매우 특이 합니다. 兩神이란점도 특이하지만 癸丑과 己未로 두 干支로만 구성 된 점도 묘하고 지지는 華蓋인 庫地로만 구성 된 점도 묘합니다. 일간을 기준으로 주변을 살펴 볼 때 從殺格이 틀림없는데 굳이 흠을 잡자면 年干에 癸수가 뜨고 兩未中乙木이 剋土하여 不從한다고 하는 이들도 있겠으나 從格은 틀림없는데 엄밀히 따져보자면 假從格이라 하겠다.

[命理辭典]

未月癸水가 己未시를 만나서 癸水日元이 太弱하니 당연히 從殺해야 하지만 兩未中乙木이 剋土하여 從殺은 不可하니 金水가 洩土解熱하면 印綬가 通關之神이 된다. 일지에 丑土까지 놓아 濕土로서 土剋水하여 木으로 疎土함이 좋을듯하지만 金水로 泄水生水함만 못하다 하였으나 전체구도로 보아서 土水相戰에 인수로 통기시킴도 좋아 보이지만 從殺로 몰아 假從格임이 틀림없다. 假從格이라 하더라도 木運은 불리하지만 泄土하는 金運은 좋다고 보아야 한다.

{實際的인常況}

간명당시 아직은 미혼이고 남자들은 많이 붙지만 결혼 생각은 없고 己丑년에 주점을 개업했는데 상호문제로 찾아온 고객이다. 己丑년은 官殺운에 丑未沖으로 변화가 예상 되는 운이어서 개업하게 되었을 것이고 현재 대운흐름이 西方金운으로 희용신운이어서 나쁘지는 않다고 보아야 한다.

[異性的인因緣]
원래 女命이 從殺格이면 남자의 복이 있다 라고 보고 남자 인연 좋다고 보아야 하지만 관살이 혼잡 된 것은 아니지만 태과하여 운의 기복이 심할 것이다. 현재는 壬戌대운이라 남자 생각 보다는 일에 집념하는 형상이다.

<職業的인傾向>
무재(無財-재물이 없음)사주로 사업이나 상업보다는 월급 받는 일인 직장인으로 살아가는 것이 좋다고 하지만 종격이라서 특수한 직업으로서의 자영업은 무난할 것이다. 未中丁火 偏財가 있어 재물인연도 좋다고 보아야 한다.

[健康的인問題]
  오행은 많아도 병, 적어도 병이라 하였으니 土가 많아 비위에 문제가 발생 할 것이니 비위가 상하는 정도가 강할 수도 있고 자궁쪽이 약하여 불임에 대한 염려도 되고 또 임신하면 유산될 가능성도 높으니 관리 잘해야 하고 생리통도 있어 보인다.

乾命	庚辰	丙戌	壬辰	丙午
수	7	17	27	37	47	57	67
대운	丁亥	戊子	己丑	庚寅	辛卯	壬辰	癸巳

丙午	壬辰	丙戌	庚辰	乾命

<경찰서장 출신 남명>

사주를 적어놓고 첫 마디가 남자사주로는 좋은 사주입니다. 노무현 전 대통령의 사주가 양팔통 사주였는데 선생님의 사주팔자가 양팔

통 이군요. 이정도 사주라면 출세하면 판검사요, 경찰서장이며 최소한 경찰관이라도 해야 하는데 젊어서 무슨 일 하셨나요? 라고 물었더니 경찰서장 출신입니다. 라고 하더라고요, 이정도면 이야기는 자연스럽게 풀어갈 수 있습니다. 이 사주의 특은 3주가 괴강 백호에 양팔통사주로 官이 沖殺을 먹었습니다. 편관이므로 사법입니다. 그래서 판검사 경찰관이라 말한 것이고 17세 戊子대운이 칠살, 편관이 子水 양인을 달고 와서 沖을 하니 틀림없이 형권을 잡았을 것이고 己丑 정관운은 형권을 잡았으므로 무난하게 넘길 운입니다.

　이사주의 특성이 또 있습니다. 재관이 강해서 재물에 욕심을 부리면 火를 몰고 올 팔자입니다. 돈을 밝히면 재앙이 오게 되는데 쌍 丙火가 나타나서 丙壬 충을 하고 있으므로 午년 같은 경우에는 탈재 손재 또는 재물로 인한 관재가 벌어지는데 아마도 57壬辰대운이 경찰관 옷 벗을 운입니다. 이 대운에 관운이 끝이 났다고 말했더니 맞습니다, 라는 말만 하고 자초지종은 말을 피하는 것으로 보아아마 재물관계로 옷을 벗은 것 같습니다. 사주에 돈이 많은데요, 많이 벌었느냐, 고 은근슬쩍 물어봤더니 그 시절에는 돈만 벌려고 마음먹으면 벌 수 있었다고만 말 하면서 辛卯년에 지인에게 몇 천만원 빌려 줬는데 언제쯤 들어오겠느냐? 라고해서 선생님 사주는 돈이 나가면 안 들어오는 팔자이니 재물 거래는 안 하시는 것이 좋고(丙壬 충으로 財가 충을 하므로)금년 壬辰운세도 관재수가 보여 불리하고 손재도 따르는 해라고 말했더니 주식해서 반 토막 났습니다. 辛卯년 운세는 상관 운이라서 한 말이고 壬辰년 운세는 丙壬沖 辰戌 沖하여 財官이 沖하므로 관재구설과 손재가 이어진다고 한 것입니다.

[여산서숙 간 실전108제에서]

편관과 다른 육신과의 상관관계에서 나타나는 운질

1, 身旺四柱에서 편관과 식신이 있으면 大富大貴하는데 항상 損財가 따를 수 있다.
2, 身弱四柱에서 편관과 식신이 있으나 식신이 너무 많으면 오히려 곤궁하게 산다.
3, 편관과 편재가 同柱하면 부친의 덕이 없다.
4, 편관과 정관이 혼잡하면 잔꾀에 능하나 호색호주 한다.
5, 편관과 정관이 많고 혼잡 된 여명은 여러 번 改嫁한다.
6, 편관정관 정재가 같이 있는 여자는 情夫를 두기 쉽다.
7, 편관이 정인을 보면 편관도 정인이나 다름없어 다정다감출세한다<殺印相生>

비견과 인수(比肩과 印綬)

비견은 후보주인(候補主人)이요 인수는 자비로운 후견인이다. 이미 성숙하여 독립한 주인 옆에 똑같은 비견이 사사건건 개입하는 것이 역겨워서 어디론가 떠나고 싶은 심정이 간절한 터에 인수마저 관여하여 갓 난 어린이 취급을 하니 무엇 하나 멋대로 그리고 뜻대로 할 수가 없다. 비견은 손목을 붙들고 늘어지는데 인수는 발목을 잡고 놓지를 않는 것이다. 하니 어찌 한 발짝이라도 옮기고 움직일 수 있는가? 고대하던 기회가 와도 꼼짝 달싹할 수가 없으니 그림의 떡이요 호사다마로 만사불성이다. 비견에게 짜증을 내고 인수에게 얼굴을 찌푸릴 것은 당연하다. 그렇다고 눈 하나 까닥할 비견이나 인수는 아니다. 그만큼 눈치가 없고 염치가 좋으며 우둔하다. 그 형제와 부모 때문에 얼마나 고통을 받고 부담을 받는가는 짐작하고도 남음이 있다. 그러니 우애가 있고 효심이 있을 수가 없다. 당장이라도 떠나고 싶지만 그럴 수가 없다. 내가 아니고는 의지할 자가 없는 부모형제를 눈앞에 두고 어찌 발길이 돌아서겠는가? 나의 모든 것을 희생해서라도 돌보지 않을 수 없다. 그것은 숙명이요 운명이 아닌가? 출생하면서부터 모든 것을 반분해야하고 남을 위해서 헌신을 해야 한다. 그러고도 좋은 소리를 듣기는커녕 도리어 원망을 들어야 한다. 불평불만이 많다는 것이다. 죽도록 보살피고도 선무공덕이니 의욕이 있고 성의가 생길 리 없다. 나 또한 불평불만과 원망이 크다. 이젠 쳐다보는 것조차 고역이고 신경질이 생긴다, 고운 말이 나가고 원만한 처신을 할 수가 없다. 짜증을 내고 심통을 부리니 제 것 주면서도 욕을 먹기 마련이다. 기왕 줄 바엔 떳떳이 웃음으로 대하면 그만한 공과 고마움은 알 것이요 화목하고 평화로운 보금자리를 마련하겠지만 사정이 그럴 수가 없다. 장병(長病)엔 효자가 없다고 일방적인 희생과 손실은 오래 지탱할 수가 없다. 야속하고 귀찮은 생각이 버럭 치솟고 감정이 불쾌하다. 무슨 팔자가 이 모양 이 꼴이냐는 것이다. 그럴수록 반감과 앙심을 갖는 것은 비견과 인수다 형제간에 모자지간에 그럴 수가 있느냐는 것이다. 소견이 넓고 아량이 있고 관용성과 이해심이 너그러울 수가 없다 만사가 거추장스럽고 아까울 뿐이다. 인색하고 퉁명스럽고 오해하기 일쑤며 시기 질투하고 배타심이 대단하다. 처세가 모나고 성급하며 편파적이고 유아독존적이며 독단독선 적이니 누구와도 인화를 도모하기는 어렵다. 만나는 사람마다 시비가 벌어지고 의견이 대립되며 불화가 심하다. 상대는 언제나 나보다 강하고 유능하다. 하니 부모 역시 나보다 그를 더욱 아끼고 사랑할 것은 의당 지사다. 모든 일에 있어서 남에게 열등감마저 생기고 오기가 대단하다. 그러지 않아도 월등한 비견을 인수가 살찌우고 기세를 돋구니 비견은 더욱더 기고만장할 수밖에 없다. 그러나 인수는 비견이 나에게 똑같이 자비로운 어머니가 아닌가? 그 어머니가 자식을 차별하고 싸움을 붙이겠는가? 인수는 덕이 태산 같고 대자대비하며 진선미로써 사랑하고 교화하며 의식주를 제공한다. 그 어머니의 사랑을 받고 자라난 형제가 다정하고 온화하며 우애가 깊을 것은 불문가지다. 그들은 서로 아끼고 도와주며 나누고 베풀기를 좋아할 뿐 서로 인색하고 질투하며 배격하지는 않는다. 기회가 오고 기쁨이 있으면 서로 양보하고 함께 누리고자 한다. 그러한 아량과 덕성이 인수에 의한 교양과 정성의 보람임은 말할 나위도 없다. 그들은 무엇이든 합심하고 상부상조하며 크나큰 일을 도모하고 기어이 달성한다. 남과 더불어 동업하고 공동으로 출세하며 이름을 떨친다. 그러나 인수가 허약하거나 상처를 입은 무기력한 존재이면 비견과 주인공 올바른 교육과 덕성을 이루지 못함으로써 아량과 관용성을 갖출 수가 없다. 서로가 욕심을 부리고 앞을 다투니 불화가 잇달고 시기질투와 시비 갈등이 심하며 만사에 비견이 개입하고 가로채는 버릇 때문에 무엇 하나 순탄하고 원만히 성사되는 것이 없다. 평생 호사다마 격으로 언제나 보다 유능하고 심술 많은 비견이 가로막고 선수를 치며 덜미를 잡는다. 그러나 재성과 관성이 왕성하고 비견과 인수의 지원이 시급하다면 어찌 인수가 허약하다고 해서 쓸모가 없고 비견이 나를 해치겠는가? 도리어 크나큰 돈 보따리와 벼슬감투를 감당하고 부귀영화를 누리기 위해서 일치단결하고 상부상조하며 병들고 늙은 인수라도 다정하고 자비한 손길을 뻗쳐서 뜻을 이루게끔 뒷받침한다. 문제는 인수의 역량보다도 인수와 비견을 비싸게 기용하고 활용하는 재관의 역량이다. 재관이 왕성하다면 부귀가 풍족하니 인심이 후하고 화기(和氣)가 넘치며 만인을 후대함으로써 비견과 인수가 만족하고 기쁨을 감추지 못하며 주인에게 충성을 다하는데 반하여 재관이 허약하고 빈곤하면 인심이 박절하듯이 주인에 의지하는 비견과 인수를 불화와 시비 질투와 시비가 잇달아 발생하는 것이다.

정인이 용이면 의식주가 풍부하고 체이면 의식주가 헐벗고 산다.
正印이 用이면 의식주가 후하면서도 학문에 능하고 덕성이지극하다. 정인이 용이 면서 관성과 같이 있으면 학문으로 큰 뜻을 이루고 당대의 명사로 입신양명하고 재성과 같이 있으면 부귀겸전이요, 관성이 없으면 학문에는 능하지만 출세하기는 어렵고 한편 인성과 재성이 함께 있으면 학문보다는 물욕에 치우쳐 장사꾼으로 변질되기도 한다.

正印이 體이면 정인이 편인과 같아 의식주 학업에 인연이 없고 성실 근면보다는 재간과 잔꾀에 치우치고 소인배 같은 행동으로 인생에 낙오자가 되기도 한다. 그러나 정인이 체로 작용하더라도 관성이 있다면 인생활력과 의욕을 고취하는 분발의 별이기에 그 뜻과 의욕이 강하다.

坤命	丙申	癸巳	癸酉	辛酉
수	1	11	21	31	41	51	61
대운	壬辰	辛卯	庚寅	己丑	戊子	丁亥	丙戌

辛酉	癸酉	癸巳	丙申	坤命

<식물인간으로 생을 마감한 여성>

위 명조는 巳월 癸수라는 맑은 물이 辛酉시인 저녁때에 태어나고 다시 태어난 날까지 酉일이라서 巳酉合金되어 지지전국이 金바닥이 되니 金水태왕한 사주가 되었습니다. 年干의 丙화는 시간의 辛금과 丙辛 合水되므로 金水雙淸이라 비록 巳월의 癸水라는 계곡의 맑은 물이라지만 홍수 터진 물같이 많은 물로 바다를 이룹니다. 이 사주는 물이 主神입니다 金水木은 유리하고 火土는 불리한 명조인데 木도 寅木 卯목은 흉하고 水도 亥水는 불리합니다. 초년 대운은 木운이라 무난하였고 중년이후에도 水운이라 좋았습니다. 그러나 51세 대운인 丁亥운을 만나면 丁癸충 巳亥 충으로 하늘이 무너지고 땅이 꺼지는 天沖 地沖으로 가정이 흔들리는 등 불안 초조한 일이 발생하는데 庚寅년을 만나면 庚금은 길신이지만 寅木을 달고 들어와 寅巳申 삼형을 만들어 사건사고를 조성합니다. 그뿐이 아닙니다. 寅申巳亥가 다 모였습니다. 부부가 불화가 발생 하더니 辛卯년에 무릎 수술하고 합병증으로 식물인간이 되었습니다. 왜 인지 원인을 찾아보자면 辛은 편인이고 卯는 卯酉沖을 하여 왕신충발로 이런 일이 발생 한 것입니다. 辛卯년이 되면 왕신충발(旺神沖發-卯酉沖)하는

- 64 -

해이군요 더욱이 金을 제지할 수 있는 별인 丙화가 丙辛합으로 辛金에게 잡혀가면 金은 날뛰게 되는데 沖으로 건드리면 사람이 죽고 사는 문제가 발생한다는데 어쩌면 좋을까 하고 염려는 되었지만 설마 관절수술 정도라면 시간이 말해주겠지 했는데 드디어 일이 벌어졌습니다. 무슨 영문인지는 잘 모르겠는데 무릎 수술이 잘 못되어 재수술 받고 갑자기 합병증이 와서 의식 불명 되었다는 소식을 들었습니다. 그 후로 식물인간으로 병원에 입원해 있다가 몇 년동안 식불명인 채로 재활병원에 있다가 생을 마감 했습니다.

[문] 왕신충발이란 무엇이며 어떤 현상이 벌어지나요?

사주원국에서 합국을 이루었거나 왕성한 오행을 행운(대운 세운)이 들어와서 충 하는 것을 말하는데 이와 같이 건드리면 왕신(旺神)이 대노(大怒)하여 발동이 걸리게 되는데 이렇게 왕신(旺神)충발(沖發)되면 신상에 생사(生死)를 넘나들 만큼 흔들어 놓는다는 것입니다. 본 명조도 卯목이 세운에서 酉금 왕신을 충한 상태여서 이런 상황을 보고 왕신충발이라 말합니다. 이 사주에서 묘한 것은 巳酉로 묶여 巳申刑이 안 되다가 卯酉가 沖하여 巳酉합이 풀리니 바로 巳申형으로 성립된 경우라 볼 수 있습니다.

비견과 편인(比肩과偏印)

　비견인 식객이요 편인은 무정한 서모다. 덕이 없고 아량이 없으며 인정이 없고 인색하며 시기와 질투와 비방이 심하다. 나의 재물과 권리의 분배를 요구하는 비견의 등에서 편인이 선동하고 부채질을 하니 비견이 극성을 부리고 사사건건 이단자로서 시비를 일삼을 것은 불문가지다. 어려서부터 비견과 더불어 찬밥을 먹고 찬이슬에 뒹굴면서 냉혹하고 교양 없이 자라난 주인공이 비견 못지않게 냉정하고 편협하며 호전성이 극심할뿐더러 한 치도 양보 없이 아전인수격으로 독선과 독단을 서슴지 않으며 서로 독점하기에 혈안이다. 전부를 독차지하느냐 전체를 잃느냐의 두가지중 하나를 택할 뿐 평화적인 분배나 상부상조란 생각조차 할 수 없다. 주인은 하나요, 비견은 수천수만이니 어찌 감당하겠는가? 비견은 만인과 통하고 만인을 엎고 덤비며 수단과 역량이 뛰어나니 주인은 당해낼 도리가 없다. 거기에 모나고 소견이 좁으며 간사하고 질투가 심한 편인이 합세하고 작당하니 중과부적이요 요령부족과 아집 때문에 감당하고 이겨낼 수가 없다. 모든 기회는 비견이 통째로 가로채듯이 무엇인가 생기거나 생길듯하면 비견이 앞질러 재바르게 독점한다. 사사건건 빼앗기고 넘어지니 의욕이 없고 평화와 안정을 누릴 수가 없다. 불안초조와 불평불만이 날로 쌓이고 늘어나며 열등감과 패배의식이 자포자기로 둔갑하여 될 되로 되라는 체념을 싹트게 한다. 세상만사가 귀찮듯이 세상만인이 역겹고 거추장스러운 것이다. 사람을 만났다 하면 내 것을 노리고 앞을 가로막으며 간사하고 냉혹하니 어찌 인정이 가고 미련이 있으며 화목할 수 있겠는가? 그러나 모과도 임자를 만나면 약으로 쓰이고 비싼 값을 받는다고 비견과 편인도 재관이 왕성하면 더없이 소중한 일꾼이요 귀빈이다. 나 혼자서는 전혀 감당할 수 없는 부귀를 관리하는 허약한 주인공에겐 나를 대신해서 주인 노릇하는 비견과 보약을 공급하는 편인이란 절실히 아쉽고 감사한 것이다. 식객과 서모를 극진히 후대하고 진심으로 기뻐하는 주인에게 비견과 편인이 근성을 부릴 수는 없다. 자기들 힘이 무한정 필요하듯이 정성을 다해서 같이 부귀를 감당하고 발전시키니 집안은 웃음꽃이 피고 만인이 즐거움과 영화를 누린다. 의식주가 풍족하고 벼슬이 흐뭇할 정도라 만인과 나누어 갈질 수 있으니 도처춘풍이요 인인성사로 큰 벼슬과 부자를 이룩할 수 있는 것이다. 그 고마운 비견과 편인에게 주인이 감지덕지하고 극진한 보답을 하니 천하는 온통 웃음꽃이다. 비견은 동업의 별이요 편인은 재치의 별이니 동업과 재치로 부귀를 누리고 인심이 후함으로써 서로가 동업하고 협력하여 소원을 성취한다. 나보다도 주위의 유능한 인재의 힘과 지원으로 자신을 기르고 두각을 나타내며 출세의 기회를 잡을 수 있다. 비견은 무거운 짐을 나누어서 운반하고 편인은 기름을 보급하여 생기를 공급하니 온 천하가 나를 위해서 있는 것처럼 반갑고 즐겁다.

편인이 용이면 호의호식하고 체이면 장애물이다.
편인이 용이면 정인으로 변해서 의식주가 풍부하여 호의호식 하는 행운아로 살고, 인심이 후하며 만사가 후하고 너그럽다, 그러나 체이의식주가 부족하며 학문과도 인연이 없고 무슨 일을 하드래도 제대로 이루어지는 일이 없으며 시기 질투 방해하는 장애물이다.

乾命	辛丑	丙申	壬寅	庚戌			
수	10	20	30	40	50	60	70
대 오	乙未	甲午	癸巳	壬辰	己卯	戊寅	丁丑

辛酉	癸酉	癸巳	丙申	坤命

<합 충이 많은 사주>

위 명조는 월지 편인을 놓고 시상에 편인이 나타나서 편인성이 강한 팔자인데 편인이 재성과 동주하고 관살과도 동주하여 부귀 할 것 같지만 丙화 재성은 辛금에 잡혀갔고(丙辛합) 사주원국이 合沖

이 많아(丙辛合, 丙壬沖, 寅申沖, 丑戌刑) 부귀겸전 하는 팔자는 못되고 빈곤하게 살거나 삶이 고달프게 살아가게 된다. 조강지처와 이혼하고 동갑내기 여성과 동거하고 있다.

比肩의 通變(비견의 통변)

1, 비견이 많으면 편재를 심하게 극함으로써 공돈을 벌수가없고 아내인 재성과 자식인 관성이 무력함으로써 생리사별하기 쉽고 여인은 남편의 인연이 바뀌기 쉽다. 남자는 여인의 인연이 박하다.
2, 비견이 공망이면 남자는 아버지와 처를 극하고 여인은 남편과 자식을 극하며 형제간에 불화하고 같이 살기가 힘들다.
3, 비견이 비견과 같이 있으면 반드시 두 집을 거느리고 혹 양자로서 두 집을 관장하기도 한다. 결혼을 여러 번하고 부모와도 한번 떨어졌다가 다시 만나게 되며 비견이 삼합국을 이루고 동주한 경우도 똑같다.
4, 비견이 겁재와 같이 있으면 형제와 부모 간에 구설이 많고 고정(苦情)이 심하며 사람으로 인해서 손실이 크고 회계와 경리관계상 손재가 많다. 만일 년주에 있으면 아버지와의 인연이 벽하고 혹 사별하기 쉬우며 늦게 결혼한다.
5, 연상에 비견이 있으면 위의 형과 누이가 있거나 양자의 인연이 있다. 6,월상에 비견이 있으면 반드시 형제자매가 있고 월지에 있고 관살이 없으면 성품이 난폭하다.
 7, 시상에 비견이 있으면 양자가 상속하고 계승하며 비견이양인과 같이 있으면 극부(剋父)한다. 일시에 양인이 있으면 아버지가 흉하다.
8, 월주의 비견이 공망이면 형제가 있어도 무력하고 혹 사별하기 쉽다.
9, 비견이 사, 묘, 모욕(死,墓, 沐浴)과 같이 있으면 형제가 있어도 일찍 세상을 뜨거나 멀리 떨어지며 비견이 삼형과 같이 있으며 가난하거나 처와 별거하게 된다.

10, 庚日生이 연월에 甲申이 있거나 乙日生이 辛卯가 있거나 甲日生이 연월에 甲申이 있거나 甲申이 있거나 乙日生이 연월에 乙酉가 있으면 형제가 없다.

11, 여자가 비견이 많으면 색정으로 번뇌가 크고 가정이 불화하며 부부 화목치 못하다.

12, 여자가 비견이 겁재와 같이 있으면 부부간에 원한을 품게 되고 비견겁재가 강하면 독신팔자다.

13, 여자가 비견이 강하고 관성이 약하면 부부간에 애정이 적고 천간에 비견겁재가 있으면 다정한 가운데 남편의 쟁탈이 있다.

14, 여자가 비견이 겹치면 질투하고 다툼이 많으면 일주가 왕성한데 비견이 많고 인수가 있으며 관성이 없으면 자녀가 적다.

15, 비견과 양인이 있고 형파가 있으면 악사(惡事)또는 뜻하지 않은 재난을 당한다.

16, 신약하고 비견 겁재가 왕성하면 나의 아내가 남의 아내 노릇을 하고 나에겐 첩 노릇을 하며 신왕하고 비견겁재가 약하면 남의 아내가 나의 본실노릇을 하고 그에겐 첩의 노릇을 한다.

17, 비견이 삼형과 있으면 가난하거나 처와 별거하게 된다.

劫 財 篇

겁재는 무법의 겁탈자다.

겁재는 재물을 노리는 겁탈자다.

　같은 재물 중에도 정재만을 선택한다. 정재는 합법적이고 정당한 자기소유의 재물이니 피해자는 바로 자신이다. 자신이 소유하는 재산이나 지배하는 소유권 또는 아내만을 골라서 노리고 겁탈하는 도적과 같다. 도적은 숨어서 침입 한다 남몰래 엿듣고 눈치를 살피다가 틈만 있으면 뛰어들고 훔친다. 그 도적을 등에 업고 사는 주인공이 돈을 모으고 부자가 될 수는 없다. 돈만 벌면 감쪽같이 도둑이 스며들고 눈을 뜬 채 도둑을 맞는다. 도둑은 인정과 눈물이 없다. 닥치는 대로 겁탈하고 경우에 따라선 강도로 변한다. 도둑을 맞으며 분하고 허탈상태에 빠진다. 밤낮으로 도둑을 당하고 나면 돈을 벌 용기가 없을뿐더러 돈을 가지고 집으로 돌아올 흥미가 없어진다. 하물며 저축하거나 알뜰히 절약할 의욕이 있을 수 있겠는가? 어차피 도둑맞고 빼앗길 바엔 아낌없이 써버리는 것이 현명한 처사가 아닌가? 그래서 겁재에 시달리는 주인공은 돈을 벌면 쓰기를 즐긴다. 오늘 번 돈은 오늘 멋지게 쓰고 내일은 내일 또 벌어서 쓰자는 것이다. 내일을 생각하지 않는 내일 없는 인생은 저축이나 절약을 모른다. 있으면 쓰고 없으면 벌자는 것이 그의 인생관이요 생활신조이고 보니 돈만 생기면 기분 좋게 아낌없이 써버린다. 아내를 비롯해서 친구와 이웃에게 선심을 쓰고 돈을 마구 뿌린다. 낭비가 심하고 거칠게 쓰는지라 아무리 큰돈도 오래갈 수가 없다. 월급을 타면 며칠 못가서 바닥이 난다. 그러니 월급생활을 지탱하거나 오래 갈수는 없다. 돈을 무진장 쓰자면 공돈이 생기거나 노다지를 파야 한다. 세상에 공돈이나 노다지란 쉬운 것이 아니다. 하늘의 별따기다. 그 공돈을 벌자면 합법적인 방법이나 정당한 방법과 상식으로는 어렵다. 불법과 부정과 겁탈을 통해서만이 가능하다. 보통 심장이나 배짱으로는 언감생심이다. 형벌이나 죽음을 두려워하고 가정이나 생명을 아끼는 마음이 있다면 그런 짓을 감당할 수는 없다. 그와 같이 겁재는 대담하고 용감하며 생사애착이나 구애를 받지 않는다. 돈만 생긴다면 무엇이든 닥치는 대로 머뭇거리지 않고 해낼 수 있다. 밀수나 아편 또는 노름판은 공돈을 벌 수 있는 유일한 노다지 광맥이다. 목숨을 내놓고 버는 돈은 일확천금 할 수 있다. 때로는 순간에 일확천금을 벌기도 한다. 그러나 돈을 벌면 대기하고 있던 도둑이 덤비고 깨끗이 빼앗아감으로써 남는 것이 없다. 며칠 쓰고 나면 텅 빈 호주머니다. 그 허전한 호주머니를 채우기 위해선 다시금 겁탈을 자행해야 한다. 처음엔 남이 나의 것을 겁탈하고 다음엔 내가 남의 것을 겁탈하며 또 뒤이어 겁탈을 당해야 하니 모든 것은 겁탈에서 시작하고 겁탈로 끝나며 그것은 무제한 되풀이 된다. 남이 내 것을 겁탈하면 내가 남의 것을 겁탈하고 그러며 또 남이 내 것을 겁탈하니 겁탈은 겁탈을 부르고 꼬리를 이음으로써 겁탈은 곧 생활이요 인생의 전부다. 도둑은 눈치가 빠르고 의심이 많으며 불안하고 초조하며 겁이 많고 불안과 초조와 의심이 가득하며 눈치가 빠르고 훔치는 솜씨가 능하다. 구걸하는 거지도 며칠이 지나면 부끄러움과 염치를 모르듯이 도둑질도 거듭하다 보면 대담과 불안과 초조와 긴장이 풀린다. 그렇다고 법에 쫓기는 도둑의 마음이 태연하고 편할 수는 없다. 마치 주위를 살피는 생쥐처럼 언제나 귀를 곤두세우고 뒤를 살피기에 여념이 없다. 도둑과 겁탈의 유형(類型)은 여러 가지다. 질병이 생기면 약값과 치료비를 물어야 한다. 가벼운 질병은 작은 돈으로 처리하지만 중병이나 대수술은 큰돈이 든다. 집을 팔고 땅을 팔고 온 재산을 바쳐야 한다. 돈을 쓰면서도 죽을까봐 마음이 불안하고 초조하며 좌불안석이고 밤낮으로 간호하랴 돈을 마련하랴 동분서주하니 몸이 솜처럼 노곤하고 축 처진다. 생명을 움켜쥔 의사 앞엔 달라는 대로 줄 수박에 없다. 살려고 애써 번 돈을 써보지도 못하고 물 쓰듯 써야하고 눈뜨고 도둑을 맞아야 하니 어처구니없는 노릇이다. 질병이 없어지면 火災다 水災다 하여 뜻하지 않은 火魔와 水魔가 온 재산을 송두리째 할퀴고 삼켜버린다. 도둑을 맞아도 어이가 없고 할 말이 없으며 원망할 곳도 없다. 그러나 도둑이 한바탕 휩쓸고 가면 알몸뚱이 뿐이다. 어쩌다 돈을 벌고 살만하면 새로운 도둑이 또 접근한다. 노름꾼이 유혹 하는가 투기업자가 노다지를 캐자한다. 화투 몇 장을 잡고 밤을 새우다 보면 빈털터리가 되는가하면 증권이나 투기업에 손을 대다보면 얼마 안가서 알몸이 되고 만다. 공돈을 밀려 밑천을 날린 것이니 누구를 원망하겠는가? 도둑은 바로 공돈과 겁탈에 눈이 먼 나의 욕심과 투기성이다. 공짜를 즐기는 허욕 때문에 날고뛰는 도둑떼에 걸리고 패가망신을 하는 것이다. 밤새워 노름하고 돈을 몽땅 날린 노름꾼은 심정이 찢어질 것같이 쓰리고 아프며 허탈에 빠진다. 이래도 저래도 빼앗길 바엔 차라리 먹고 나 보자는 자포자기와 더불어 타락 길을 택하게 되고 마침내 도둑으로 둔갑하기 마련이다. 부끄러움과 두려움과 자존심이 없는 막다른 인생 골목에서 할 수 있고 또 해야 할 훔치고 도둑질 하고 겁탈하는 것뿐이다. 누구도 겨룰 수 없고 따라올 수 없는 번개같이 빠른 행동과 대담하고 두려움 없는 용기는 전혀 쓸모없는 쓰레기는 아니다. 임자를 만나고 때를 만나면 돈을 벌고 벼락부자 될 수 있다. 그것은 재성(財星)이 왕성하고 신약한 주인공을 만나는 것이다. 몸은 병들고 늙었는데 재산은 태산 같으니 사방에서 도둑떼가 벌처럼 모여든다. 그 겁탈자들을 무찌르고 나의 재산을 보존할 수 있는 것은 겁탈자의 왕초뿐이다. 번개처럼 빠르고 대담한자가 아니고는 도둑 떼를 막아내고 재산을 지킬 수가 없다. 그 겁탈자의 왕초는 바로 겁재다. 도둑이 능소능대한 겁재가 천하의 도둑을 물리치고 주인의 재산을 지키기는 식은 밥 먹기다. 그에게 후한 사례와 높은 벼슬이 내릴 것은 의당 지사다. 천하의 도둑을 잡는 두목은 포도대장이다. 포도대장은 법을 지키는 호법의 사령관이니 경찰, 사법관, 헌병을 비롯해서 판검사 법무관 그리고 검찰총장, 법무장관이 이에 해당한다. 겁재가 득령하고 재성이 무력한 자는 말단요원으로서 그 직위가 가볍고 크게 출세하기는 어렵다. 형사, 헌병, 수사원, 수위 등 주로 일선

수사 활동에 종사하게 된다.

겁재의 운질은 내 재산을 호시탐탐노리는 불법자이다.

겁재는 호시탐탐 재물을 노리는 겁탈자인데 특히 재물 중에서도 정재만을 선택한다. 정재는 정당하고 합법적인 자기소유의 재산이고 재물이기 때문에 겁재로 인한 피해자는 바로 주인공인 자신이다. 그래서 겁재는 주인공의 정식으로 소유하고 있는 재산과 주인공이 지배하고 있는 정식 아내만을 골라서 노리고 겁탈을 자행하는 도적과도 같은 존재이다. 그러므로 겁재의 운세에는 돈만 벌면 감쪽같이 도적들에게 눈을 뜨고 도둑질 당하는 형국이다.

겁재는 물욕이 강해 돈을 벌기 위해서는 수단과 방법을 가리지 않는다.

겁재는 법에 없는 상속권을 요구하고 달려든다. 상속권을 강압적으로 요구하면서 힘으로 겁탈하려한다. 좋은 말로는 안 되니 강제로 겁탈 할 수밖에 없는 운세를 겁재라고 한다.

겁재는 쟁재하는 성정의 운질 이므로 주의해야 한다.

겁재는 아버지라는 씨앗은 같지만 어머니 밭이 다른 이복형제와 같아 오행은 같지만 음양이 달라 나누어가질 조건과 권리가 서로 달라서 반분을 요구하고 달려드는데 늘 문제가 발생한다. 그래서 형제는 형제이나 비견과 달리 겁재는 제대로 대접을 받지 못하여 억울하기에 겁탈자로 변신해서 재물을 나누어 가지려는 형국으로 재산을 나누듯 爭財를 하는 성정이 있다.

<행시합격 사무관 사주>

　위 명조는 겁재성이 강한 팔자라서 쟁재(爭財)할 가능성이 많아 사업이나 상업보다는 관료로 살아가야 할 명인데 행시준비생으로 여러 번 낙방하고 포기직전에 본 술사를 만나 강권하다시피 하여 마음을 돌려서 재도전하여 행시에 합격한 후 지금은 여가부에서 근무하는 엘리트인데 명조가 쟁재(爭財)의 성정으로 결혼이 늦어지고 있다. 만약 이런 사람이 자영업을 한다면 재물에 대한 수난을 겪으면서 살아가게 될 터인데 관료로 진출하였으므로 爭財가 이성으로 변질되는 형상이다. 壬辰대운은 辰토 劫財 대운이라서 결혼성사 어렵고 계사대운에 결혼 하게 될 것이다.

그런데

<癸卯년에 궁합 보더니 甲辰년 봄 결혼한다고 택일 해갔다>

겁재와 비견(劫財와 比肩)

　비견은 상속에 대한 분배의 대상자로서 합법적인 분할을 요구하는 동시에 재산과 권리의 보존과 관리에 신경을 쓰고 같이 참여한다. 재산을 독점하거나 겁탈하거나 파괴할 의사가 없을뿐더러 만사를 합법적이고 공평하게 처리하기를 원하는데 반하여 겁재는 상속이나 재물에 대해서 아무런 연고나 권리가 없는 전혀 무관한 제三자다 비견은 때가 오면 배급과 할당이 돌아가지만 겁재는 백년을 기다려도 소식이 있을 리 없다. 그렇다고 맨주먹으로 살수는 없지 않은가? 사흘 굶어서 도둑질 않는 사람 없다고 그가 살 수 있는 길은 남의 것 겁탈할 수밖에 없다. 그가 뛰어든 것이 바로 분배를 기다리는 비견의 안방이다. 도둑은 분배할 재산을 송두리째 겁탈하니 주인과 비견은 알몸이 될 수밖에 없고 도리어 겁재에 의지할 수밖에 없다. 도적의 일당으로서 겁재와 합세하고 겁탈자로서 둔갑하는 것이다. 겁탈할 재물이 풍부하다면 비견과 겁재는 서로 돈을 벌고 의좋게 동업할 수 있지만 그런 재물이 없을 경우엔 서로 부담이 될 뿐이다. 아무리 훔쳐봐야 여러 등분하면 먹을 것이 없다. 혹시나 누가 더 많이 갖지는 않은가 신경을 곤두세우는가하면 배신자도 경계를 해야 한다. 먹을 것은 없는데 도적식구들이 많으니 감당할 수가 없다. 그들은 서로 시기하고 질투하며 미워하고 대립하며 물고 뜯고 겁탈하다. 도적이 떼를 이루었으니 동서남북 어디를 가나 빼앗기는 것뿐이다. 합심이 되거나 화목할 수가 없다. 연중무휴로 도적이 들끓고 돈쓸 일이 생기며 시비와 질병과 손재가 꼬리를 문다. 사람만 만났다하면 돈을 뜯겨야 하니 대인관계나 처세가 원만할 리는 없다. 이들이 살 수 있는 길은 오직 집단적이고 대규모적인 겁탈 작전이다. 밀수, 아편, 깽, 사기, 도박, 소매치기, 날치기의 왕초 등이 대표적인 적성(適性)이다. 어차피 나눠먹고 빼앗길 바엔 같이 무리를 만들어서 크게 털자는 것이다. 그러나 아무리 털고 털어봤자 도적떼를 거느리는 주인공이 돈을 벌고 평화롭게 살 수는 없다. 가난과 질병과 시비와 재난이 있게 된다. 혼자서 도적 때를 먹이고 입히고 뒷바라지 하는 아내가 온전할 리는 없다. 병들거나 불구가 되거나 사별하기 마련이다. 그러나 재물이 왕성하고 관리자와 감시자가 필요할 경우엔 전혀 정반대다. 수십 수백 명이 집단적으로 먹고 입고 잘살 수 있는 금덩이가 있다면 그리고 서로 합심하고 협력해야 만이 천금을 벌수 있다면 도적 때는 한마음 한뜻으로 뭉치고 화목한 동시에 도적의 탈을 벗는다. 합법적으로 얼마든지 돈을 벌 수 있고 부자가 될 수 있는데 도적질할 까닭은 무엇인가? 그들은 주인의 생명과 재산을 안전하게 보호하고 관리만 하면 후한 대접과 관록을 받을 수 있다. 그들이 해야 할 일은 남의 것을 겁탈하고 훔치는 도적질이 아니고 태산 같은 금덩이를 철저히 지키고 도적을 번개처럼 무찌르는 것이다. 집단적인 경비와 수사와 법의 집행을 전담해야 한다. 그것은 곧 나라와 백성의 재산과 생명을 지키고 그 대가로서 벼슬과 월급을 받는 경찰, 헌병, 수사기관, 법조계를 의미한다. 법과 질서를 관장하고 명령하는 중추 내지 수뇌로서 대권을 장악한다. 불법자를 추상같이 소탕하는 겁재의 왕초는 나라를 침범하는 침략자를 무찌르는 병권도 장악한다. 적병은 최대의 불법자이듯이 병마(兵馬)는 불법자를 추방하는 겁재의 수족이기 때문이다. 같은 겁재라 해도 무용지물의 겁재는 주인의 재산과 생명을 겁탈하고 위협하는 도적이요 불한당인데 반하여 유용하고 유능한 겁재는 도리어 주인의 생명과 재산을 지키고 도적과 불한당을 소탕하는 호위병이요 근위사단 역할을 한다. 주인을 괴롭히고 못살게 하는 역신(逆臣)은 보기만 해도 흉측 하고 이맛살이 찌푸려지니 기신(忌臣-逆臣)이라 하고 주인을 정성껏 공경하고 기쁘게 하는 충신(忠臣)은 보기만 해도 웃음이 나오고 감개무량하니 희신(喜神-忠臣)이라 한다. 희신의 겁재는 생명과 재산을 지킬 뿐 아니라 백성의 산업을 권장하고 생산을 촉진함으로써 주인의 소득을 증대시키고 부귀를 극대화한다. 그와 같이 재물이 왕성하고 신약한 터에 비견 겁재가 즐비하면 동서남북에서 자신을 지키고 돈을 벌게 하는 동지와 지원자가 나타나고 뜻하지 않는 횡재(橫材)로 치부하며 나라의 대권을 잡은 권력층의 도움과 보호를 받아 거부로 발전한다. 재성이 빈약하고 身旺자는 財運에서 그와 똑같은 영광과 영화를 누릴 수 있다. 재성이 허약한데 겁재가 왕성하면 자기 것을 훔치는 겁탈을 일삼음으로써 흉신으로서 가난과 질병을 몰고 오지만 재성이 왕성한 재운에 이르면 겁재가 도리어 자기 것을 지키고 늘리는 충신으로 개과천선함으로써 주인을 기쁘게 하고 살찌우는 것이다. 그와 같이 육신은 처음부터 좋고 나쁜 것이 아니라 환경과 경우에 따라서 가치와 쓸모가 결정되고 변화하는 상대적 존재이다.

재왕 신약한데 비겁이 나타나면 동지와 지지자가 나타난 격이다.

喜神으로 작용되는 겁재는 주인의 생명과 재산을 보호해 줄 뿐만 아니라 생산성을 촉진시키거나 증대시키기 때문에 소득향상에 기여하여 부귀공명을 극대화 시켜준다. 그러나 재성이 허약한데 겁재가 왕성하면 자기 것을 훔치는 겁탈을 일삼는 흉신이기에 질병과 빈곤함을 부추기게 된다. 고로 육신의 작용과 역할은 애시 당초부터 좋고 나쁜 선악의 구별이 있는 것이 아니라 상황에 따라서 그 가치와 용도가 결정되고 변화를 하는 상대적인 존재인 것이다.

겁재와 비견이 동시에 등장하는 운세에는 도적떼들의 이룸이니 어딜 가나 빼앗기고 손재뿐이다.

겁재와 비견은 겁탈할 재물이 풍부할 경우에는 서로 사이좋게 동업을 계속유지 하지만 겁탈할 재산이 바닥이 나거나 아무리 훔쳐봐야 먹을 것이 없을 경우에는 두 눈을 부릅뜨고 살펴보다가 재물이 나타나면 우르르 몰려들어 爭財하는데 이것을 무리지은 비견겁재가 재물을 보고 싸운다하여 群劫爭財 한다고 하는 것이다.

<비겁이 중중한 명조>

위 사주는 己丑 3土 겁재가 있어도 식신이 잘 발달되고 財星이 풍부해서 군겁쟁재(群劫爭財)를 하지 않는다. 신왕재왕(身旺財旺)하기 때문이고 식신생재(食神生財)로 연결되기에 오히려 비겁이 싸우지 않고 조력(助力)하는 형상이다. 대운의 흐름 역시 청년기운은 官운이라 열심히 일하였고 중년이후는 재운(財運)이면서 조후가 잘 되어 무난한 삶을 살게 된다.

겁재와 겁재(劫財와劫財)

겁재가 겁재를 보면 겁탈자가 도적질을 하는데 또 하나의 도적이 뛰어든 격이다.

두 도적이 서로 부딪칠 때 과연 그들은 어떠한 행동을 취할 것인가? 하나의 물건을 두겁탈자가 동시에 발견하고 움켜잡았을 때 우선은 선취득 권을 주장할 것이지만 도적에게 법이 있고 사리가 통할 리는 없다. 겁탈자는 주먹과 힘과 행동이 있을 뿐이다. 보다 강하고 민첩한 자가 독점하는 것이다. 그러나 똑같은 힘을 가진 두 개의 겁탈자는 누구도 독점할 수는 없다. 그렇다고 흥정을 하거나 시비할 처지나 겨를은 없다. 빨리 행동하지 않으면 주인에게 발각되고 물거품이 되는 것이다. 도적의 생리는 싸우는 것이 아니고 훔치는 것이다. 두 도적이 우선 훔치는데 합심할 것은 불문가지다. 도적이 여럿이면 세력을 형성하고 하나의 세력으로 둔갑한 도적 때는 무장된 군사처럼 대담하고 두려울 것이 없다. 그들은 무엇이든 닥치는 대로 겁탈하고 점령한다. 죽음을 두려워하지 않는 겁재의 집단은 강도를 서슴치 않는다. 안하무인의 용맹한 무법자요 무뢰한(無賴漢)이며 천하 불한당이요 깽 이다. 그들은 서로 용맹을 다투듯이 앞을 다투어 겁탈을 자행하고 백전백승을 과시한다. 그들이 한번 지나간 곳은 쑥밭이 되고 폐허가 된다. 그러나 천하의 낚시꾼도 고기가 있어야 재능을 부릴 수 있듯이 용감한 겁탈자도 재물이 없다면 실업자가 될 수밖에 없다. 재물이라곤 한 푼도 없이 오직 겁탈로서 생명을 유지하는 겁재의 집단이 활동의 무대(재물)를 잃었을 때 그들은 무용지물 될 수밖에 없다. 그렇다고 굶고 살 수는 없으니 집안 도적으로 전환하여 닥치는 대로 훔치고 빼앗아 먹을 수밖에 없다. 집안이 온통 도둑때이니 그 주인공은 어떻게 되겠는가? 눈만 뜨면 돈 쓸 일이 연달아 꼬리를 문다. 먹고살기에도 힘겨운 가난뱅이에게 온갖 겁탈자가 때를 지어 덤비니 어찌 견디고 살아가겠는가? 사고무친요 사면초과다. 질병과 사고가 잇달아 발생하는가 하면 노름과 투기 등 일확천금의 꿈과 주색의 유혹에 빠져서 온 재산을 탕진한다. 알몸으로 살수 없으니 겁탈자로 둔갑한다. 노름판, 투기시장, 아편, 밀수 등 돈을 뜯어낼 수 있는 무대를 주름잡으면서 겁탈을 일삼는다. 공돈을 벌기에 혈안이요 몸부림을 치다보면 횡재를 할 수도 있다. 그러나 사방에 겁탈자가 둘러싸고 있으니 설사 돈이 생긴다 해서 온전할 리가 없다. 무엇인가 대기하고 있다가 겁탈해간다. 그러나 돈을 아끼거나 절약하거나 저축을 할 수가 없다. 어차피 쓰지도 못하고 빼앗길 바엔 속 시원하니 써버리자는 심정이 낭비와 사치성을 조장하고 닥치는 대로 써버리는 버릇을 기른다. 돈만 있으면 투기와 노름꾼과 주색잡기에 뛰어든다. 모두가 겁탈자에 왕초들뿐이니 돈을 벌기는커녕 도리어 몽땅 빼앗기고 만다. 무엇이든 하기만 하면 송두리째 잃고 돈만 생기면 급하게 쓸 일이 생기는가하면 돈을 벌기란 사막에서 농사짓기이니 의욕이 생기고 정상적인 사고(思考)나 생활을 할 수가 없다. 내일없는 하루살이로서 닥치는 대로 벌고 먹고 쓰는 것이 고작이다. 가정이 엉망이고 주소가 부정하며 방랑을 일삼아야하니 처자가 온전할 수 없다. 만나는 것이 처요 헤어지면 그만이다. 애착이가고 미련이 있고 책임감이 있을 리 없다. 무엇인가 겁탈하는 것을 찾아서 어디든 헤매야하고 동서남북 하늘을 지붕 삼아 살아야 한다. 재운이 오고 산더미 같은 돈 덩어리를 만나면 하루아침에 벼락부자가 될 수 있다. 그러나 이 세상에 그런 공돈은 있을 리 없듯이 임자 없는 돈 덩어리는 없다. 무장된 병사처럼 용감하고 비호처럼 민첩한 겁재의 일당을 반겨줄 사람은 도적에 시달리는 부자와 적군에게 쫓기는 군왕이다. 천하에 도적과 적병을 호령하고 무찌르는 겁탈자의 왕초는 부자와 군왕의 근위사단으로서 가장 적격이다. 부자와 군왕은 그들을 오른팔로 기용하고 후대를 하니 지긋지긋한 겁탈생활을 청산하고 합법적이고 안정된 새로운 보금자리를 즐길 것이 당연하다. 이제야 그들은 때와 임자를 만난 것이며 자기재능을 마음껏 상품화 할 수 있는 기회를 얻은 것이다. 그와 같이 재성이 왕성하고 신약한 겁재를 도적 아닌 파수병으로 활용하고 소득이 증대하는 갈 구리로 이용함으로써 거부가 되고 천하의 권세를 누릴 수 있는 것이다. 국법을 지키는 경찰, 헌병, 검찰, 판검사, 법무요직을 비롯해서 나라의 수입을 관장하는 세무직과 회사의 경영을 총지휘하는 관리자 그리고 일확천금하는 투기업이나 권력을 배경으로 한 대기업의 사령탑으로서 이름을 떨치고 대성을 한다. 총을 가진 병사가 배고프면 총부리를 돈주머니로 돌리는 겁탈자로서 둔갑하듯이 겁재의 본신은 겁탈자가 아닌 용감한 용사다. 그에겐 재물과 벼슬이 필수조건이다. 그 조건을 상실했을 때 겁재는 힘을 폭력화하는 겁탈자로 둔갑하는 것이다.

겁재는 재산을 강탈당하는 운세지만 역으로 잘 활용하면 보약 같은 존재다.

겁재가 용이 되는 경우는 재산을 지켜주는 방패가 되듯 만인이 도와주어서 치부도하고 크게 이름을 떨친다. 비겁이 體가되면 재물을 탐하고 노략질하는 도적의 무리가 되지만 用이 되면 재물을 생산하고 천하의 부를 만들어주는 만금의 일꾼인 꿀벌, 지원자, 동업자, 후견인으로 육신중에서 가장 기쁘고 보람 있는 최고의 희신으로 활동한다.

겁재의 운에는 사고무친 사면초가 질병사고가 빈번하다

겁재 운이 들어오면 겁탈자가 난리를 치듯 도둑이 떼로 몰려온 것 같이 날만 새면 돈 쓸 일이 생기고 매사가 막히고 답답하니 사면초가요, 질병이 극성을 부리고 도박장 투기장 경마장 아편 밀수 등 돈을 겁탈 할 수 있는 무대를 찾아 나선다.

坤命	丁巳	戊申	辛酉	戊戌
수	2	12	22	32	42	52	62
대운	己酉	庚戌	辛亥	壬子	癸丑	甲寅	乙卯

戊戌	辛酉	戊申	丁巳	坤命

<三神相生格 四柱>

위 女命의 원국을 분석하자면 三神相生格으로 身太强四柱인데 官殺이 用神이 되고 청년기부터 水木운으로 운행 되어 삶이 윤택하며 관성이 용신이라 좋은 직장 좋은 남편 만나 잘 살아가는 형상이다. 단 庚子년 같은 경우 劫財운을 만나서 손재수가 있다고 봐야 하지만 월지 겁재가 申子合水 喜神으로 변하기에 큰 문제성은 없다, 하지만 이 시겁재(劫財)운은 매사 조심함이 좋다.

겁재는 굶주린 사람이라면 식신은 성취의 보물단지다.

위 사주에서 보듯 20대부터 30년간 식 상운으로 흘러 좋은 운이 된다. 사주분석에서 겁재는 굶주린 병사라면 식신은 성취의 신인 보물단지가 되기도 한다. 그러나 겁재도 財旺身弱한 경우라면 충신으로 자신의 역할을 잘 할 수 있다.

겁재와 식신(劫財와食神)

　　　　　겁재는 용감한 병사이나 재물 복이 없다.
　가난하고 배고픈 병사다. 총을 가진 병사가 굶주리면 재물을 겁탈할 수밖에 없다. 무기가 있으니 겁탈하기는 식은 죽 먹기다. 아무 것도 두려 울게 없는 용감한 병사다. 무기를 가졌으니 어찌 겁탈을 주저하고 망설이겠는가? 식신은 자기의 재능을 소원대로 발휘할 수 있는 만능의 기회요, 실수 없이 열매를 맺는 만능의 돈방석이다. 상관은 꽃은 만발하나 열매가 없는 헛꽃인데 반하여 식신은 꽃과 더불어 열매를 맺는 참꽃이다. 때문에 <u>상관은 재성이 있어야 돈을 버는데 반하여 식신은 재성이 없어도 스스로 돈을 벌 수 있는 것이다. 그래서 식신은 財官을 부러워하지 않고 도리어 능가하는 富를 얻는 것이다.</u> 무엇이든 소원대로 이뤄지는 만능의 재능이니 벼슬하고 부자가 되는 것은 자유자재가 아닌가? 그 식신을 가진 겁재가 가난하고 배고플 리는 없다. 의식주를 타고난 겁재는 용기와 힘을 유용하게 활용함으로써 크나큰 뜻을 이룰 수가 있다. 식신을 보살피고 생산을 가속화함으로써 부를 극대화 시키는 한편 사회의 기강을 바로잡는 권리와 나라를 지키는 간성으로서 이름을 크게 떨칠 수 있다. 투기와 대담한 밀수 모리 등으로 일확천금을 하는가 하며 권력을 이용한 치부에도 능소능대하다. 그러나 <u>식신은 왕성하고 신약한 경우엔 병든 산모가 임신한 격으로서 생산이 어렵고 도리어 생명을 잃게 되니 꽃은 꽃이로되 열매를 맺지 못하는 헛꽃이로다.</u> 그 꽃을 겁재가 부채질하듯 만발케 하고 나무의 정기(精氣)를 낭비 소모시키니 결과는 실패작을 서둘고 극대화하는 극성스러운 남용한 고집과 욕망과 과격한 처사로서 오발탄 내지 불발탄만을 양산(量産)하고 적자투성이로 부도를 내니 재물이 온전할 수 없다. 무모한 투기와 탐욕으로 손재하고 파산하며 만사가 극성지패로 서둘다가 망친다. 겁재는 나의 재물을 노리는 겁탈자이니 무수한 유혹과 꾐에 빠져서 투기와 대담한 모험 등으로 가산을 흩고 탕진한 것이니 주위환경부터 정리해야 한다.

<木火通明의 命造>

　위 사주는 겁재와 식신이 조화를 잘 이룬 명조이다. 4木으로 비겁이 강하지만 失令 失支로 신약사주에다가 寅午火局을 이룬 형국이라 甲木이 虛하다. 北方水대운에 엄청 고생을 하다가 43세 東方木운에 이르러 庚金이 겁재를 잡아 묶고 寅에 甲木이 祿을 얻으니 식신의 역할로 매사가 잘 이루어져서 재산증식도 잘 되고 만사가 형통했다. 庚寅대운부터 發福 壬辰대운에 蓄財로 부자가 되는 운이다.

그런데

壬辰대운은 丙壬沖보다는 水火旣濟로 辰土는 재성으로 甲목이 뿌리내릴 수 있어 부는 축적되나 불안하다. 그래서 세운에 따라 기복이 있을 수 있다. 癸卯년 세운은 卯木양인이 날개 단 형상으로 관성인 卯목과 부딪치면 양인 卯목이 정관 酉금을 상하게 한다. 이것이 문제가 된다. 그해에 남편이 병사했다.

겁재와 상관(劫財와傷官)

상관은 화려한 꽃이나 열매가 없는 외화내곤(外華內困)의 숙명을 타고난 것이다.

비견과 겁재는 꽃을 피우는 나뭇가지다. 가뜩이나 헛꽃이 피어서 골치 아픈데 가지가 여기저기 무성하게 늘어나고 상관이 만발이니 고혈의 낭비를 극대화 하고 출혈이 극심하다. <u>상관은 과속을 과시하고 겁재는 용맹을 자랑한다.</u> 생산과 소득을 그처럼 용감하고 초속도로 울린다면 당장 갑부가 될 것이지만 낭비와 소모 등 백해무익한 작살작전에 열을 올리고 광분하니 골탕을 먹는 것은 주인공이요 정신을 차릴 수가 없다. <u>칼을 찬 겁재나 면도날 같은 상관이 병들고 허약한 주인공의 애타는 사정을 아랑곳할 리 없다.</u> 주인은 범처럼 날뛰는 겁재와 번개처럼 서두르는 상관의 극성에 어리둥절하고 혼비백산할 지경이며 갈피를 잡지 못하고 끌려 다닐 뿐이다. 마치 병든 환자가 아름다운 여인에 홀딱 빠져서 향락에 밤을 지세 우는 격이니 허영과 탐욕의 화신(化身)이라고나 할까? 나의 체력이나 능력은 생각지 않고 눈앞의 욕망과 유혹으로만 줄달음치는 성급한 속단과 경망한 행동이 걷잡을 수 없는 낭패와 재난을 초래할 것은 불문가지다. 머리가 비상하고 속도가 빠른 것은 좋으나 분수를 지키지 않고 재주와 잔꾀를 일삼다가 자기 꾀에 자기가 빠지는 어리석은 망신을 일생동안 되풀이 하게 되니 재능이 앞에서 수양과 체력과 능력을 기르고 덕성을 갖추어서 윗사람과 귀인의 뜻을 따르는 것이 출세와 안전의 열쇠다. 그러나 신왕자의 경우는 정 반대다. 차체가 튼튼하고 능력이 뛰어난 차량은 달릴 수 있는 기회가 다다익선이고 속도를 낼 수록 차체의 성능을 과시할 수 있듯이 수분(水分)이 풍부하고 뿌리가 튼튼하며 왕성한 나무는 가지가 무성하고 꽃이 만발할수록 자신의 관록을 멋지게 과시할 수 있고 모든 꽃은 풍족한 혈기를 통해서 유종의 미를 거두고 열매의 풍년을 기약할 수 있다. 본시 상관은 열매가 없는 헛꽃이다. 그러나 꽃이 탐스럽고 화려하며 향기가 그윽하며 천하에 관광객을 유치하니 꽃동산에는 때 아닌 돈바람이 불고 열매이상으로 큰 소득을 거두는 것이다. 이 야말로 예술적이고 지능적이며 기술적인 생산수단이 아닌가? 그와 같이 주인공은 예능과 기술 또는 관광 사업이 적성이며 풍부하고 화려한 머리로써 돈을 재치 있게 번다. 소년과 중년기는 승승장구 이지만 노년에는 수분이 마르고 기운이 쇠퇴함으로써 그 많은 가지 와 꽃을 감당할 수 없다. 마치 허약한 주인공이니 겁재와 상관을 거느리고 있듯이 처음에는 가지가 무성하고 꽃송이가 만발하지만 수기(水氣)부족으로 피자마자 시들고 결실을 맺지 못할뿐더러 가지 는 마르고 즐기는 병들어서 고목으로 몰락하니 수명이 짧을 수밖에 없다. 이러한 나무는 가지를 치고 뿌리를 튼튼히 하는 것이 급선무 이듯이 겁재를 누르는 관살과 뿌리를 기르는 인수가 가장 아쉽다. 그것은 욕심을 버리고 수도에 힘쓰며 온갖 유혹을 물리치고 마음을 가다듬는 것이다.

상관은 평범하거나 정상적인 것을 싫어하고 과속을 즐기기 때문에 평지풍파를 지니고 있는 시한폭탄과 같다.

그렇지만 가끔은 과속이 능률을 극대화하거나 출세를 비약시키기 도 한다. 다만 겁재라도 있거나 겁재 운을 만났을 때에 발생하게 된다. 이런 경우 겁재라도 비견 역할을 하게 된다.

<傷官星이 강한 命造>

위 사주는 兩 戌土가 상관이고 己未土가 식신인데 식상이 혼잡 되면 식신도 상관 역할을 하게 된다. 여기서 丙火 겁재는 천군마마

같은 존재다. 식상과다인 경우 印綬보다 比劫이 더 좋다. 운에서 癸巳라는 七殺과 劫財운이 왔다면 丁癸沖 巳亥沖이 되어 불안 초조하다 그런데 丙午 대운 甲午세운이 왔다면 비겁이 과다하게 몰려오게 되므로 겁재작용을 하게 된다. 과유불급으로 보면 된다.

겁재와 정재 (劫財와正財)

겁재는 천하장사요 정재는 주인공의 재산이자 아내다.
주인이 장사에게 의식주를 풍부히 제공한다면 종이 된 장사는 감지덕지해서 주인과 아내를 철저히 보호하는 파수병으로서 충성을 다하니 재물과 아내는 안전하게 보호될 수 있다. 그러나 주인이 가난하고 장사에 대한 대접이 부실하며 장사가 변심하여 주인의 재물과 아내에게 욕심을 품고 겁탈을 꾀한다. 천성이 용감하고 민첩한 겁재가 주인의 재물과 여인을 겁탈하고 현혹하는 것은 식은 밥 먹기다. 종이 주인의 소유를 탐내고 훔치는 까닭의 주인의 무능과 처세 부족에 있다. 주인이 유능하고 종을 다루는 솜씨가 능소능대하다면 감히 주인의 것을 엿볼 수가 없다. 종이 주인의 것을 가로채는 데는 명분이 있어야 하고 속임수를 써야 한다. 덮어놓고 뺏을 수는 없다. 무언가 미끼를 주고 낚시질을 해야 한다. 그 유일한 방법은 일확천금의 허욕을 조성해서 주인을 투기와 노름판으로 유인하는 것이다. 욕심 많고 꾀가 없는 주인은 겁재의 그럴 사한 꾐에 빠져서 허무맹랑한 노름판에 뛰어들고 마침내 건달에게 자기 것을 몽땅 빼앗긴다. 주인이 눈 깜짝할 사이에 뒤바뀐 것이다. 재물과 아내를 겁재에게 빼앗긴 주인은 하루아침에 주인 아닌 건달로 전락하였으니 여태껏 건달로서 남의 것을 겁탈해 온 겁재로 둔갑할 수밖에 없다. 눈만 뜨면 남의 것을 노리고 겁탈하기에 혈안이다. 투기, 노름, 밀수, 아편 등 돈을 벌수 있는 것이라면 물불을 가리지 않고 덤빈다. 그러나 겁재라는 도둑을 등에 업고 도둑질을 하니 결과는 뻔하다. 모든 것을 겁재가 가로채고 집어삼키니 가난과 알몸을 면할 도리가 없다. 겁재는 바로 그의 주위를 둘러싼 상대다. 그가 상대하는 투기나 노름 밀수꾼들은 모두가 대담하고 뛰어난 겁탈자로서 도저히 자기 능력으로는 아무리 발버둥 쳐도 당해낼 수가 없고 꼼짝없이 털리고 만다. 그들을 이기기 위해서 담을 기르고 죽음을 두려워하지 않으며 용맹하고 재빠르게 행동함으로써 때로는 큰돈을 벌기도 하지만 돈을 노리는 겁재가 번개처럼 덤비니 일장춘몽이다. 겁재는 여러 가지로 둔갑해서 돈을 빼앗아간다 질병과 사고, 관권과 재난, 주색과 노름 등 어쩔 수 없는 불가항력의 강권과 유인에 사로잡혀 꼼짝없이 돈을 쓰게 되며 가슴 아픈 고통을 겪는다. 돈을 쓰면서도 즐거움을 모르고 위협과 불안과 초조와 괴로움을 느껴야 하니 돈이 바로 독(毒)이요 뱀과 같다. 돈만 생기면 무엇인가 탈이 생기고 재난이 꼬리를 물고 발작하니 살 도리가 없다. 가난하면 인색하고 옹졸하기 마련이다. 한 푼을 아끼고 또 인색하지만 도적이 따라붙고 있으니 한 푼을 아끼면 두 푼을 빼앗긴다. 닥치는 대로 쓰는 것이 도리어 현명하고 살로 가니 저축이나 절약 따위는 생각조차 할 수 없다. 일정한 직장을 가지고 돈을 사냥꾼에게 일정한 주소나 보금자리가 있을 수 없듯이 가정과 처자가 온전할 리는 없다. 그러한 남편에 의지는 아내의 고통과 풍파는 문자 그대로 파란만장이니 여간한 아내가 아니고는 견딜 수 없을뿐더러 건강이 지탱될 수 없다. 불구단명하거나 생리사별을 면할 수가 없고 변심하기 쉽다. 그러나 재물이 왕성하고 신약한 경우는 겁재야 말로 유일한 의지자지요 충신이다. 재산은 태산 같은데 주인이 허약하니 도적이 넘본다. 용맹하고 사나운 천하장사로 포도대장을 삼으니 도적이 얼씬도 못한다. 그에게 주인이 후한 대접과 높은 벼슬을 주며 무기와 관리권을 위임할 것은 의당 지사다. 천하의 대권과 푸짐한 금은보화를 받은 중신(重臣)은 주인에게 충성을 다하고 생명과 재산을 철저하고 안전하게 보살핀다. 주인의 허약성을 미끼로 주인을 속이거나 배신하는 무리들을 엄하게 다스리는 동시에 생산능력을 향상시키니 주인이 더욱더 부귀를 누린다. 범 같은 장사를 칼로 무장하고 종으로 거느리니 그 위풍은 하늘을 찌르고 천하의 땅과 재물을 관장하니 석숭(石崇)이 부럽지 않다. 겁재는 대담하고 투기를 즐긴다. 그와 같이 주인공은 대담한 투기로 일확천금을 할 수 있고 칼을 잡은 권력을 통해서 치부를 할 수 있으며 그 자신 나라의 생명과 재산을 지키는 칼과 대권을 잡아서 부귀영화를 누리거나 대기업의 관리자로서 큰 재산을 지키고 요리하는 비범한 솜씨와 관록을 과시한다. 만사에 용기를 가지고 과단성 있게 처리하고 대담하게 행동함으로써 어떠한 경쟁에도 승리와 영광을 누릴 수 있으며 대규모 기업이나 집단에 적합하다. 이쯤해서 사주에 겁재와 정재가 같이 있으면 어찌 되는지를 생각해 봐야 한다. 사주에서 겁재와 정재가 함께 있으면 흉으로 변해 버린다. 또 사주 내에 정재와 겁재가 동주(同柱)하면 부친의 덕이 없고 빈곤하다.

  예를 들자면 丙일주에 정재는 辛金이고 겁재는 丁火인데 辛金은 불로 제련 된 보석이고 丁火는 뜨거운 불이므로 제련 된 보석을 뜨거운 불로 지져댄다면 녹아 없어지게 된다.

<비겁과 재성이 강한 팔자>

월지 羊刃을 놓은 丙火가 巳시를 만나고 인수인 木星까지 강해서 화기충천 한 팔자에 정재가 나타나서 재물 복이 없는 팔자입니다. 여자는 官星이 중요 한데 癸수 정관은 巳火 위에 앉아 무력한데 巳申 刑까지 합니다. 남편 덕도 없는 팔자에 재성까지 염려 되는 팔자라서 좋은 사주는 못 됩니다.

이 여인은 남편과 10여전 전부터 별거중이고 남편이 아내 신용불량자까지 만들어 놓고 요즘은 다른 여자까지 보고 있다 네요, 다 팔자소관으로 돌리고 살아야 할 것 같다.

겁재와 편재(劫財와 偏財)

<u>겁재는 재물을 탐하고 겁탈하는 사나운 도적이라면 편재는 임자 없는 재물이요 허공에 뜬 공돈이다.</u>
가뜩이나 공돈을 좋아하는 겁재가 공돈을 봤으니 입이 함박꽃처럼 딱 벌어질 것은 불문가지다. 임자 없는 편재는 서로가 탐을 내고 유인한다. 모든 경쟁은 최강자가 승리하듯이 편재는 용기 있는 강자를 기뻐한다. 그 유일한 적격자가 바로 겁재다. <u>비견은 합법성을 존중하지만 겁재는 법을 완전히 무시하는 무법자다.</u> 그가 두려워하고 또 기뻐하는 것은 오직 용감한 권력자인 칠살뿐이다. 겁재의 입장에선 편재가 정재에 해당하듯이 편재의 입장에선 겁재가 정관에 해당한다. 양자는 천생연분의 부부로서 서로 아끼고 의지하며 사랑한다. 일주가 애써 노력하고 정들만 하면 엉뚱한 겁재가 가로채니 주인공은 공돈만 쓰게 되고 시간과 노력을 낭비할 뿐이다. 투기나 노름 장사 등 공돈을 벌려고 이리저리 뛰어다니며 기껏 돈을 뿌려 놓으면 엉뚱한 친구가 나타나서 본전과 이득의 전부를 가로채니 닭 쫓던 개 격이 되고 만다. 그는 무엇보다도 돈이 없고 인색하며 처세술이 부족한 것이다. 천하의 양귀비 같은 편재가 가난하고 인색한 사나이를 반길 리는 없다. 비록 돈은 없지만 용기와 박력이 넘치고 돈만 있으면 아낌없이 멋지게 쓰는 겁재야 말로 공돈을 벌수 있는 편재의 군왕이다. 무엇인가 하기만 하면 반드시 강자가 나타나서 선수를 치고 앞을 막으며 애를 먹이고는 가로 채버린다. 하다 못해 이성교재를 하고 소실을 얻는데도 마가 생기고 파탄이 일어난다. 결과적으로 겁재는 자기 본처인 편재를 앞세워서 주인공을 유

인하고 주인의 재물을 겁탈하는 수작을 일삼는 것이니 주위에서 유혹하는 공돈과 사업과 여인은 모두가 간사하고 표리부동한 낚시꾼으로서 웃으면서 뺨치고 배신과 거짓을 서슴지 않으며 빼앗는데 능소능대한 야바위를 일삼는 것이다. 모두가 자기 것을 노리고 가로채는 허울 좋은 개살구만이 우글거리는 도적의 소굴에서 재물이 온전하고 성사가 있을 리 없다. 아무리 많은 상속을 받고 돈이 태산같다 해도 홀리는 여우와 빼앗는 겁탈자의 등쌀에 오래갈 수가 없다. 눈뜨고 도둑맞는 데야 어찌하겠는가? 마침내는 알몸으로 건달이 되니 이젠 건달 노릇할 수밖에 없다. 건달인 겁재에게 모든 것을 털리고 도리어 건달 신세가 된 주인공은 건달에게 배운 그대로 투기와 노름과 미인계와 용맹으로써 공돈을 벌고 가로채 수밖에 없다. 그것이 수월하거나 순탄할 수는 없다. 그에겐 언제나 억세고 민첩한 겁재가 대기하고 있는 것 아닌가? 아무리 재간을 부린다 해도 돈을 벌거나 독점할 수 없듯이 가난과 위협을 탈피할 수는 없다. 공돈을 버는 데는 번개처럼 빠르고 비범한 겁재를 가지고도 이렇듯 못사는 까닭은 겁재를 다룰 만한 능력이 없는데 있다. 건달은 돈과 계집을 좋아한다. 자본이 있고 대우를 잘하면 겁재는 죽음을 두려워하지 않고 주인에게 충성을 다하며 큰돈을 벌수 있다. 그러한 업을 가지고도 써먹을 줄 모르고 밥 먹는 것조차 아까워하고 인색하니 겁재가 칼을 주인에게 돌리고 재물과 기회를 약탈하니 포도대장이 도적대장으로 변질한 격이다. 겁재의 욕망을 충족시킬 수 있는 재력과 수완이 겸비한 왕자를 만난다면 어찌되겠는가? 겁재는 문자 그대로 주인의 편재를 지키고 관리하는 포도대장이자 능숙한 경영인으로서 부와 귀를 누릴 수 있다. 공돈을 얼마든지 벌수 있고 또 철저히 도둑을 지킬 수 있는 겁재를 앞세워 주인공은 투기성 사업을 능소능대하게 다룰 수 있고 일확천금을 할 수 있으며 권위를 떨칠 수 있다. 편재는 나라의 돈이자 시장의 돈이니 나라와 시장의 돈을 지켜주고 관리하는 포도대장으로서 또는 경영인으로서 권세와 녹을 풍부히 누릴 수 있다. 사법관 수사기관 판검사 헌병 보안기관

경영인으로서 출세하고 이름을 떨치며 치부할 수 있다. 그 능률과 재성과 겁재의 역량에 의해서 측정된다. 재성이 왕하고 겁재가 강하면 대부대귀를 누릴 수 있고 재성이 빈약하거나 겁재가 무력하면 그만큼 능률도 허약함으로써 출세를 기대할 수 없다.

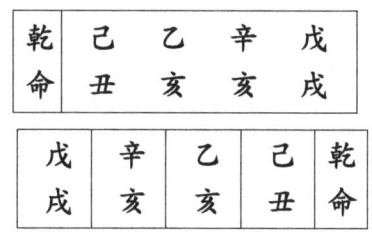

庚子년을 만나면 겁재 세운인데 乙木은 부목 되고 庚金겁재가 잡아간다, 탈재 손재 질병으로 고생하게 된다. 辛丑년 운은 음습한 기운이라 건강문제 발생 가능하다. 壬寅년 운은 매사가 잘 풀릴 기미가 보인다. 상관성이 마음에 부담을 주지만 寅목이 흡수하면 별 문제 없겠다. 癸卯년운세는 食神生財운이다. 상관생재와 식신생재는 전혀 다르다, 상관은 모험이라면 식신은 정도로 발생하는 것이다.

그런데
이천 고향 선산의 묘(墓)자리 땅이 집단매입대상으로 생각지 않았던 거금 수억원이 들어오게 되었단다.

겁재와 정관(劫財와正官)

겁재는 무법자요 정관은 사법관이다.
무법자는 법과 사법관(司法官)을 가장 싫어하고 두려워한다. 겁재의 입장에선 정관이 칠살이다. 七殺은 포악한 호랑이와 같다. 그래서 천하의 무법자인 겁재도 정관을 보면 양처럼 온순해지고 법을 지킨다. 겁재가 양민인 비견으로 체질개선을 한 것이다. 이는 겁탈자에게 고삐를 묶고 총부리를 겨눈 격이다. 어찌 반항하고 불복하겠는가? 대담무쌍한 무법자 겁재를 다스리는 정관의 권위와 명성은 사해에 떨친다. 정관으로부터 법과 질서를 배우고 무법자 아닌 호법자로 전향한 겁재는 그 용기와 대담성으로 일약 두각을 나타내고 비범한 수완과 역량을 통해서 크게 등용되고 높이 출세한다. 천하의 무법자로 주름잡던 겁재가 법을 지키는 호법 관으로 등장하니 거리의 무법자들은 고양이 앞에 쥐처럼 굴복하고 결국 겁재는 평화와 질서를 확립한 개선장군으로서 명성을 떨친다. 누구도 법을 어기거나 불복하는 것을 용납하지 않는다. 비단국내의 무법자뿐 아니라 나라를 엿보는 외적에 대해서도 추상같은 철퇴를 내리니 위풍이 당당하고 대권을 잡을 수 있다. 겁재는 두려움을 모르는 맹호요 적수가 없는 무적의 용장이자 총칼이다. 같은 벼슬을 하는데도 좌우에서 용맹한 장병이 호위하고 천하를 무찌르는 총칼을 무장하니 대권을 잡는 데는 식은 밥 먹기가 아닌가? 칼로 집권하는 자는 만사를 칼에 의지할 수밖에 없다. 용감하고 충실한 무관을 수족으로 등용하고 대권을 보존한다. 천하에 부귀를 한손에 쥐고 대담무쌍한 겁재를 후대하고 큰 벼슬을 내리니 겁재는 더욱 용감하고 대담하여 목숨을 걸고 충성을 다한다. 겁재는 용기는 있으나 재물이 없는 호걸과 같다. 호걸은 주인을 찾아 목숨을 바치는 것을 영광으로 생각한다. 호걸을 환영하고 후대하며 돈과 벼슬을 주는 호걸의 과시할 것은 불문가지다. 그 용감하고 충성된 겁재를 후대하고 거느릴 수 있는 한 대권은 건전하고 자신은 유아독존의 권위와 명성을 떨칠 수 있다. 만의 일이라도 겁재가 배반하거나 몰락할 경우에는 어찌 되겠는가? 칼로 집권한자가 칼을 잃거나 칼이 배반할 경우엔 칼의 재물이 될 수밖에 없다. 칼로 빼앗은 대권은 칼로써만이 빼앗을 수 있고 보다 큰 칼로 칼의 전리품인 대권은 식은 밥 먹기 아닌가? 칼로 흥 한자는 칼로 망한다는 속담은 영원한 진리임에 틀림없다. 칼로 일으킨 거사에 참여하고 공로가 큰 무관들은 저마다 큼직한 대가를 요구하는 동시에 가난했든 호걸이 한 번 돈과 벼슬 맛을 보면 더욱 기고만장하고 탐욕을 한다. 칼이 욕망을 부릴 때 칼의 피해는 크다. 그렇다고 칼로 흥 한자가 칼을 푸대접 할 수 없지 않은가? 이들이 다스리는 것은 오직 법과 질서다. 관성이 왕 하면 법이 엄격하고 권위가 늠름함으로써 능히 다룰 수 있고 벼슬 또한 후하게 나누어 줄 수 있으니 불평불만이나 이탈자가 나타날 염려가 없지만 관성이 쇠퇴하고 무력하면 법과 권위가 무력할뿐더러 나누어줄 벼슬보따리도 빈약함으로써 겁재를 다스릴 능력이 없을 뿐 아니라 불평불만이 대담함으로써 마침내 칼을 중인에게 돌리고 무법을 자행하니 여태껏 먹이고 입히고 길러오고 의지했던 용감한 호걸이자 충실한 심복의 칼에 목숨을 잃는다. 칼로 잡은 대권이 합법일 수는 없다. 무력에 의한 불법적인 탈권이다. 권력은 천하의 돈과 벼슬을 지배한다. 탈권한 칼과 호걸들이 천하의 벼슬과 돈을 나누어 벼락출세와 부자가 될 것은 자명지사다. 하루아침에 부호가 되고 귀족이 되고 지배자가 된 그들이 영구집권을 탐하고 고집할 것은 인지상정이요 필연적 사실이다. 두령이 설사 후퇴한다 해도 칼의 장사들이 순응할 리는 없다. 그는 이미 칼의 장막에 싸인 칼의 두목으로서 어쩔 수가 없는 것이다. 이 무법의 용사들을 다룰 수 있는 법과 질서는 관성뿐이다. 관성이 왕성한자는 겁재를 자유자재로 호령하고 지배함으로써 명실상부한 두령이자 집권자로서 군림할 수 있다. 무엇보다도 보따리가 푸짐하니 그들의 욕망을 얼마든지 충족시킬 수 있는 힘과 권위를 가지고 있다. 권력의 뿌리가 튼튼하니 대권 또한 오래 지탱할 수가 있다. 가진 것이 많으면 인심도 후하고 아량도 크다. 천하의 권력과 벼슬과 돈을 한 손에 쥐고 칼의 공로자에게 후한 상금과 벼슬을 너그럽게 베푸니 모두가 감격해서 보다 큰 충성을 아낌없이 다할 수밖에 없다. 이와는 반대로 관성이 허약한자는 처음부터 겁재를 다스릴 수 없음으로써 무법자를 통치하는 주인공이 아니다. 무법자에 이끌리어 무법을 동업하는 겁탈자로 악명을 떨치고 무법을 자행한다. 법과 질서와 권위가 무기력하듯이 자신을 자제할 능력을 잃고 강자에 유혹되고 탐욕에 사로잡혀서 투기와 노름 겁탈과 밀수 등을 거침없이 즐긴다. 그러나 겁탈자에 의지하는 생명과 재산이 온전할 수는 없다. 때로는 큰돈을 잡기도 하지만 겁재가 발동함으로써 무엇인가 절박한 사태가 발생하고 꼼짝없이 돈을 빼앗기게 되니 돈을 모을 수가 없고 위험한 무법을 일삼다 보니 생명의 안전과 보존을 기약할 수 없다. 언제 어떠한 위기에 부딪치고 법과 칼의 심판을 받을지 모른다. 그렇다고 두려워하거나 후퇴할 겁재는 아니다. 타고난 대담성과 용기가 비범하고 그것이 유일한 자본이요 특기임으로써 무엇을 하든 우유부단 하거나 비겁한 행동은 하지 않는다. 관성이 무력한 겁재는 벼슬이 보잘 것 없는 병사와 같다. 그러나 법은 법이요 벼슬은 벼슬이니 법을 어기거나 벼슬이 떨어지는 것은 아니다. 다만 높고 당당한 벼슬의 호위관 대신 말단기관의 보좌역을 할 따름이다. 비록 천한 벼슬이지만 칼을 들고 있는 한 겁탈을 당할 염려는 없듯이 명색이 법을 지키는 호법자인지라 무법을 저지할 수는 없다. 오직 법관의 수족으로 무법자를 사냥하는 충견(忠犬)노릇을 해야 한다. 국법을 지키는 수사 또는 안보기관의 일선을 담당하거나 기업의 체통을 지키는 관리기능의 기수로서 재능을 발휘한다. 상전은 허약하고 나의 힘은 태과하니 때로는 상전을 넘보고는 월권이나 탈선을 함으로써 불신과 마음을 받고 그 때문에 쫓겨나서 가난에 시달리는 경우도 많다. 버릇이 없고 분수를 지키지 않는 것이 큰 결점이며 그 때문에 출세의 길이 막히고 침체되는 것이다. 칼을 지니고 있는 용사가 법의 테두리를 벗어날 땐 무법을 저지를 수도 있으니 여인관계로 칼을 남용하기 쉽다. 그 결과는 언제나 평지풍파다. 본시 돈을 아끼지 않고 마구 쓰는 버릇이 있으니 공돈이 생긴다 해도 주색잡기에 탕진하기 마련이다.

<비견겁재가 重重한 명조>

위 사주는 비견겁재가 重重한 사주지만 正官인 癸水가 亥水에 뿌리내려 有力하므로 겁재작용을 못한다. 법대출신으로 삼성 법무팀에 근무하다가 2011년 辛卯년 7월 乙卯월에 퇴사했다고 한다. 丙辛合 卯戌合으로 일주가 天地合을 한 해인데 이런 경우 묶임으로 보아 좋은 운이 못된다. 正印은 새로운 일 시작이고 재합인 것으로 보아 돈 버는 새로운 일 시작 할 운이며 乙未월은 乙辛沖 戌未刑으로 沖 刑이 많이 발생 할 때 변화가 발생한다. 辛卯년 판단은 오판일 것이고 이 사주는 官을 쓰는 사주이지 財를 쓰는 사주는 아니다. 정관이 유력해도 群劫爭財 할 가능성이 크기 때문이다.

겁재와 편관(칠살)(劫財와 偏官)

겁재는 칼이요 편관은 무사다. 칼은 무사를 만남으로써 빛을 내고 무사(武士)는 칼을 잡음으로써 권위를 떨친다. 무장된 무사를 거느리는 것은 오직 권력자와 무장(武將)뿐이다. 그와 같이 겁재와 편관을 겸하면 천하에 대권과 병마의 통수를 장악할 수 있는 재질과 능력과 그릇을 가지고 있는 큰 인재다. 좌우에 무장된 용장을 거느리고 있는 주인공은 천하의 영웅으로서 처음부터 큰 뜻을 품고 대들보를 찾는다. 나라의 권좌를 지키고 보좌하는 권세를 타고난 권신(權臣)은 권좌를 떠나선 물 잃은 고기처럼 살 수도 쓸모도 없기 때문이다. 권좌를 비범한 지략(智略)과 권모술수와 용기와 달변을 요구한다. 천하를 다스리는 자는 천하의 적을 무찌르는 용기와 슬기와 능변이 있어야 하기 때문이다. 그와 같이 권신의 인재는 선천적으로 비범한 담력과 기백과 지모와 현하지변(懸河之辯)을 간직하고 있다. 어떠한 고초와 시련도 과감히 극복할 수 있듯이 어떠한 대적(大敵)도 맹호처럼 무찌른다. 천병만마를 거느리고 싸우려면 뛰어난 지모와 더불어 바다 같은 도량과 태산을 움직이는 기백과 설득력이 있어야 한다. 덮어놓고 호령만하고 큰소리치는 것은 만용으로서 병마를 다스릴 수가 없다. 칼과 목숨과 죽음을 두려워하지 않고 의리와 체통을 생명처럼 아끼며 이름을 천금보다도 소중히 여기는 지라 천하의 대권을 지키고 또 행사하며 장악할 수도 있는 것이다. 그런 권위와 세도는 편관의 비중에 의해서 좌우된다. 무사인 편관이 왕성한 천하장사면 천하대권을 잡을 수 있고 반대로 늙고 병들거나 어리고 허약하면 고작 말단의 시종으로 안배될 뿐이다. 칼은 크고 힘은 장사인데 벼슬은 보잘 것 없으니 불평불만이 대단하고 과격한 엄동을 서슴지 않을 것은 불문가지다. 칼부림하는 병사를 그대로 둘 리는 없다. 준엄한 형벌과 과보(果報)가 잇달아 발생하고 온갖 풍파와 재난을 몰고 온다. 자 재력이 없는 거치른 포악성 때문에 적이 많고 칼을 함부로 휘두르다보니 상처투성이요 수명 또한 온전하기 어려우며 천하고 가난한 인생을 벗어나기 어렵다. 그러나 기강이 엄격한 군문이나 수사 보안기관에서는 힘과 용기가 통하지 않고 절대적인 복종을 강요함으로써 겁재의 본성을 나타낼 수가 없다. 만의 일이라도 반항하거나 망동하다가는 서리발 같은 철퇴가 내려지기 때문이다. 그러한 냉혹한 기강과 질서는 겁재의 직성과 일맥상통한다. 겁재는 그러한 서슬이 퍼런 권위를 즐긴다. 겁재는 기꺼이 순종하고 용기와 박력을 과시하니 상사의 관심을 끌고 신임과 촉망을 받으며 마침내 근위사단의 오른팔로서 발탁되어 이름을 떨친다. 타고난 체력과 재능과 용기가 탁월한지라 임자를 만나면 비범한 인물로서 크게 출세할 수 있는 것이다. 자기가 찾는 늠름하고 존경할 수 있는 권위자라면 기꺼이 섬기고 공경하는데 반하여 권위와 인격이 없는 자는 인간 이하로 경멸하고 행패를 부린다. 그와 같이 칼을 찬 편관은 칼을 쓸 수 있는 무관이나 수사 보안기관 또는 권력의 무대로 진출하는 것이 출세의 기름 길이요 천부의 재능을 아낌없이 발휘할 수 있는데 반하여 칼을 쓰지 못하는 평화의 광장에선 총을 잃은 사냥포수처럼 무용지물이 되고 주먹을 휘두르는 뒷골목의 왕초 격으로서 온갖 행패와 폭력을 서슴지 않는다. 법의 심판과 형벌이 따르고 무수한 적과 원한이 목숨을 노릴 것은 의당 지사다.

<삼성장군출신 국회의원>

위 사주는 三星 장군출신으로 己亥년에 태극기 부대에서 치열하게 싸우더니 庚子 국회에 입성한 신모 장군의 三柱팔자인데 시는 丁巳시로 추정한 것이다. 칠살이 과다하지만 3比肩에 2印綬가 도와서 七殺을 用했던 것으로 추리하면서 己亥년은 겁재년에 亥水 역마가 合 沖으로 들어오면서 아스팔트 태극기 부대에서 치열하게 싸우더니 庚子년에는 식신 庚金이 甲木 칠살을 다듬어 子水로 財生官 하여 적재적소에 쓰임으로 국회에 입성 한 것으로 본다. 그 후 癸卯년이 되면서 癸水 재성은 戊癸合火로 변해 인수가 되고 財生官으로 正官을 돕고 卯목 정관은 甲寅木 祿根되니 드디어 권세를 잡는다. 本命은 身旺官旺한 命造여서 傷官운에 발복하게 되는데 대운이 辛酉 상관대운을 만나서〈상관이 중중한 비겁의 기운을 설기시키고 왕성한 관성을 억제하는 이유로〉발복하게 되는데 국방부장관에 지명되어 내각에 들어가게 된 것이다.

겁재와 인수(劫財와 印綬)

겁재는 무법자요 인수는 의식주를 베푸는 자비로운 은덕이다. 나의 재물과 생명을 겁탈하는 도적에게 의식주를 베푸니 더욱 살찌고 거대해질 것은 필연적이다. 그 안하무인의 무법자에게 자비와 은혜를 베푼다는 것은 우이독경이 아니겠는가? 무법자에게 푸짐한 대우를 하고 관용과 칭찬까지 베푸니 무법자가 기고만장하고 안하무인으로 거드럭거릴 것은 의당 지사다. 무법자는 힘과 용기만이 유일한 자본이다. 힘을 얻으면 그만큼 더 강해지고 사나와 진다. 인수는 자나 깨니 그에게 힘과 자비를 베푼다. 주인에게 베푸는 것은 겁재가 겁탈하는 것이다. 도적이 주인 것을 가로채니 도적은 살찌는 반면에 주인은 배고플 수밖에 없다. 도적을 기르는 인수는 분명히 얼굴에 혹을 기르는 것과 똑같은 부질없는 헛수고요 괴로움을 생산하는 기신(忌神)임에 틀림없다. 그러나 인수는 단순한 의식주가 아니고 자비와 덕성을 기르는 의식주다. 겁재에게 포악한 주먹과 용기를 기르는 것이 아니고 슬기와 자비심과 덕성(德性)을 기르는 것이다. 사나운 기질과 무자비한 만용을 부드럽고 인자하며 너그럽고 원만한 성품으로 교화하고 감화시키는 작업을 매일처럼 계속하고 되풀이하는 동안 겁재는 선천적인 무법성을 완전히 탈피하고 평화롭고 자유로운 개화된 교양인으로서 법과 질서를 존중하고 무법자를 단속하고 교화시키는 법과 도덕의 기수로서 비범한 재능과 역량을 발휘한다. 법질서를 다루는 호법의 요직 또는 두령으로서 이름을 떨치고 사회의 정의(正義)와 도덕과 교화를 선양하는 언론, 교육, 종교계의 중추적 역할을 하는데 비범한 수완을 발휘할 수 있다. 그 교양과 개화의 척도는 인수의 질량에 정비례한다. 인수가 왕성하면 감화와 발전도 비범하고 반대로 인수가 빈약하면 덕화(德化)

도 빈약하다. 그 인수를 생부(生扶)하는 관살 운이나 인수의 왕지에서 크게 발신(發身)할 것은 자명지사다. 그와 같이 관계나 사법계에 진출하면 인수를 자급자족함으로써 크게 성장하고 출세할 수 있다. 반대로 인수를 극하는 재성을 보면 겁재는 용맹을 떨치고 크나큰 출세를 할 수 있는 반면에 인수는 만신창이가 됨으로써 이름을 크게 손상시키고 만신창이의 상처를 입는다. 속세의 욕망을 자제하고 중생을 교화 보호해야할 대자 대비한 성현(聖賢)이 속물(俗物)에 집착하여 부귀와 귀를 탐하니 속세의 법에 의해서 준엄한 심판을 받고 사이비 성현이란 누명과 오욕(汚辱)을 면할 수 없는 망신을 당하는 것이다. 인수가 없는 겁재는 재운에서 대발하지만 인수를 쓰는 겁재는 재성을 가장 두려워한다. 속세의 부귀로 성현을 유혹하고 마음과 덕성을 어지럽히며 속세에 탐욕을 갖도록 고취하니 탐욕에 사로 잡혀 성현에 얼굴에 먹칠을 하는 것이다. 속세에 살면서 속세의 부귀를 탐하고 즐기는 것은 인지상정이니 재성을 만나면 재난이 불가피하다. 관성이 있다면 통관시킴으로써 도리어 인수가 왕성하듯이 속세의 유혹을 물리치고 명성을 떨칠 수 있으며 어떠한 욕망 앞에서도 군자의 기질을 유지하고 자제함으로써 허욕과 유혹에 빠지는 실수나 망신은 면할 수 있다. 그만큼 인수는 덕망이 높고 신념이 깊으며 법을 지키고 도를 사랑하며 물질보다도 명예를 존중하는 정신적 지주(支柱)이기 때문이다.

坤命	甲子	乙亥	乙卯	戊子
수	3	13	23	33	43	53	63
대운	甲戌	癸酉	壬申	辛未	庚午	己巳	戊辰

丁巳	戊寅	甲寅	戊戌	乾命

<水木凝結의 命造>

과유불급(過猶不及)이라 했던가요, 아무리 좋은 인수라도 많으면 안 좋고, 比劫이 重重한데 인수 태강이니 막히고 답답 하게 살아

가야하는 팔자로 보아야겠어요, 수목응결(水木凝結)이니 건강에도 문제가 됩니다. 무관사주이니 백수로 살아갈 것이고요, 辛未대운은 대단히 불리하여 고생 좀 하겠는데요, 庚午대운부터 인생사가 풀리기는 하겠는데 왕신충발(旺神沖發)로 불리하게 작용 할 수도 있겠습니다.

 본명의 주인공은 壬申대운에 자궁경부암으로 고생을 했고 직업도 없는 백수에 젊은 나이인데도 되는 일이 없답니다.

겁재와 편인(劫財와偏印)

겁재는 이복형제요 편인은 서모다.
편인과 겁재는 서모와 이복형제로서 그 어머니에 그 아들이니 다정하다. 겁재는 주인을 노리고 편인은 인색하고 냉정하다. 주어야 할 사람은 박절하고 뜯어갈 사람은 냉혹하니 주인은 사고무친이다. 서모와 단짝인 겁재는 겁탈하기에 혈안이고 겁재와 한통속인 편인은 미워하고 시기하며 가로막고 방해하기에 여념이 없다. 무엇인가 기회가 있거나 소식이 있을 듯 하면은 편인이 가로막아서 허탕을 치게 하고 돈이 생겼다 하면 겁재가 가로 채고 만다. 서모의 모자 등살에 만사불성이여 적자투성이니 견딜 수가 없다. 서모는 겁재를 먹이고 입히고 살찌우기에 혈안인 반면에 주인에겐 찬밥과 누더기 옷만 골라서 주고 차디찬 눈초리로 푸대접하고 박해하니 주인공은 굶주림과 소화불량에 시달리고 눈치코치를 살피기에 바쁘다. 항상 불안하고 초조하며 모두가 뜻과는 어긋나고 일이 막힌다. 간사하고 질투 많은 편인에게 겁재가 받는 가르침은 오직 간사하고 변덕스러우며 시기하고 질투하고 미워하는 것이다. 그러한 비정(非情)과 편굴(偏屈)된 교육 아닌 사주(使嗾)내지 교사(敎唆)를 받아온 겁재가 주인에게 간사하고 질투하며 시기하고 미워하는 등 비정과 편굴함을 일삼는 것은 의당 지사다. 주위환경이 몰인정한 겁재로 꽉 차고 그들에게 온갖 곤욕과 겁탈을 당하는 동시에 그들과 더불어 얽히고 살아온 주인공이 비정과 편굴함과 간사함에 능하고 시기질투를 일삼을 것은 불문가지다. 의식주가 빈곤하고 호사다마하여 환경이 냉혹한지라 인정사정없이 눈치껏 겁탈하고 주먹으로 구걸할 수밖에 없다. 그러한 전락의 원인은 가난과 자포자기에 있다. 때문에 재성이 왕 하거나 관성이 유력하다면 도리어 편인과 겁재를 애용하고 유능한 인재로 기용됨으로써 크게 출세하고 치부할 수 있다. 돈이면 귀신도 순종한다고 재물과 벼슬이 비범하면 서모와 이복형제도 반겨 맞이하고 웃음으로 합심 협력한다. 인심이 후하고 대우가 푸짐한 주인공에게 등지고 외면하며 겁탈하고 시기 질투할 수 있는가? 문제는 돈이지 촌수가 아니다. 돈이 많고 인심이 후하면 사돈의 팔촌도 친형제와 같고 돈이 없고 인심이 박하면 부자형제지간에도 애정이 없고 남남보다도 싸늘한 것이다. 부귀한 사람은 편인이든 상관이든 겁재든 차별 없이 후대하듯이 주인으로부터 후대를 받는다면 어떠한 육신이든 감지덕지해서 충성을 다하기 마련이다. 문제가 육신 그 자체가 아니고 주인과 신하와의 이해관계다. 서로 아쉽고 유익하면 기뻐하고 후대하며 반대로 쓸모없고 불리하면 싫어하고 반대한다. 이 세상 만유는 시간적으로 변화하듯이 육신 또한 그 가치는 시간적으로 변동한다. 어제의 적이 오늘의 동지가 되고 오늘의 동지가 내일의 적이 될 수 있듯이 어제의 희신은 오늘의 기신이 되고 오늘의 기신이 내일의 희신이 될 수 있다. 물레방아처럼 돌고 도는 것이 인생이듯 운명을 조정하는 육신의 희기(喜忌) 또한 돌고 도는데서 인생은 울기도 웃기도 하며 흥성망쇠가 무상한 것이다. <u>희신이 득세하면 부귀영화를 누리고 기신이 득세하면 빈천과 질고(疾苦)에 허덕이며 기신이 희신으로 전향하면 춘풍에 꽃이 만발하고 만사형통하며 희신이 기신으로 둔갑하면 춘풍낙엽처럼 몰락하고 만사불성이다.</u>

<群劫爭財 하는 命造>

　　이 사주는 戌月의 辛金으로 正印인 戊戌土가 강해 보이지만 申酉戌 西方金局을 이룬 경우라서 겁재성이 강한 사주로 변했습니다. 거기다가 偏印 己土가 보태므로 辛金은 배불러 터질 형상입니다. 亥水傷官이 있어 설기하므로 다행히 유지하고 살아가게 되는 사주인데 劫財星을 건드리면 문제가 됩니다. 壬辰대운 말 辰戌이 相沖하면 申金 겁재가 爭財를 하게 된답니다. 癸巳년 같은 해에 巳亥 沖으로 洩氣神 상관이 無力해 역할을 못하면 반드시 터지는 형상이 되죠.

　　부산 사는 계주인데 계원한사람한테 왕창 물려 터지게 생겼다고 癸巳년에 상담 해온 사람의 사주입니다. 무재사주에 인성이 많고 겁재성 까지 강하여 재난을 겪게 되는 팔자죠.

劫財의 通變(겁재의 통변)

1. 겁재가 많으면 남자는 극처하고 여자는 극 부하며 구설이 많다.
2. 겁재가 겁재와 동주(同柱)하면 조실부(早失父)하고 부부이별하거나 괴로움이 많으며 동업하면 반드시 파탄이나 해산등으로 큰 손실을 당한다.
3. 겁재가 財旺하고 같이 있으면 외화내곤(外華內困)이요 가정이 적막하면 부부인연이 여러 번 변동하고 재물관계로 재난을 당하며 부귀가 오래가지 못한다.
4. 겁재가 상관과 같이 있으면 교만하고 의기양양 하며 버릇이 없다. 시주에 있으면 자녀가 손상된다.
5. 겁재가 상관이나 제왕(羊刃)과 같이 있으면 형벌에 걸리기 쉽고 칼에 상하기 쉬우며 변사(變死)하거나 단명하거나 이름을 더럽히거나 극빈(極貧)하여 구걸 또는 노동자 로 혹심한 고생을 한다.
6. 년월에 겁재가 있으면 次子요 월지면 재물이 없다.
7. 일시에 겁재가 있고 상관이 있으면 반드시 損子한다.
8. 겁재가 재물을 보면 천신만고를 겪고 시주에서 겁재나 양인을 보는 것은 금물이다.
9. 겁재와 양인이 많으면 아버지를 극하고 상처하며 평생 돈을 모으기가 어렵다.

食 神 篇
식신(食神)은 천연과실이다.

　　　　식신은 자연적으로 타고난 천연의 과실이요 의식주다. 의식주는 생활의 기본조건으로서 이를 얻는 자는 살고 잃은 자는 죽는다. 사람은 그 조건을 갖추기 위해서 한평생 노동하고 몸부림 친다. 그 소중한 의식주(衣食住)를 천부적으로 타고난 식신의 별은 만인이 부러워하는 가장 으뜸가는 행운의 별이다. 하늘의 은공을 담뿍 타고난 식신은 이 세상에 태어나면서부터 죽을 때 까지 누군가를 통해서 그 주인공에게 의식주를 베풀고 보살핀다. 어려서는 부모가 기른다. 그래서 하늘은 그 부모에게 풍부한 물질을 베푼다. 자식 덕으로 부모는 잘살 수 있는 동시에 하느님대신 귀공자에게 호의호식과 좋은 잠자리를 베푼다. 사람은 먹는 것만으로 살 수 없다. 배우고 알아야 한다. 그래서 하늘은 성장하면서 훌륭한 선생을 선택해준다. 그 모든 비용은 부모를 통해서 풍부히 제공한다. 성인이 되고 부모슬하를 떠나면 직장이나 기업을 통해서 하늘의 은총을 베푼다. 학교를 졸업하고 사회에 나서자마자 그에겐 그가 원하는 직장과 기업이 대기하고 환영한다. 무엇이든 뜻대로 소망대로 만족한 직장을 알선한다. 직장에 나가면 하느님 대신 상사가 하느님의 귀공자에게 호의호식과 아름다운 주택을 베푼다. 그 하느님이 선택한 직장이 원활하고 풍요롭게 발전할 것은 의당 지사다. 배우자 또한 하느님이 택해서 주선하니 만족하고 기쁘며 즐겁다. 가정을 가지면서 의식주는 더욱 풍부하고 자식 또한 원하는 대로 낳을 수 있고 기르고 가르칠 수 있다. 사회적인 출세와 부귀도 자유자재다. 그가 원하고 바라는 것이라면 하느님은 서슴지 않고 멋지게 마련해준다. 하나에서 열까지 모든 것이 스스로 이루어지는 식신은 바로 만능의 별이요 행운의 열쇠이며 하늘에서 내린 인업이요 속담에서 나오는 황금의 도깨비 방망이라 하겠다. 그토록 천연과일을 풍부하게 타고난 식신이 머리를 쓰고 근심을 하고 땀 흘려 노력할 리는 없다. 호의호식을 하니 소화가 잘되고 살이 찌며 건강하다. 의식주가 풍부하니 마음이 안정되고 너그러우며 인심이 후하고 인정을 베푸니 누구에게나 호감을 사고 친구가 많으며 만사에 원만하고 모난 곳이 없다. 노할 것이 없으니 성급하거나 불안함이 없고 막힘이 없고 만사형통하니 정신적 육체적으로 피곤하거나 서둘 것이 없다. 산절로 수절로 산수 간에 나도 절로라는 문자 그대로 절로 먹고 절로입고 절로자고 절로 살아가는 절로 인생이다. 대자연에서 자연을 마음껏 섭취하고 즐기고 노래하는 자연의 귀공자에게 가난이나 슬픔이나 역경이 있을 리는 없다. 그는 꿀과 젖이 흐르는 하늘의 젖꼭지를 물고 있기 때문에 젖꼭지만 놓지 않으며 평생 부귀영화를 마음껏 누릴 수 있다. 그 천도복숭아를 노리고 해치는 식신의 적이 바로 인공의 젖꼭지인 편인이다. 소원대로 이루어지는 만능의 젖꼭지를 가난하고 배고픈 젖꼭지로 감쪽같이 야바위치고 바꿔치는 것이다. 만사형통하는 식신대신 만사 불통하는 편인을 몸에 걸치니 하늘과 자연은 그를 외면하고 모든 은총은 사라져 버린다. 부모가 망하고 스승이 등지며 직장이 떨어지고 의지가지가 없으니 손발 없는 알몸뚱이가 될 수밖에 없다. 푸른 꽃밭에 서리가 내리고 폭풍이 휘몰아친 것이다. 요령과 수완이 능소능대한 재성이 있다면 편인은 야바위에 속지도 않거니와 능히 극복할 수 있다. 그래서 식신은 재성을 가장 기뻐하고 호위병으로 삼는다. 식신과 재성이 나란히 나타나면 금상첨화다. 평생 식신은 완전무결한 보호 아래 마음 놓고 의식주를 생산할 수 있고 거대한 치부를 할 수 있으며 어떠한 노둑노 막을 수 있다. 모든 의식주는 대자연에서 생산하고 생산을 하려면 자기능력을 투자해야 한다. 그 생산하는 재능과 자연을 생산수단이라 하고 천연적인 생산 수단을 식신이라고 한다. 평생에 먹고 살 수 있는 의식주의 생산수단을 천부적으로 타고난 식신은 언제 어디서나 자기가 원하는 대로 생산할 수 있는 생산수단을 가지고 있다. 먹고 입어야만 살 수 있는 인간에 있어서 생산수단은 유일한 기본조건으로서 인간은 그를 얻음으로써만 살 수 있는 자유와 권리가 있고 재능을 발휘할 수 있는 기회를 갖는다. 아무리 재능이 좋아도 기회가 없으면 무용지물이다. 식신은 그 천부적 기회인 것이다. 때문에 식신은 재능을 자유자재로 발휘할 수 있고 의식주를 얼마든지 생산할 수 있으며 평생을 소망대로 살 수 있고 장수무강할 수 있다. 그러나 아무리 재능이 있고 기회가 있어도 움직이는 데는 힘이 있어야 한다. 병들거나 늙었거나 어린아이처럼 힘이 허약하면 아무리 좋은 기회가 온다 해도 그림의 떡이다. 그와 같이 식신은 건전한 신왕을 전제 조건으로 한다. 신 약자가 움직이면 기진맥진하고 질병이 발생하거나 악화되듯이 신 약자에겐 식신이 피를 빼는 출혈의 독침(毒針)이다. 그 출혈을 가속화하는 재성을 보면 주인공은 재기불의 환자로서 돌아오지 못하는 강을 건너야 한다. 그 불행한 식신을 제거하는 것은 인성이다. 인성은 힘을 보급하는 보약이요 젖줄이니 허약한 자는 힘을 방출하는 보약이요 젖줄이니 허약자는 힘을 방출하는 식신 앞에서 힘을 기르는 인성을 택해야 한다. 배고프면 쌀밥 보리밥을 가릴 수 없듯이 식신이 시달리는 신 약자는 인수나 편인을 가리지 않고 기뻐한다. 빵 아닌 병을 생산하는 독침의 식신을 정면으로 분쇄하는 편인이야 말로 신기한 선약이요 구세주의 생명수이기에 계모도 계모 나름이듯이 생모도 나름이다. 생모라고 모두 착하고 어진 것이 아니며 때로는 길가에 버리거나 목을 졸라 죽이는 악독한 생모가 있듯이 계모라고 해서 모두가 무정한 것은 아니다. 때로는 생모이상으로 자상하고 착하고 다정한 계모가 얼마든지 있다. 그와 같이 인수와 편인의 가치는 상대적이듯이 식신과 상관의 가치 또한 상대적인 것이다.

식신과 비견겁재(食神과 比肩劫財)

식신은 꽃이요 비견 겁재는 가지다.

꽃은 가지에서 핀다. 가지가 많으면 꽃 또한 많이 핀다. 가지는 꽃을 기뻐하듯이 꽃은 가지를 좋아한다. 가지는 뿌리에서 공급하는 나무의 정기(精氣)를 먹고 살듯이 꽃은 가지의 정기를 먹고 사는 정기의 정화(精華)요 재능이요 조화다. 꽃이 만발하려면 가지가 무성해야 한다. 그러나 가지가 너무 무성하면 뿌리에서 공급하는 정기가 부족하니 가지가 시들고 또한 꽃이 시든다. 그래서 식신은 비견을 좋아하지만 여러 개 있는 것은 두려워한다. 가지에 모든 정기를 빼앗기면 꽃이 시들듯이 비견이 많으면 식신의 원기를 도둑맞고 무기력해진다. 식신을 위주로 하면 비견은 편인이고 겁재는 인수가 된다. 편인은 무정하고 인수는 다정하듯이 식신은 비견보다도 겁재를 기뻐한다. 일주를 위주로 하면 비견 겁재는 식신이란 기회와 의식주를 반분하는 것이니 필연적으로 상속을 서로 독점하려는 문제가 발생하며 호사다마 격으로 만사에 간섭과 시비와 분쟁이 야기된다. 고래 싸움에 새우등 터진다고 그 때문에 식신은 한신(閑神)으로 밀려나게 되고 일주와의 밀접한 관계에 틈이 생긴다. 일주는 비견 겁재를 견제하는데 신경을 곤두세우다 보니 정작 머리를 써야할 식신에 전력을 기울릴 수가 없다. 견제와 생산을 동시에 하다 보니 생산은 반감되고 헛된 소모가 불가피하다. <u>신왕(身旺)자엔 비견겁재가 눈의 가시처럼 괴로운 장애물이지만 신약(身弱)자에겐 비견겁재가 도리어 큰 축복이 된다.</u> 생산수단은 있어도 힘이 없어 놀리고 있는 터에 비견겁재가 식신을 활용하며 의식주를 생산하니 그 덕분에 오붓한 생활을 할 수가 있다. 나에게 의지하려고 찾아온 친구와 동기간이 도리어 생산에 동원되어서 같이 상부상조하니 서로 의지하고 합심하며 정답게 화목을 누릴 수 있다. 인덕이 많으니 어딜 가나 친구와 지원자가 생기고 동업이나 합동으로 큰 이득을 얻고 치부를 할 수 있다. 나대신 나의 땅을 경작하고 많은 오곡을 배분하는 것은 곧 소작(小作)과 같은 위탁경영이니 대리점이나 위탁업무로 재화를 생산하고 치부할 수 있다.

<寅申巳亥를 구비한 명조>

사주대로 살다간 사람 박정희 전 대통령의 사주입니다.

비견겁재가 강한 사주인데 亥水식신이 월지에 놓여 제격입니다. 寅申巳亥를 다 갖춘 제왕격 사주죠, 己未년 甲戌월 丙寅일 戊戌시에 부하의 총에 맞아 서거 하셨습니다. 己未는 印綬지만 忌神이고 甲戌은 甲庚沖에 戊土 忌神이죠, 丙寅일 丙화는 칠살이고 寅목은 寅申沖에 戊戌 忌神의 시간이었습니다.

다시 사주이야기로 돌아갑니다.

本命은 官이 用神인 팔자지요,
비견과 겁재가 많아 식신을 쓸 수 있는 사주지만 사주구성자체를 볼 때 용금성기(鎔金成器)의 명이어서 官이용이고 희신인 天命이다. 관은 백성을 보호하는 것이 임무이다. 백성은 법으로서 보호해야한다. 보호는 생명과 재산을 보살피고 지키는 것이다. 官은 벼슬을 상징하는 동시에 나를 부양하고 보살피며 지켜주는 부양자요, 보호자이며 명맥(命脈)이요, 생업의 별이다. 여명에서는 평생을 보호해주고 부양해주는 남편이 명맥이기에 부성(夫星)으로 본다. 관이 용이면 생명과 재산이 안전하고 확고하다. 침탈자(侵奪者)가 나타나면 법이 보호하고 응징함으로서 감히 침범하지 못한다. 반대로 官이 기신(忌神)이면 무능하고 무정하니 인간사에서는 子가 무정하고 夫가 무용지물이며 생명과 재산이 무방비 상태요 불안하고 위험하다.

식신과 식신(食神과 食神)

식신은 하늘이 베푼 천연의 과실이요
의식주를 공급하는 젖줄이다.

식신이 식신을 보면 두 개의 젖줄이 나란히 나타난 것이요 두 개의 젖꼭지를 물고 있는 형국(形局)이다. 상식적으로 젖줄은 하나로 충분하다. 그런데도 또 하나의 젖줄을 동시에 물고 있는 까닭은 무엇인가? 이유는 간단하다. 젖이 제대로 나오지 않기 때문이다. 하나로는 부족하기 때문에 새로운 젖줄을 찾고 있는 것이다. 새로운 젖줄이 풍족한 젖을 공급한다면 의당 하나는 버려야 할 것인데도 그대로 두 개를 물고 있는 것은 역시 부족한 때문이다. 두 개를 합쳐도 하나 폭이 안 되고 부족할 경우 주인공은 머리를 써야 하고 인공적인 생산이 불가피하다. 식신은 천연과실이자 풍부한 것이 특징이다. 그 식신이 풍부한 공급을 중단하고 인공생산 수단으로 변한 것은 식신 그 자체가 변질되고 이상이 생긴 것이다. 인공생산은 천연과실의 부족에서 발생하는 인공식신으로서 상관이라고 한다. 그래서 식신이 둘 이상이면 이를 상관이라고 한다. 식신은 의식주를 생산 공급하는 보급관으로서 부모와 스승 직장과 남편을 의미한다. 때문에 식신이 식신을 보면 부모덕이 없고 직장과 스승 그리고 남편 덕이 없을뿐더러 인덕이 없고 생산수단과 기회가 여의치 못하다. 의식주의 보급이 부족하고 부실하면 필연적으로 새로운 수단을 강구하고 변동하게 된다. 그와 같이 식신이 둘이상이면 일찍이 부모와 떨어지고 직장의 변동이 허다하듯이 여자는 결혼 후 유일한 보급관인 남편 덕이 없음으로써 인수의 후견인이 없거나 신약하면 부부의 변동이 불가피하다. 고서(古書)에 여자가 식신이 여럿이면 화류계 여성이라고 평한 이유는 바로 여기에 있다. 식신은 소망을 이루는 소원성취의 별이기 도하다. 식신이 둘이상이면 소망이 뜻대로 이루어지지 않음으로써 새로운 소망을 찾는 형국이니 만사가 뜻대로 되는 것이 없고 막히는 것이 많다. 두 가지 세 가지의 직업이나 직장을 가지고도 의식주의 자급자족이 원만치 못한 형상이니 무엇을 하든 뜻대로 되는 것이 없고 실속이 없으며 식소사번으로 동서분주하니 모두가 유무명실하다. 그럴수록 머리를 짜내고 몸부림치지만 현실과 결과는 언제나 부족하고 허전한 상태다. 그렇다고 식신이 여럿이면 무조건 나쁜 것은 아니다. 식신은 금을 캐는 광구(鑛口)요 생산 공장이니 힘이 왕성하고 1인2역할 수 있는 신왕자 두 개의 생산수단을 감당할 수 있음으로써 두 개의 식신을 모두 활용할 수 있고 생산에 동원할 수 있다. 그러나 힘을 양분하고 생산을 2원화(二元化)함으로써 정력과 생산비가 낭비되고 과대 소모되는 동시에 수명과 건강을 감소시킬 것은 필연적인 사실이다. 무엇보다도 신경과민과 과로를 조성하고 허욕과 성급을 초래함으로써 평지풍파를 자초하기 쉽다.

식신과다의 사주입니다.

1994년06월13일申시생				1	木
乾命	甲 戌	辛 未	戊 申	庚 申	0	火
수	06	16	26	36	46	56	66	3	土
대 운	壬 申	癸 酉	甲 戌	乙 亥	丙 子	丁 丑	戊 寅	4	金
								0	水

| 庚申 | 戊申 | 辛未 | 甲戌 | 乾命 |

위 남성은 당년31세의 건장한 청년이고 사주구성상으로 보면 편고된 명조임은 틀림없는데 운의 흐름으로 보아 26세운부터 35세운까지가 험난한 산골 비탈길을 등짐을 지고 힘겹게 걸어 올라가는 형상입니다.

[사주 판 읽기]

미(未)월의 무토(戊)라는 산이나 벌판 같은 넓은 평야 광야의 흙으로 신(申)시에 태어나서 오행의 구조를 자연으로 형상화하는 물상 학으로 보면 未월이라는 여름끝자락 폭염에 펄펄 끓는 불 먹은 대지입니다. 비옥한 땅이 되려면 첫째 물이 있어야 하고 나무가 있어야하며 불이 태양이 비춰줘야 성장합니다. 그런데 물 한 방울 없는 척박한 땅에 甲木 이라는 큰 나무가 목말라 말라 죽을 지경입니다. 지질을 다시 살펴보면 넓은 광야에 크고 작은 돌만 무수히 싸여 나무가 뿌리를 내리지 못하고 흙인 자신이 흙으로써의 역할이 잘 안 된답니다. 이런 경우 인생행로가 힘겹게 살아가게 되지요, 타고난 팔자인 것을 어찌하겠느냐고 한탄만 해서는 안 됩니다. 노력을 해야 합니다. 우리인생은 죽으란 법은 없습니다, 운이라는 것이 있어 1년 열 두 달 춘하추동이 있듯이 대운이라는 흐름이 사주에 없는 것을 보태주는 시기를 우리는 대운 들었네, 그런답니다.

본명은 36세운부터 30년간 북방水운이라 하여 겨울철인 물 운으로 흘러 이 때야 말로 자신의 역할을 잘 할 수 있다고 생각 됩니다. 지난 과거 운을 보면 申酉 食 傷官 忌神운이었으니 좋을 리 없고 金이 병인데 金운을 만난 병이 중첩 된 상황이어서 어린사람이 만고풍상을 겪게 된답니다. 그래서 대학까지 졸업시키는데 매우 어려움이 많았습니다. 본명조의 부친이 막내아들 이라며 상담을 의뢰해서 무조건 어떤 일이 있어도 대학까지만 졸업시키면 잘 살아 갈 수 있다고 호언장담했던 기억이 나는데 왜 그렇게 말해야 했냐 하면 36세운부터 잘 살아갈 수 있어서였습니다.

그런데

앞으로 5년이란 시간이 남았잖아요, 이 기간이 바로 난관이고 이런 여러 가지 안 좋은 현상들이 벌어지는 것입니다. 성정이 은근히 고집도 있고 주체성도 강한데 戌대운이면 戌未刑殺이 중첩 되면서 직장도 오래있지 못하고 자주 바꾸기도 하지만 병명이 나타나지 않는 희귀병으로 각고의 신고를 겪고 있답니다. 일종의 신병(神病-무속인 들은 할머니 귀신 붙었네)같은 현상이네요. 신체부분으로는 木이 당하는 형상이어서 정신적인 병 일 수도 있고 또 젊은 사람이 수전증까지 있다니 사주에 병이 있는 사주인 것은 틀림없네요,

식신과 상관(食神과 傷官)

식신은 천연과실이요 상관은 인공과실이다.
식신은 호의호식인데 반하여 상관은 악의악식이다.
호의호식과 악의악식이 혼잡한 것은 호의호식이 부실하고 부족한 때문이다. 만족하고 오붓하다면 어찌 악의악식을 탐하고 취하겠는가? 천부의 의식주가 빈약할진대 인공적인 생산에 의지할 수밖에 (食小事繁)이다. 어느 것이든 생산이 부족하면 한쪽은 당장 버리고 싶지만 그렇지가 못하기 때문에 어쩔 수 없이 두 개를 지니 정신과 육신의 노동을 곱으로 늘려야하고 힘을 두 갈래로 가르니 과로가 되고 능률은 오르지 않는다. 이것도 저것도 시원치가 않으니 이럴 수도 저럴 수도 없다. 신경이 과민해지고 출혈이 극심하니 건강이 온전할 수가 없다. 머리는 날카롭고 몸은 허약하며 소득은 부실하고 불만은 늘어만 간다. 한 가지만 일괄하지 못하고 이것저것 손을 대어 어느 하나 성사될 수는 없다. 그림의 떡인 식신을 버리고 박절한 상관에 의지하고 전념할 수밖에 없다. 식신은 유산이요 상관은 자급자족이다. 유산을 보고도 자급자족해야 하니 유산과 수모에 이변이 생긴 것은 불문가지다 차라리 유산문제가 없었던들 자급자족에 전념할 수 있고 유산은 바라지도 않았을 것이지만 말만 있고 실속이 없으니 마음이 싱숭생숭할 수밖에 없다. 누군가 유산을 가로채거나 상속문제가 있다는 것은 쉽게 짐작할 수 있다. 식신을 위주로 볼 때 상관은 겁재가 되니 유산을 도둑맞은 것이 분명하다. 배주고 뱃속 빌어먹는 격으로 자기 것을 빼앗기고 남의 것에 의지하는 것이다. 호이호식은 도둑맞고 악의악식으로 살아야 하니 어찌 마음이 평온할 수 있겠는가? 처음엔 부모의 덕분으로 따듯한 밥 먹다가 중간에 이변이 생겨 차가운 쉰밥을 먹어야하니 부모의 생각이 간절하다. 처음부터 찬밥으로 시작했던들 더운밥을 그리지 않았을 것이다. 그와 같이 주인공은 일생을 통해서 직업과 사업에 굴곡이 많고 변화가 심하며 더운밥 찬밥을 혼식하듯이 성패와 기복이 무상하다. 만사에 우유부단하고 주저하며 언제나 두 갈래 길에서 방황하고 갈팡질팡한다.

坤命	壬子	壬子	辛卯	己亥
수	2	12	22	32	42	52	62
대운	辛亥	庚戌	己酉	戊申	丁未	丙午	乙巳

己亥	辛卯	壬子	壬子	坤命

<傷官星이강한 命造>

八字中에서 상관이 五字라면 식상태과의 命이다. 사주구성은 나쁘지만 대운의 흐름은 좋아서 돈 걱정 없이는 살아가겠는데 남편의 덕 없이 고독하게 살아갈 命이다. S대 출신 엘리트 남편을 만났지만 남편이 자살로 생을 마감하고 독신으로 외롭게 살아간단다. 팔자는 못 속인다더니 상관이 정관을 극상하게 하는 이유이고 배우자궁이 亥卯合去로 독신팔자이다.

상관 세운을 짚어보겠습니다.

1963년10월23일미시생					3	木
乾命	癸卯	甲子	乙酉	癸未	0	火
					1	土
수	1	11	21	31	41	51	61	1	金
대운	癸亥	壬戌	辛酉	庚申	己未	戊午	丁巳	3	水

癸未	乙酉	甲子	癸卯	命造

乙巳년 己卯월 甲午일 運氣를 살펴보려고요,
국내유명하다는 명리 학자들도 못 맞추었습니다. 巳년이면 傷官년이고 乙卯목은 뿌리 내림이고 甲午의 甲목은 藤蘿繫甲운이고 午화는 식신 운이지요. 子月乙木이니 식상이 희신이고 좋다고 봐야 합니다. 子午沖으로 甲목이 흔들린다고 봤어요. 대박 난 날이거든요,

- 113 -

식신과 재성(食神과 財星)

식신은 생산 공장이요 재성은 시장이다.
생산 공장에선 상품이 나오고 시장에선 돈이 거래된다.
식신이 재성을 보면 생산 공장이 시장과 직결되고 상품이 그대로 돈과 교환되는 것이니 돈바람이 불고 치부할 것은 불문가지다. 생산의 시장에 수요량에 정비례하는 것이 상식이니 재성이 왕성하거나 확대될수록 돈 보따리는 크게 늘어난다. 시장이 확대되고 이윤이 높아지며 소득이 커지면 생산수단은 필연적으로 개선되고 확대되며 기계화된다. 시장이 없는 상품은 중간업자를 통해서만이 거래되기 때문에 이윤이 박하고 소득이 적음으로써 품삯을 받는데 지나지 않는다. 그것은 곧 인력을 상품으로 거래하는 직장이요 수동적(手動的)인 생산에 지나지 않는다. 자본이 있어도 자기 기업에 투자하는 것이 아니고 누군간 삼자를 통해서 간접적인 투자를 하고 이윤을 분배받으니 크게 치부할 수는 없다. 그 자본주가 좋은 기업과 시장을 발견했을 경우 그는 서슴없이 직접 생산과 경영을 할 것이 뻔하다. 식신이 기회라면 시장은 자기무대다. 같은 기회라도 해도 무대의 유무는 크게 달라진다. 자기무대를 가진 자는 언제든지 자유자재로 자기능력을 발휘하는 기회를 가질 수 있고 최대의 호조건으로 활동할 수 있는데 반하여 남의 무대를 빌리는 경우엔 모두가 피동적이고 제약된 조건에서 비싼 수수료를 지불하고 상대방의 보비위를 해야 하니 소득은 박할 수밖에 없다. 기회가 개방되고 보장된 食神生財와 기회가 제약되고 고정된 食神無財와는 하늘과 땅 차이다. 그렇다고 식신은 저절로 생산하는 것이 아니다. 힘이 있어야하고 힘의 능력에 의해서 생산된다. 식신이 성하면 생산능력이 풍부함으로써 어떠한 시장도 충족시킬 수 있지만 늙고 병들거나 미숙한 사 절 태(死 絶 胎)와 같이 있으면 생산능력이 허약함으로써 시장을 충족시킬 수는 없다. 시장에선 많은 공급을 요구하고 독촉하는데 반하여 생산량은 미비하니 무리한 생산 작업을 해야 하고 그래도 수급(需給)이 원활하지 못하고 수요자가 아우성을 치니 시장의 공신력은 땅에 떨어지고 물주는 대거 탈락하면서 외화내곤 이다. 무리한 작업을 하면 기계는 파손되고 고장이 발생하듯이 식신이 약하고 시장이 왕성하며 도리어 생산에 지장이 생기고 능률이 올라가지 못하여 초조하고 서둘며 불안할 따름이다. 身旺者는 그런대로 식신의 왕지를 기다려서 전능을 발휘할 수 있으니 늦게나마 대발(大發)하지만 身弱者는 처음부터 생산능력이 허약하고 생산수단 또한 미약한데다가 시장만이 거창함으로써 상품 없는 파장과 다를 바 없다. 겉만 크고 속은 텅 비어있는 외화내곤(外華內困)의 유명무실한 시장이 배고프고 가난하며 피로하고 욕심과 허영에 쫓길 것은 필연적이다. 무리를 하고 동분서주해도 수급을 유지할 수 없으니 신용은 떨어지고 고객은 외면하며 소득 없는 시장의 관리비만이 과다지출 되듯이 정력과 시간과 돈의 낭비가 크고 그 때문에 손재하고 건강이 무너지며 만사가 허물어지고 무거운 짐을 지고 몸부림쳐야 한다. 반대로 신왕하고 식신이 건전한 자는 시장의 수요를 얼마든지 충족시킬 수 있음으로써 재성의 왕지나 재성이 겹칠 때 일약 치부를 하고 거부가 된다. 재성은 식신이 가장 두려워하는 편인을 능히 재거함으로써 식신은 안심하고 생산을 계속할 수 있으며 불의의 재난을 겪지 않는다. 그러나 편인은 틈만 있으면 식신을 노리고 해침으로써 편인 운에는 생산에 장애가 불가피하다.

乾命	壬辰	戊申	丁未	戊申
수대운	3 己酉	13 庚戌	23 辛亥	33 壬子	43 癸丑	53 甲寅	63 乙卯

戊申	丁未	戊申	壬辰	乾命

<1> 연극영화감독의 사주

乾命	辛亥	戊戌	丙戌	辛卯
수대운	6 己酉	16 戊申	26 丁未	36 丙午	46 乙巳	56 甲辰	66 癸卯

辛卯	丙戌	戊戌	辛亥	乾命

<2> 장사 사업가의 사주

사례1의 사주는 식상이 혼잡 된 食傷生財格 이면서도 허약한 명조여서 운의 영향을 많이 받는 사주이며 기예에 뛰어난 재질을 가지

고 있으면서 바람기가 다분 하다. 북방水운에 갖은고생 다하면서 수단과 방법을 다 동원하여 甲寅운에 발복 명성을 얻었지만 乙卯운은 편인 도식 되어 감옥행을 했다.
사례<2>의 경우는 전형적인 食神生財격으로 일주가 허약하지 않고 卯戌에 火庫地를 놓고 식신으로만 구성되어 있어 포목도매사업자로 승승장구하는데 대운까지 남방火운이다.

식신과 관살(食神과 官殺)

식신은 의식주요 관살은 벼슬이다.

 의식주가 풍족하면 신체와 정신이 건전하고 예의범절이 단정하며 인심이 후함으로써 벼슬하는 데는 적격자다. 자고로 벼슬아치들은 호의호식을 좋아한다. 식신은 바로 그들이 원하는 호의호식이다. 천하의 호의호식을 베푸니 벼슬아치들은 감지덕지하여 주인에게 충성을 다한다. 관살은 서로가 식신을 상전처럼 반기고 탐을 낸다. 정관은 예의범절이 단정한데 반하여 칠살은 용감할 뿐 법도가 부족하다. 그래서 식신은 정관을 아내로 삼고 칠살은 첩으로 삼는다. 아내는 정숙하지만 첩은 요염하고 방자하다. 그와 같이 식신이 정관을 보면 용맹하고 영웅심이 대단하며 색정을 즐기고 주인의 총애를 받는다. 천성이 거칠고 용감하면서도 뛰어난 재주를 가지고 있는 칠살은 호의호식에 감복하여 주인의 적을 물리치고 간신을 제거하는 심복으로서 무예(武藝)를 떨치고 천하의 용장으로서 보다 더 많은 호의호식을 누린다. 아내와 첩에게 푸짐한 의식주를 베푸는 식신의 주인공이 가난하거나 인색하지 않은 풍부한 재력과 너그러운 인심의 소유자임은 말할 나위도 없다. 말이나 칼로 종을 다스리는 것이 아니고 만족할리 만큼 푸짐한 의식주로써 후대함으로써 열과 성을 다하여 주인을 섬기고 공경하듯이 그 주인공은 유능하고 유력하며 덕이 있는 상전을 섬김으로써 벼슬하고 이름을 높이며 풍족한 의식주를 조성하는 것이다. 그러나 식신이 허약하고 관살이 왕성하면 의식주의 질량이 부실하고 부족함으로써 관살의 불만과 불평이 대단하다. 빛 좋은 개살구처럼 이름만 호의호식일 뿐 유명무실하니 그에 종사하는 관살 또한 성실하게 순응할 수는 없다. 불평과 불만은 쌓이고 쌓여서 마침내는 반항과 배신을 서슴지 않는다. 주인의 생명을 지켜야할 종이 도리어 주인을 업신여기고 재산과 주권을 침해하니 그 피해가 적지 않다. 억세고 버릇없는 종을 다스리자니 힘겹고 역부족이며 도리어 억압을 당하고 재물을 겁탈당하니 散財와 출혈이 불가피 하다. 몸이 허약하고 가난하며 주위의 억압과 침해를 크게 당하고 종에 눌리고 시달리는 주인이 권위가 있고 이름이 있고 인심이 있을 수는 없다. 종을 다루는 솜씨가 서툴고 약속을 이행하는 신용과 책임감이 부족한지라 종의 성품이 거칠고 불순함으로써 수하로 인한 재난이 비일비재하다. 그와 같이 주인 또한 직장과 상전에 성실하고 유능하지 못함으로써 올바른 대가를 받기가 어려우며 어떠한 직장이든 불평과 불만이 적지 않다. 신임을 받기가 어렵고 출세를 하기가 어려우며 대우가 박하니 직장에 대한 매력과 흥미를 잃게 된다. 그러나 종은 돈만으로 다스리는 것은 아니다. 주인의 슬기와 덕성이 두터우면 능히 다스릴 수 있다. 그와 같이 식신이 빈약해도 일주가 신왕하면 도량이 넓고 포용력이 강하며 통솔력이 뛰어남으로써 능소능대하게 종을 다스릴 수 있다. 그렇다고 종들이 대우가 박한데 열성을 다할 수는 없다. 비록 반항하고 배신을 할 수 없어 순응은 한다 해도 가난한 주인에게 온 정성을 다할 수는 없다. 식신이 왕지에 이르고 의식주가 풍족할 때 비로소 주인은 종에 대한 대우를 극진히 할 수 있고 종 또한 주인을 극진히 섬기고 공경할 수 있다. 그 때문에 주인의 권위가 상승하고 이름을 떨치며 크게 출세할 것은 자명한 사실이다. 반대로 식신이 빈약한데 일주마저 허약하다면 대우가 부실한 터에 주인의 인심마저 박하고 아량과 인정이 없으며 만사에 편견과 고집을 부리고 냉정하며 화를 잘 내니 억센 종들이 순종하고 충실할 리가 없다. 수단과 방법을 가리지 않고 주인과 대결하고 정당한 대가를 강요하니 그로 인한 재난이 빈발하고 폐가망신을 당하게 된다. 그와 같이 그 주인공 또한 소견이 좁고 고집이 강하며 인정이 없고 성급함으로써 어디를 가나 대우를 받지 못하는 무용지물이 되기 쉬우며 가난과 질병을 면하기가 어렵다. 그것은 병든 환자가 돈을 벌고 출세를 하겠다는 허욕을 부리고 그 때문에 병이 더욱 악화되는 것과 똑같다.

| 坤命 | 乙巳 | 庚辰 | 辛亥 | 癸巳 | | 癸巳 | 辛亥 | 庚辰 | 乙巳 | 坤命 |

<부부해로 못하는 사주>

사주는 균형을 이루어야 한다. 식상과 관살이 두개씩 균형을 이루는 것 같지만 식상은 庚辛金의 전폭적인 지지를 받지만 兩巳火는 깨지고 무기력하여 균형을 이루지 못한 경우이다.

식신과 인성(食神과 印星)

식신은 힘을 방출하는 기회인데 반하여
인성은 힘을 섭취하는 기회다.

어머니는 자식에게 의식주를 공급하기에 온 정성을 드리는 동시에 자식은 재능을 부리는 것을 무척 기뻐한다. 그렇다고 해서 어머니라고 모두 그러한 것은 아니다. 생모 아닌 서모나 계모는 자식에게 주는 것을 싫어하듯이 재능을 부리는 것을 싫어한다. 그래서 식신은 인수를 기뻐하는 반면에 편인을 보면 고양이를 만난 생쥐처럼 두려워한다. 서모가 시기하고 질투하며 미워하고 박해를 할 뿐 아니라 식신을 무능자로 파괴하기 때문이다. 인수를 본 식신은 어머니 앞에 재롱을 떨듯이 멋지게 재능을 발휘하고 인수로부터 소모한 힘을 충분히 보급 받음으로써 식신은 계속 작용할 수가 있다. 인수는 식신에게 풍부한지식과 힘을 공급함으로써 보다 유능한 식신으로 향상시키는 동시에 아무리 힘을 방출해도 계속적인 보충공급을 통해서 피로하거나 지칠 줄 모르며 부족이나 결핍이 생기지 않는다. 그러나 편인은 매정한 어머니로서 힘의 공급을 극도로 제한하고 자유로운 소모를 금지하며 엄격히 감사함으로써 좀체 힘을 기르기가 어려울뿐더러 완고한 브레이크를 장치함으로써 움직일 도리가 없다. 아무리 재능을 발휘하고 싶어도 사회와 격리되고 묶여 있음으로써 기회를 얻을 수가 없고 설사 기회가 온다 해도 서모의 감시와 억제 때문에 꼼짝할 수가 없다. 그렇다고 찾아온 손님과 기회를 외면할 수는 없지 않은가? 주인공은 공공연히 만나고 활동할 수 없는지라 지략을 짜서 비밀히 만나고 비합법적이고 비공개적인 밀회와 탈선을 하게 된다. 그것은 곧 비밀리에 행해지는 향락과 외도다. 왜야 하면 편인은 식신의 정부(情夫)인 칠살 인데 반하여 식신은 편인의 애첩인 편재가 되기 때문이다. 정부와 소첩이 비밀리에 만났으니 죽도록 사랑하고 밤 세워 즐기며 아낌없이 정력과 시간과 돈을 물 쓰듯 할 것은 뻔하다. 그러한 낭비와 탈선이 건강을 해치고 가산을 탕진하며 법을 침범하고 사회적 지탄을 받으며 마침내 폐가망신의 비극을 초래할 것은 자명지사다. 모든 것을 잃고 알몸으로 전락할 때 비로소 과오를 느끼고 크게 후회를 하지만 이미 사후약방문격이 아닌가? 그제 서야 편인과 식신은 서로 미워하고 저주하니 끝내는 사랑이 미움으로 바뀌고 은인이 원수로 둔갑하는 것이다. 평생 돌이킬 수 없는 크나큰 오산과 과실 그리고 실패와 파산을 저지르는 위험천만의 사악(邪惡)과 향락에 빠져서 악몽을 즐기는 두 개의 정열은 영원한 추억 아닌 가슴 아픈 상처로서 골수에 사무치게 된다. 외관상으로선 편인이 식신의 칠살 로서 식신을 움직이지 못하도록 소박을 하니 의식주의 생산이 중단되고 만사가 빗나가고 허물어지는 형국이다. 해서 도식(倒植)이라고 한다. 하지만 실세는 식신을 변질시키고 타락시켜서 정상적인 생산을 비정상적인 소모로 둔갑을 시키는 것이다. 이는 호화로운 진미의 음식을 먹지 못하는 독버섯으로 변질시킴과 같다. 그 부패하고 상한음식을 먹을진대 식중독을 일으키고 소화기능을 마비시킬 것은 자명지사다. 그래서 식신이 편인을 보거나 편인이 식신을 보는 경우 식중독이나 약 중독의 이변이 발생하고 소화기능에 장애가 발생한다. 인수는 생모인지라 자식이 먹는 젖과 음식에 온갖 정성을 다하여 철저히 보건(保健)조처를 함으로써 피와 살이 되지만 서모인 편인은 자식이 미운지라 일부러 찬밥을 만들어서 변질되고 부패한 음식을 제공함으로써 복통이 생기고 설사를 하여 심한 고통을 겪는 등 도리어 피와 살을 빼는 부작용이 일어나는 것이다. 멀쩡한 음식이 변질하고 변태하듯이 편인은 변심과 변태적 연기에 능하다. 무엇을 하든 비정상적이고 비합리적이며 변태적인 사고와 행동을 즐기고 추구한다. 마치 서모처럼 시기와 질투가 강하고 심술과 편견이 많으며 냉정하고 화풀이를 잘한다. 그러한 서모 밑에 자라나는 식신이 비뚤어지고 그늘진 인생으로 전락하고 만사에 의심과 겁을 먹으며 불안과 초조한 생각에 잠겨 있을 것은 쉽게 짐작할 수 있다. 평생을 눈치와 재치로 아슬아슬하게 곡예사처럼 살아가야 하니 담이 온전하고 뱃장이 생길 수가 없다. 언제 또 이변이 생길 것인지 마음이 놓이질 않는다. 그에겐 자유와 기회와 풍요한 의식주가 소원이지만 서모가 살아있고 감시하는 한 모든 것은 물거품이다. 무엇인가 될 듯하면 쐐기가 걸리고 천신만고 끝에 바퀴가 돌아가고 살길이 열리듯 하면 날벼락이 떨어지듯 뜻하지 않은 이변이 돌발한다. 마치 천하진미의 푸짐한 음식이 하루아침에 변질하고 부패하듯 비극으로 급전직하 전락하게 된다. 십년 공든 탑이 무너지듯 애써 쌓아올린 인생의 공든 탑이 성취직전에 와르르 무너지는 것이다. 그것이 거듭됨에 따라서 그의 가슴은 멍들고 희망과 욕망은 시들며 불안과 체념만이 움트고 자라날 뿐이다.

乾命	癸亥	癸亥	甲子	丙寅
수대운	8 壬戌	18 辛酉	28 庚申	38 己未	48 戊午	58 丁巳	68 丙辰

丙寅	甲子	癸亥	癸亥	乾命

乾命	壬申	壬子	甲子	乙亥
수대운	7 癸丑	17 甲寅	27 乙卯	37 丙辰	47 丁巳	57 戊午	67 己未

乙亥	甲子	壬子	壬申	乾命

<1> 인수태과 목화통명의 사주   <2>인수태과 마마보이의 사주

위 두 사주는 甲子일주에 인수태과인데 식신이 있는 사주와 식상이 전무한 사주로서 전혀 다른 삶을 살게 된다.

사례1의 경우는 甲목이 상류에서 둥둥 떠내려 오다가 하류에서 寅木에 록근(祿根)하고 안착하여 멋지게 꽃을 피운 경우이고. 사례 2의 경우는 甲목이 상류에서 둥둥 떠내려 오다가 하류에서 다시 물바다를 만났고 乙木을 시간에 투간(透干)시켰으나 水生木은 커녕 수목응결(水木凝結)로 열매도 없고 꽃도 없으니 다자무자(多者無者)로 부모덕도 없고 공부도 못하고 잘못하면 저능아로 사람구실 못한다. 많이 받아먹었으면 반드시 배설을 해야 하는 것이다. 이와 같이 인수와 식신은 잘 구성 되어야지 잘못구성 된 경우는 다자무자로 많은 것은 없는 경우와 같아 공부도 시험운도 없게 된다.

食神의 通變(식신의 통변)

1.식신은 나의 분신(分身)으로서 자녀를 싱징하고 많은 자 여를 거느린다.
2.식신은 나무의 꽃처럼 자신의 재능을 아름답게 발휘한 정력의 정화(精華)로서 아름다움(美)을 즐기고 가무(歌舞)를 좋아하며 색정에도 관심이 많다.
3.식신이 여럿이면 가난하고 또한 몸이 허약하며 부모의인연이 박하다. 이런 때에 편인을 만나면 흉이 길로 변함으로써 발복한다.
4.식신이 많고 칠살이 적으면 몸이 약하고 자식이 없으며 있다 해도 없는 것과 같다.
5.年干에 식신이 있고 재성이 있으면 부모 양친의 복록이 무궁하고 음덕

을 크게 누리며 조상의 힘을 얻어서 사업이 대발한다.
6.月干에 식신이 있고 시간에 관성이 있으면 크게 발신하며 공무원으로 높이 출세한다.
7.日支에 식신이 있으면 처첩이 살찌고 마음이 너그러우며 슬기롭고 집을 가지며 의식과 재물 복이 두텁다.
8.月支에 식신이 있고 화기(和氣)가 있고 몸이 비대하면 의식주 풍족하다.
9.月柱에 있는 식신을 천주(天廚)라고 한다. 식신이 천록 과 같이 있으면 천주록(天廚綠)이라 한다. 신왕하면 음식을 즐기고 몸이 비대하며 평생 의식주가 풍족하다.
10.식신이 앞에 있고 칠살이 뒤에 있으면 (先食後殺)명리(名利)가 겸전하고 크게 이름을 떨친다.
11.식신이 있고 편인이 없으면 일생 도난을 당하지 않는다. 12.식신과 편인이 같이 있으면 평생 가난하고 고단하며 남의 밑에서 굴욕적인 생활을 하고 작사를 이룰 수가 없으며 시작은 있으나 끝이 없고 몸이 작거나 파리하기 쉽다. 13.편인이 나타나고 식신이 지장되면 어려서 젖이 부족하고 식신이 편인을 많이 보면 늙어서 먹을 것이 없고 음식물로 인해서 죽음을 당한다. 이런 때에 편재가 있으면 편인을 제압함으로써 아무런 탈이 없다.
14.식신이 유기(有期)하고 유력하면 재물과 덕이 있고 인화를 도모함으로써 살이 찌고 평생 행복하다.
15.식신이 식신과 같이 있으면 (干支 食神) 복록이 두텁고 도난을 당하지 않으며 동업으로 성공을 하나 벼슬길은 좋지 않다.
16.식신이 비견과 같이 있으면 재물 때문에 양자의 인연을 맺는다. 재산을 다루는 재능이 뛰어나고 베풀기를 즐김으로써 친지들에 다정하고 원만하다.
17.식신이 겁재와 같이 있으면 재물 복이 있고 흉성을 만나도 이득을 얻는다. 식신은 겁재를 가장 기뻐하기 때문이다.
18.여자가 식신이 많으면 호색하고 첩이 아니면 기생이나 스님 또는 과부 팔자다.
19.여자가 식신이 건록과 같이 있거나 득령하여 왕성하면 자식이 반드시 크게 출세한다.
20.여자가 식신이 편인과 같이 있으며 독수공방으로 고독하고 빈곤하다.

21. 여자가 식신과 편인이 나란히 있으면 산액 있고 자식 인연이 박하다.
22. 식신이 칠살과 같이 있으면 평소에 불평불만이 많고 재난이 있으며 일생 고생이 많고 화를 잘 낸다. 자식이 있으면 도리어 장애가 되고 남에게 미움을 받기 쉽다. (乙一生 丁酉生 己日生 辛卯).
23. 식신이 칠살을 제살하는데 편인을 만나면 반드시 재난을 당하고 가난하지 않으면 단명하다. 만일 도식이 겁재를 보면 반드시 요절한다.
24. 식신이 제살하는데 양인이 있으면 크게 발신할 비범한 인물이다.
25. 식신이 재다하면 많은 은총을 받고 염복이 많으며 만사가 순탄하고 복이 무궁하다. 여자는 자식 복이 많다.
26. 식신이 있고 양인이 거듭 있으면 평생 고생이 많다.
27. 식신이 형충되면 젖이 부족하고 일찍 모친과 떨어져서 동서분주한다.
28. 식신이 병 사 절 목욕 등과 같이 있으면 자식이 불효하고 나 또한 극자 한다.
29. 식신이 墓와 같이 있으면 단명하다.
30. 식신이 있으면 신약해도 편인을 싫어한다.
31. 己亥 乙巳 癸巳 日生처럼 간지가 암합하면 변화에 능함으로써 도식을 두려워하지 않는다.
32. 식신이 干合하면 인격자로서 공직에 권위를 떨치고 복록이 풍족하다.
33. 식신이 건록 제왕과 같이 있거나 재관과 같이 있으면 복이 무궁하고 반대로 식신이 일지를 치는 흉신과 같이 있거나 건록을 치거나 공망과 같이 있으면 화(禍)가 집결 만사가 허무하다.(甲子日 丙午 丙申日 戊寅)
34. 연간의 식신이 월에 있고 월간의 식신이 일에 있으며 일간의 식신이 시에 있으면 소위 사위식신(四位食神)이라 해서 복록이 풍후하고 재성을 만나면 부모와 윗사람의 은덕을 많이 누린다. (年甲 月丙 日戊 時庚)
35. 식신이 왕성하면 체세가 공평하고 원만하며 수명과 부를 누린다.
36. 식신이 많으면 음식을 즐기고 식신은 쇠하고 편인이 왕성하면 단명하지 않은즉 재난을 겪는다.
37. 식신이 제살하고 생재하면 부귀가 쌍전한다.
38. 식신이 도식되면 길을 가다가 노상에서 죽음을 당한다. 39. 식신이 수왕지로 들면 몸이 파도에 휩쓸리고 식신이 편인을 보면 자식을 많이 낳되 기르는 것은 적다.

傷官篇
상관은 인공 생산수단이다.

식신이 천연적으로 타고난 의식주요 생산수단인데 반하여 상관은 인위적으로 개척하는 의식주요 생산수단이다.

하늘과 자연을 등지고 인공적인 의식주를 생산하나는 것은 결코 쉬운 일이 아니다. 머리를 써야하고 노력을 몇 배나 더 해도 천연과실처럼 풍부하고 소담할 수는 없다. 마치 사막에서 농사를 짓고 산등성이에서 화전을 일구듯 아무리 몸부림을 쳐도 경작을 박절한 소득뿐이다. 그럴수록 머리를 짜내고 살길을 개척해야하니 상관은 눈코 뜰 새가 없고 언제나 불안하고 초조할 따름이다. 남들은 하늘과 자연에서 풍부한 의식주를 누리고 호의호식 하는데 반하여 상관은 광야에 버림받은 천애의 고아처럼 누구도 보살피는 사람이 없다. 모든 것이 자신이 피와 땀으로 해결해야 한다. 부모의 따사로운 손길을 기대할 수 없는가 하면 공부도 직장도 스스로 개척해야 한다. 누구도 그에게 은공을 베푸는 것을 금하고 있다. 그래서 훌륭한 부모나 후견인 그를 보살피면 하늘은 그 인연을 단절시키기 위해서 부모를 물리치고 분리시킨다. 그에게 호의호식을 베풀 수 있는 여건은 모두 철거시키고 고립화시킨다. 그가 하늘을 원망하고 땅을 미워하며 이 세상모든 것에 불평과 불만을 내뿜을 것은 너무도 필연적이다. 사랑과 은공을 모르고 가시밭길에서 자라난 천애의 고아에게 인정이 있고 관용과 덕성이 있을 리는 없다. 그는 얼음처럼 냉정하고 호전적이면 무자비하다. 그는 세상이 고르지 못하고 공정하지 못하여 의롭지 못함을 규탄하고 저주한다. 그래서 추호의 부정이나 불의를 보면 거침없이 파헤치고 비판한다. 세상이 자신을 용납하지 않듯이 상관은 제상을 용납할 수가 없다. 현실을 부정(否定)하고 법과 질서를 배격하며 자유하고 평등한 사회로의 개혁을 추구한다. 그는 어떠한 규제나 제약도 거부하고 자유자재의 독자적인 행동을 즐긴다. 반사회적인 반항의식이 저변에 가득 차 있는 상관은 모든 것을 색 안시하고 백안시한다. 일체의 지배와 간섭을 배격하고 질서와 체제를 싫어한다. 천상천하 유아독존 격이다. 그 날카롭고 예리하며 성급한 개성은 어려서부터 싹트고 고개를 쳐든다. 부모를 비롯한 연상자에 대해서 그는 순종대신 비판과 반발을 일삼는다. 어른의 말을 고분고분 듣지 않고 하나같이 시비를 따지니 누가 좋다고 귀여워하겠는가? 정이 멀어지고 외면당하며 미움을 받는 것은 의당 지사다. 그것이 하늘과 나와의 사이를 단절하는 장벽임은 물론이다. 하늘은 말이 없지만 에누리가 없다. 천연의 혜택에서 제외된 상관에 대해서 하늘은 철저히 고립과 봉쇄정책을 쓰고 있는 것이다. 그를 고아를 만들기 위해선 사회와 인간관계를 박절하게 단절시키는 것뿐이다. 칼끝처럼 날카롭고 모가 난 상관에게 호감을 갖고 접근하거나 친구가 될 사람은 극히 드물다. 성격은 운명을 결정하듯이 고아의 운명은 고아의 성격에서 비롯된다. 모든 것은 자신의 편견과 아집에서 비롯된 자업자득의 인과응보이지만 그는 자신의 잘못을 전혀 외면한 채 사회와 상대만을 원망하고 있다. 남의 잘못은 송곳으로 쑤시고 침소봉대 하면서 자기 허물은 터럭만큼도 건드리지 못하게 하니 어느 누가 그를 좋아하고 접근하겠는가? 그렇다고 눈 하나 까닥 않는 것이 상관이다. 안하무인이요 방약 무도하며 오만불손하기 짝이 없다. 찬바람이 돌고 서릿발이 내린다. 적이 많고 구설이 분분하다. 하지만 아랑곳없다. 누구든 잘못된 점이 있으면 시비를 따지고 동네사람과의 시비에는 도맡아 참견한다. 자고로 배고픈 사람은 말이 많다고 식록이 빈곤한 상관은 말이 많고 말을 잘한다. 청산유로 설득력이 비범하고 기어이 자기 관찰을 하고야만다. 식복이 없는 상관은 바르게 움직여야 한다. 식신보다 속도가 몇 배나 빠르지만 소득은 식신의 몇 분의 일 정도다. 머리를 쓰는 것이 과속이듯이 말도 과속이고 이성교제도 과속이다. 만사에 속도위반으로 말썽을 부린다. 멋을 좋아하고 사치를 즐기며 날씬하고 예쁜 자세로 매정하게 군림하는 것이 상관이 무엇이든 남에게 지기를 싫어한다. 기어이 이기고야 만다. 자신은 법질서를 무시하고 자유방종하면서 남이 위반하면 고발하고 투서하고 비판하는 데도 선수다. 남이 싫어하는 것은 도맡아 한다. 칼로 흥한 자는 칼로 망하듯이 입과 시비로 이름난 자는 입과 시비로 망한다. 적이 늘어가고 고발을 일삼다가 끝내 자신도 고발과 법망에 걸리어서 발부 둥치게 된다. 그렇다고 상관은 고약한 말썽꾸러기만 아니다. 총명하고 다재다능하며 민첩하고 의로운 기질이 있는가 하면 고도의 지성을 가지고 있는 장점도 있다. 상관이 흉신이면 어려서부터 하극상하고 천하의 다변자로서 말과 혀에 독이 있고 가시가 있으며 미움과 욕을 먹지만 희신인 경우에 식신으로 변한다. 부모의 은공이 있고 마음씨가 고우며 말이 부드럽고 인정이 많으며 예술과 기능에 이름을 떨치고 옳고 의로운 일에 적극 참여하고 유창한 설득력을 통해서 만인을 감동시키고 창작과 문화가 뛰어나고 명판관으로서 법질서를 준수하고 대변인 또는 목사로서 대중의 心琴을 울린다. 나쁜 짓을 하고 미움을 받는데도 곱빼기로 과시하듯이 좋은 일을 하고 찬양을 받는데도 남보다 곱빼기로 빠르고 많다. 평범함을 싫어하고 定常을 멸시하는 과속의 상관은 언제나 평지풍파를 지니고 있는 시한폭탄과 같다. 무엇이든 재빠르게 움직이지 않으면 직성이 풀리지 않을뿐더러 소득을 올릴 수 없기 때문이다. 그 과속이 때로는 출세를 비 약화시키고 능률을 극대화하기도 하지만 대부분 실패와 풍파를 전격화하고 연속화 하는 데서 문제가 크다. 그만큼 상관의 인생은 험준하고 파란만장이 많다. 식신은 평탄하고 넓고 직선의 대로인데 반하여 상관은 기복과 굴곡이 심하고 험준하며 좁고 가파른 길이다. 그래서 식신의 운전사는 머리를 쓰지 않고도 안전하게 운행 할 수 있는데 반하여 상관의 운전사는 눈과 신경을 곤두세우고 비상한 기술로 운전해야 한다. 완만하고 넓은 길은 편안하고 기름이 절약되어서 오래도록 장수하는데 반하여 급하고 좁은 길은 불안하고 기름이 낭비됨으로써 수명이 길수가 없다. 천재는 상관에서 배출되는 상관의 대명사다. 그래서 천재는 과속으로 출세하듯이 과속으로 인생의 종착역에 도달하는 과속의 명사수다.

아래 두 사주는 스피드시대 만능의 인재인지도 모른다.

乾命	丙戌	己亥	丁未	庚戌
수	3	13	23	33	43	53	63
대운	庚子	辛丑	壬寅	癸卯	甲辰	乙巳	丙午

庚戌	丁未	己亥	丙戌	乾命

<1>식상이 태과한 무 인성 사주

乾命	壬子	壬子	辛丑	戊戌
수	01	11	21	31	41	51	61
대운	癸丑	甲寅	乙卯	丙辰	丁巳	戊午	己未

戊戌	辛丑	壬子	壬子	乾命

<2>식상과다 수다금침의 사주

 위 두 사주는 식상태과인데 인성이 있는 사주와 인성이 전무한 사주로서 구분해 보았다. 사례1의 사주는 무인성이라서 자기 마음대로 명랑하게 살아가는 사람이고, 사례2의 경우는 인성도 역시 태과하고 음습하여 음성적인 성향이 강하여 내성적이고 활발하지 못한 경우로 전혀 다른 삶을 살아간다. 사례1의 사람은 식상과다로 주어야만 마음이 편안한 사람이고 사례2의 경우는 식상과다라도 저장의 기운이 강하여 움켜쥐어야 마음이 편안한 사람이다.

상관과 비견 겁재(傷官과 比肩 劫財)

 상관은 인공의 꽃이요 비견겁재는 나뭇가지다.
가지가 많으면 꽃은 더욱 많이 피게 된다. 같은 꽃이라도 자연적으로 피는 식신은 필수록 좋지만 인공적으로 땀 흘려 억지로 피우는 상관은 많을수록 피로와 소모가 늘어날 뿐이다. 그러나 비견겁재가 흉신인 경우엔 그를 제거하고 거세하는 소모 작용이 과속으로 가속화하는 상관이 천하일품이다. 산더미 같은 비견겁재를 거침없이 청산유수로 소화시키니 주권을 노리고 다투는 비견겁재는 눈사태처럼 허물어지고 상관으로 변질한다. 신경이 곤두서고 극도로 날카로우며 초고속도로 줄달음치니 무엇이든 부딪치기만 하면 곤두박질할 판이다. 흉신인 비견겁재를 제거한 것까지는 공이 크나 결과적으로는 정력과 정신의 소모를 과속화 하고 극대화한 것뿐이니 불평과 불만만이 과잉 생산 될 뿐이다. 식신의 꽃은 반드시 열매가 있으니 실속이 있고 기쁨과 만족을 느끼지만 상관의 꽃은 일품으로 화려할 뿐 열매가 없는 헛꽃(虛花)이다 겉만 화려할 뿐 속은 텅 비어있는 배고픈 상관의 꽃이 만발하였다는 것은 정력과 머리를 과속으로 낭비하고 헛수고한 실패작이 만발한 것이다. 화가 치밀고 허탈과 초조에 빠질 것은 의당 지사다. 그러나 재성을 만나면 사태는 전혀 다르다. 재성은 상관의 열매로서 꽃과 더불어 열매가 주렁주렁 달리는 것이다. 그 열매를 얻은 상관은 식신으로 개종(改宗)하고 풍요한 의식주를 자급자족한다. 꽃은 아름답고 소담해도 열매가 없는 무과수(無果樹)인 것이 한이던 상관이 열매를 맺게 되니 머리끝까지 치솟던 불평과 불만은 하루아침에 사라지고 훈훈한 봄바람이 화기를 몰고 온다. 같은 열매를 생산해도 상관의 과속으로 생산하니 거북이처럼 느리고 태평한 식신생재와는 달리 토끼처럼 빠르고 비약적인 발전을 가져온다. 생산을 해도 머리를 쓰고 가속화시킴으로써 길흉화복을 극대화시키는 폭발적인 촉진력을 가지고 있음으로써 성패 간에 그 결과는 크다. 대성이나 대패냐를 판가름하는 것이다. 상관이 흉신일진대 비견 겁재는 실패를 급속화 하고 극대화한다. 비견겁재는 주인과 같은 무리다. 남의 유혹과 충동 또는 동업이나 집단적인 작사(作事)로 인해서 크나큰 실패를 저지르는 것이다. 반대로 상관이 희신 일진대 비견겁재는 성공을 가속화하고 고도화한다. 이웃과 친구와 동기간의 합작 또는 지원으로 재능과 성공을 급속도로 만발시키고 천하에 이름을 떨치는 것이다.

乾命	丁未	丙午	甲午	乙亥

乙亥	甲午	丙午	丁未	乾命

 위 사주는 乙亥시에서 扶助 받아 겨우 유지하는 팔자다, 2개 받아 5개 나가니 밑 빠진 독에 물 붓기이다. 이런 경우 비견 겁재가 용신이 되므로 천군마마를 얻은 것 같다. 火가 많아 병이 된 사주여서 병을 치료하는 약이 있어야 하는 命이니 인비가 용신이 되겠다.

상관과 식신(傷官과 食神)

식신은 설기하는 것이 완만하지만 상관과 어울리면 같은 상관으로 변질해서 상관에게 박차를 가한다.

乾命	丙戌	己亥	丁未	庚戌
수	3	13	23	33	43	53	63
대운	庚子	辛丑	壬寅	癸卯	甲辰	乙巳	丙午

庚戌	丁未	己亥	丙戌	乾命

亥월의 丁화가 戌시에 태어나고 4土가 설기하니 신약한 명조이다. 다만 亥中甲木과 未中乙丁과 戌中丁화가 암장(暗藏)되고 丙화가 年干에 투출(透出)되어 허약한 사주는 아니다. 그러나 운의 적용을 잘 받는 팔자여서 기복(起伏)이 심할 것이다. 土가 병(病)이고 木이 약(藥)이 된 사주여서 이 사주는 印比가 희용신이고 食傷을 꺼린다. 초년대운이 庚子 辛丑으로 어려서는 안 좋은 운이었다.

이렇게 식상이 많아 허약한 사주는 주관이 뚜렷하지 못하고 흔들림이 많으며 운적용의 힘이 강해서 운이 불길할 때는 판단능력상실로 아차 하는 순간에 실수를 범하기도 한다. 그래서 잔머리 굴리다가 자기 꾀에 자기가 넘어가기도 한다. 분수를 지켜야지 욕심을 부리거나 잔꾀를 부리면 안 되는 팔자여서 항상 매사 정도를 지켜야 한다. 己未土가 식신이지만 年과 時支에 나타난 상관이 있어 이런 경우 己未도 상관으로 변질 된다.

상관과 상관(傷官과 傷官)

상관이 상관을 보면 기고만장하고 초고속도로 가속화함으로써 평지풍파를 일으킨다. 법을 어기거나 불의의 사고를 일으켜서 수난을 당한다.

乾命	戊辰	己未	丙戌	乙未
수	3	13	23	33	43	53	63
대운	庚子	辛丑	壬寅	癸卯	甲辰	乙巳	丙午

| 乙未 | 丙辰 | 己未 | 戊辰 | 乾命 |

<1> 식상이 혼잡 된 경우 사주

坤命	壬子	壬子	辛卯	己亥
수	2	12	22	32	42	52	62
대운	辛亥	庚戌	己酉	戊申	丁未	丙午	乙巳

| 己亥 | 辛卯 | 壬子 | 壬子 | 坤命 |

<2> 상관이 상관을 만난 사주

위 두 사주는 식상태과인데 사례1의 경우 식상이 혼잡 된 경우이고 사례2의 경우는 상관이 상관을 만난 경우인데 두 사주 모두 상관성으로 봐야 한다. 이처럼 식 상관이 많으면 통변할 때 할머니가 많다. 할머니 산소에 문제 있다. 허세 부린다. 말을 함부로 한다. 타인을 멸시한다. 남의걱정 많이 한다. 자기 앞가림도 못하면서, 반발심에 시비가 많다. 일확천금을 노린다. 재주 많은 놈 끼니 걱정한다고 돈 근심 있다 사례1의 경우 조열함이 흠이고 너무 속을 들어내려함이 결점이라면 사례2의 경우는 음습함이 흠이 되고 있어 식상과다라 해도 들어내 놓지 않고 음흉하게 감추려하는 기질이라고 하겠다.

상관과 재성(傷官과 財星)

상관은 기술로써 기술적으로 개발한 인공의 꽃이요 재성은 꽃을 파는 시장이자 열매다.

식신은 시장을 겸유하고 있음으로써 생산된 꽃이 저절로 팔리고 돈으로 열매를 맺는데 반하여 상관은 시장이 없고 공장만 있음으로써 꽃은 예술적이고 기계적으로 대량생산하나 소비가 되지 않고 돈을 벌수 없다 하니 싸구려로 방매하거나 전혀 무용지물로 휴지화할 수 밖에 없다. 그 억울함과 답답함이 정신적 체증을 조성하고 성급하고 과격한 비판의 화살로 둔갑하여 닥치는 대로 쏘아대는 것이다. 그 허기진 상관이 시장을 발견하고 상품을 대량 소화하며 큰돈을 벌게 되었으니 어찌 기쁨을 감출 수 있겠는가? 찌푸렸던 하늘이 개듯이 이마에 주름살이 활짝 피고 얼어붙었던 가슴이 봄 날씨처럼 화사하게 녹아내리니 문자 그대로 한곡에 회춘하는격이다. 상관은 인공적인 생산수단이다. 자연적인 생산의 기계화다. 그 기계화된 대량생산이 상품으로 시장에 방출되고 돈으로 교환되니 그 거래고는 막대한 것이다. 자연의 토지에서 생산되는 오곡의 상품과는 비교할 수가 없다. 그러나 천연의 자연작물인 식신은 어디서나 교환되고 유통되지만 인공의 특수작물인 상관은 가공품을 대량 거래하는 도매상인이나 국제시장에서만이 교환되고 유통된다. 그만큼 상품이 유별나고 시장 또한 유별난 것이다. 누구에게나 쓰이고 팔리는 보편적인 상품이 아니고 특수한 계통과 시장에서만이 팔리는 특이한 상품인지라 때와 장소를 가리고 특수공작을 해야만 거래할 수 있나. 때문에 상관생재는 특이한 발명품이나 기술상품을 개발하고 대량 소비할 수 있는 무역시장이나 관권이나 정치적 배경을 통한 특수 시장을 개척하는 것이 선행조건이다. 그만큼 상관은 시장을 개발하기가 어려운 반면에 일단 시장이 개척되면 대량 소비가 가능하듯이 일확천금을 할 수 있는 반면에 정상적이고 영구적인 거래는 어렵다. 왜냐하면 상관은 식신처럼 완전한 상품이 아니고 불완전한 상품이기 때문이다. 자연 그대로 팔 수 있는 완전한 상품이라면 굳이 머리를 쓰고 인위적인 가공(加工)을 할 필요성은 없다. 어디가 흠이 있는 불완전한 상품이기에 보완(補完)하는 가공이 필요한 것이다. 대자연에서 실격된 상품을 기술적으로 땜질하고 개조해서 자연그대로 모방하고 꾸며진 인공상품을 아무래도 자연의 품질과는 차이가 많다. 때문에 식신은 언제 어디서나 누구에게도 환영받고 척척 유통됨으로써 선전이나 설명 또는 수단과 요령이 필요 없는데 반하여 상관은 누구에게나 그대로 통용될 수가 없다. 순수하고 완전한 진품(眞品)이 아니고 불순하고 불완전한 인조진주이니 그 누가 선뜻 호응하고 덤비겠는가? 고개를 갸우뚱거리면서 의심하고 주저할 것은 당연하다. 그러한 고객에게 인조가공품을 팔려면 유창한 언변과 끈질긴 설득력 그리고 이것이 제일이라는 실력과 과신과 과시가 필수적이다. 그래서 상관은 말이 많고 능숙하여 자기 뜻을 관철하려는 집념과 설득력이 비범하다. 그러나 좀체 먹혀들지 않는 것이 대중이다 식신은 상품만 생산하면 아무런 설명을 하지 않고도 어디서나 척척 소비되고 유통되는데 반하여 상관은 아무리 공을 들이고 멋진 상품을 생산해도 자연 진주가 아닌 인공진주라 해서 거의 외면하고 거들떠보지 않으며 아주 헐값으로만 그것도 극소수만이 겨우 거래될 뿐이다. 때문에 식신은 언제나 소원대로 돈을 벌고 배가 부른데 반하여 상관은 무엇이든 뜻대로 되는 것이 없고 말썽만 많을 뿐 소득이 없다. 그 모든 원인이 자체의 불완전성에 있음을 말할 나위도 없다. 가공된 진주를 진짜진주처럼 우기지만 자기 주장만 내세우니 흥정이 순탄하게 진행되리가 없다. 대중과 고객은 현명한 것인데 상관은 자기만 똑똑한 양 대중을 업신여기고 거만한 자세를 부리니 모두가 외면하고 접촉을 기피한다. 그 간격을 무너뜨리고 대중과 호흡하려면 자체의 잘못부터 자각하고 반성해야 하는데 상대방에게만 양보를 강요하니 문제는 해결될 수가 없다. 머리는 면도칼처럼 예리하고 총명하면서도 자신에 대해선 너무도 모르고 어두운 것이 상관이다. 그는 하늘을 향하여 땅을 걷듯이 원리

원칙만을 고집하고 현실과 타협에 전혀 서툴다. 등잔 밑이 어둡다는 것은 바로 상관을 두고 한 격언인지도 모른다. 그 상관이 대중과 대화하고 유통될 수 있는 길은 오직 자신과 현실을 똑바로 발견하고 마음의 창문을 활짝 여는 것이다.

아래 사주의 주인공들은 부부로서 상관이 강한 명조인데 일주가 허약해서 財를 감당하기 어려운 팔자들이다. 남편은 질병관리본부가 승격 되서 질병관리청이 된 정부기관에서 박사로서 연구원으로 재직 중이고 아내는 전업주이다

乾命	甲	丙	辛	戊
	寅	子	亥	戌
수대운	1	11	21	31	41	51	61
	丁丑	戊寅	己卯	庚辰	辛巳	壬午	癸未

戊	辛	丙	甲	乾命
戌	亥	子	寅	

<1> 식상이 생재하는 사주

坤命	戊	甲	癸	壬
	午	寅	卯	戌
수대운	2	12	22	32	42	52	62
	癸丑	壬子	辛亥	庚戌	己酉	戊申	丁未

壬	癸	甲	戊	坤命
戌	卯	寅	午	

<2> 상관과 재국을 이룬 사주

위 男命은 일간 辛금이 비겁에 뿌리 내리지 못하고 인성에 의지하는 팔자로 상관 생재하지만 身이 허하여 재를 쓰는 팔자가 아니라 인비를 써야 하므로 많이 배워서 박사로 좋은 머리로 연구개발 하는 일이 천직이다. 탐욕하면 신상에 해로운 팔자이며 비록 身은 虛하지만 조화를 이룬 팔자로서 분수를 지키며 살아가면 무난한 명이요, 아내인 坤命은 싱관성이 강하면서 財局을 이루었지만 身이 虛한데 대운에서 水金 운으로 흘러 좋은 팔자가 되었다. 두부부가 성격이 급하여 부닥침은 많지만 배우자 궁이 묶이고(亥卯合) 띠 궁합이 좋고(寅午합) 오행 배열이 무난하여 정도를 지키면서 살아간다면 큰 어려움 없는 팔자가 될 것이다. <시어머니가 상담 의뢰한 사주들인데 부부가 다혈질이라 잘 싸운단다.>

상관과 정관(傷官과 正官)

상관은 천애의 고아로서 법도를 모를뿐더러 가장 싫어한다. 정관은 천하를 다스리고 보호하는 나라와 사회의 법도다. 그 상관과 정관은 물과 불의 사이다.

법도를 무시하는 상관은 정관을 거침없이 공격하고 파괴한다. 방약무인으로 질주하는 무법의 자동차가 신호등을 무시하고 자유행동하는 것은 당연한 것이 아닌가? 그러나 정관은 나라의 법도로서 정부를 가지고 있다. 개인적으로는 상관이 월등한 강자이지만 사회적으로는 정관이 압도적인 배경을 가지고 있다. 천애의 고아와 나라의 녹을 먹고 있는 교통순경의 처지는 하늘과 땅 차이이다. 천하의 무법자로 폭력을 휘두르는 상관 앞에 신호등이 지키는 교통순경이 보잘것없는 존재이기에 상관은 신호등을 무시하고 순경을 공박하였으나 결과는 화약을 지고 불속에 뛰어든 격이다. 나라와 정부는 군대와 경찰 그리고 감옥을 가지고 있다. 나라의 법도를 침범하고 정부의 수족을 발해한 무법자를 나라와 정부가 그대로 묵인하거나 용납할 리는 없다. 당장 붙잡아서 법대로 엄격히 다스리니 형벌의 수난을 겪어야한다. 우선은 정관을 내리쳐서 승리의 쾌감에 도취하였을지 모르지만 만사는 끝장이 난 것이다. 발목을 잡히고 오라에 묶여서니 꼼짝할 수가 없다. 그렇다고 순응하고 온화해질 상관이 아니다. 소리를 치고 행패를 부리며 반항하기를 서슴지 않는다. 그 대가와 결과는 형벌이 무거워지고 박해가 더해갈 뿐이며 심한즉 형장에 이슬로 사라지는 극형을 면할 수거 없다. 자유와 평화를 동시에 잃은 자유 없는 패배자가 곧 정관을 본 상관의 경우이다. 과속을 과시하는 상관과 속도를 제한하는 정관은 본시가 타협을 할 수 없는 처지다. 안하무인으로 초속도로 스피드를 자랑하는 무법의 질주자(疾走者) 앞에 갑자기 붉은 신호와 차단기가 내려지니 상관은 걷잡을 수 없이 곤두박질할 수밖에 없지 않는가? 가뜩이나 좁고 험하며 기복과 굴곡이 심한 급경사의 길에서 과속을 자랑하는 상관이 급정거를 해야 할 장애물에 갑자기 부딪쳤으니 어찌 몸을 가누고 차를 세울 수 있겠는가? 그대로 붕 떠서 벼랑에 굴러 떨어질 수밖에 없다. 그 원인은 몇 가지로 생각할 수 있다. 첫째는 평소의 부주의와 과신 그리고 방심이 사고의 원인이다. 세심한 주위와 관찰을 하고 앞을 직시(直視)했었던들 그러한 사고는 미연에 방지할 수 있지 않겠는가? 둘째는 여태까지의 길이 과속으로 달려도 될 만큼 평탄하여 그 순조로움에 도취하여 평지풍파를 일으킨 것이니 대세에 도취하여 절도와 자제를 잃고 무모하고 과격하게 오만해진 것이 사고의 원인이다. 본시 험준한 길에서 조심하기 때문에 사고가 일어나지 않는다. 평탄하고 넓은 길에서 속도를 즐기다가 절도를 잃었을 때 사고가 난다. 이를 평지풍파라고 한다. 현실에 도취하고 승자의 기분으로 여세를 과시하다가 함정에 빠지는 것이다. 사고 직전까지는 길이 평탄하고 순탄하게 고속으로 진행하다가 갑자기 급부레이크가 걸린 것이다. 셋째는 사태가 돌발적으로 발생하고 이를 불응한 것이 사고의 원인이다. 갑자기 신호등이 길을 막자 폭주하는 버릇대로 밀고 나가듯이 어떠한 장벽을 부딪쳤을 때 임기응변을 하지 않고 자기 고집대로 그대로 관철하려 하니 시비가 일어나고 사태가 악화되는 것이다. 멋지게 달리는 고속차를 갑자기 정지시키니 불만과 흥분과 노기가 치솟을 것은 당연하다. 그러나 칼을 지고 있는 법 앞에 반항하고 돌진하는 것은 자살행위와 다름없다. 벼랑 앞의 정지신호를 무시하고 돌파하였을 경우 결과는 무엇이겠는가? 첫째는 순간적인 사고로 차가 곤두박질해서 크게 부상을 당하거나 변사를 당하는 것이다. 갑자기 차가 뒤집히고 벼랑에 굴렀으니 중상이 아니면 병신 또는 죽음을 면할 수가 없다. 둘째는 법질서에 정면으로 도전하고 횡포 부리는데 대한 형벌의 봉변이다. 부상자는 반항할 여지도 없지만 부상하지 않는 자는 도리어 신호등에 반항함으로써 법의 제재를 받지 않을 수 없다. <u>직장에 있는 자는 좌천 또는 파직을 당하고 상인(常人)은 형벌을 당한다.</u> 육신 상 정관은 나를 다스리고 보호하는 합법적 관리자이니 어려서는 아버지가 되고 자라나서는 연상자와 상사가 된다. 아버지에 불순하고 연상자와 상사에 반항하니 불효가 되고 불신과 미움을 받는다. 아버지와 상사 연상자와 인연이 박함으로써 그 은총을 받기가 어렵고 설사 받는다 해도 오래가지 못한다. 아버지나 연상 또는 상사에 반항하는 것은 그만큼 머리가 총명하고 지나치게 똑똑한 나머지 시비를 즐기는 탓도 있겠지만 근본적으로 소견이 좁고 생각이 편협하며 성격이 모가 나고 예외가 없으며 하나만 알고 둘은 모르는 우물 안의 개구리요 전채를 떠난 부분적인 편견의 소치이니 무르익은 성인(成人)이 아니고 설익은 반숙의 미성인이라 하겠다. 꽤나 똑똑하고 잘난 체하며 일인자인양 우쭐대지만 그 실은 미숙한 땡감처럼 딱딱하고 숨이 통하지 않으며 이해성과 융통성이 꽉 막혀 있는 우물 안의 개구리이다.

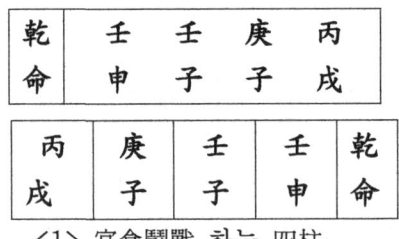

<1> 官食鬪戰 하는 四柱

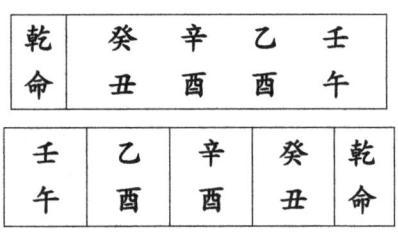

<2> 官食鬪戰 하는 四柱

사례1의 사주는 관식투전(官食鬪戰)하는 팔자다. 金水가 많은데 난방장치인 丙화는 戌토에 入墓되어서 전기가 자주 나가니 관식투전이다. 식상이 지나쳐 中和를 잃게 되면 관식투전이 되어서 남자는 데모꾼으로 고생을 많이 하고, 여자는 매 맞고 살고 누명 쓰고 질병에 이혼 당한다. 이처럼 傷官見官이면 爲禍百端이라 하여 상관이 정관을 만나면 재앙이 백가지나 온다는 것이다.

사례2의 사주는 관살과 식상이 균형을 이루지 못하고, 午화 하나로 많은 金을 제압 하지 못하니 金多火熄이다. 乙목은 辛酉金에게 이유 없이 얻어터지는데 그 이유를 알아보면 약한 午火가 辛酉강한 金을 건드려 旺神沖發 같은 상태다.

간명당시26세 여자의 사주입니다.

사주를 기록해 놓고 보니 편고 된 사주에 조화라고는 찾아볼 수 없는 험한 사주였습니다. 이런 명조를 가지고 태어난 사람은 삶도 순탄치 못하지만 더욱 불안한 것은 건강입니다.

<2023년09월25일 아침에>

1997년06월16일해시출생							木	0
坤命	丁丑	丁未	癸亥	癸亥			火	2
							土	2
수대운	6	16	26	36	46	56	66	金	0
	戊申	己酉	庚戌	辛亥	壬子	癸丑	甲寅	水	4

癸亥	癸亥	丁未	丁丑	坤命

[사주 판 읽기]

未月은 火旺節이고 년 월간에 丁火가 쌍으로 나타났으니 불길이 대단 하겠어요, 그런데 일 시주에는 쌍으로 癸亥가 연속으로 나타났으니 이런 경우를 水火相戰이라고 합니다. 천간은 丁癸가 双冲하고 지지는 丑未冲 亥未로 半合하네요, 만약 卯목을 운에서 만나면 亥卯未 木局을 형성하여 극설기(剋洩氣)시키면 수원지가 없는 癸수는 죽을 지경이 될 겁니다. 이 사주는 운에서 金을 만나면 丑土가 火氣를 설기하여 生金으로 이어지면 순해지어 만사가 순탄하지만 본 사주에서 庚戌대운 같은 운에는 크게 불리할 것이다. 그 이유는 丑戌未 三刑이 발동하면 剋水로 이어지기에 하는 말이다.

[사실관계 확인]

癸卯년 9월26일 丁亥일인데요,

수술한다하네요,

간단한 시술했는데 합병증으로 수술해야 한답니다.

[대운과 세운에 대한 해설]

申酉金大運은 일단 조화를 이룹니다. 火氣를 丑土가 설기시켜 그 기운으로 生金하게 되므로 조화로워서 무난하게 살아갈 수 있습니다. 그런데 庚戌대운은 좀 다를 것인데 그는 丑戌未 라는 刑殺에 의해 발동 되게 되는 운이고, 세운 癸卯년은 丁癸冲이고 卯木은 亥卯未로 三合되면 木星이 강해지기도 하지만 亥水가 묶이면 癸水는 뜬 물이고 乾水가 되어 맥을 못 춘답니다. 이것이 신상의 이변이지요.

그런데
금년도 문제지만 甲辰년을 만나면 傷官見官운으로
爲禍百端이라 했으니 백가지 재앙이 끝없이 발생한다, 라고 봤을 때 어떤 일들이 벌어질까?
상관이라는 점을 예의주시 할 필요가 있다.
위 癸水일주는 젊은 사람이므로 직장이나 직업적인 변화 변동을 예고해야 할 것이다.
그리고 건강도 문제될 수 있다고 봐야한다.

을사(乙巳)년의 운세를 물어오셨어요,
甲辰년에 송사 발생했다하네요.
四柱는 不如大運에 해당되는 八字입니다.

坤命	甲辰	丁卯	癸酉	乙卯	4	木
					1	火
					1	土
수	07	17	27	37	47	57	67
대운	丙寅	乙丑	甲子	癸亥	壬戌	辛酉	庚申

(오른쪽 칸: 1 金 / 1 水)

| 乙卯 | 癸酉 | 丁卯 | 甲辰 | 坤命 |

본 명조는 식상이 과다해서 편고 된 사주지만 사주명조에서도 기(氣)흐름이 좋고 대운이 기가 막히게 잘 흘러서 최고의 삶을 살 수 있지만 운이 안 좋을 때에는 문제가 반드시 발생 합니다.

예를 들자면

甲辰년 같은 해에는 최악의 해입니다.

왜인지 안세요,? 사주원국에서 식상관이 병인데 사주명조에서 상관견관(傷官見官)하지만 직격으로 연결 되어 있지 않아 이런 경우 잠재된 기운인데 甲辰년을 만나면 상관견관이 운에서 만나 중첩되어 크게 문제가 발생한답니다. 이 사주 돈 버는 기술자이고 머리회전이 빨라 잘못하면 범법도 무시하고 저지르고 돈이 된다면 법을 무시할 수도 있는 성정이라 항상 정도로 살라고 조언해야 합니다.

乙巳년운세는 어떨는지 살펴보겠습니다.

乙巳년이 되면 巳酉합 辰酉합 金으로 화(化)하면 金氣가 강해져서 상관 木이 순한 양으로 변하면서 매사가 잘 풀리게 되지만 金多火熄의 현상으로 돈은 좀 나갈 수 있답니다. 辛酉대운은 각별히 조심하는 것이 좋고 庚申대운으로 넘어가면 매우 좋습니다. 월별 운세흐름으로 보면 양력 4월부터 좀 좋아져서 壬癸월인 6,7월도 좋고 8월 달쯤이면 반가운 소식 있을 겁니다.

| 坤命 | 癸酉 | 乙卯 | 辛亥 | 己亥 | 己亥 | 辛亥 | 乙卯 | 癸酉 | 坤命 |

위 사주는 일시지에 상관 亥수를 쌍으로 놓았네요,
정관이 원국에 없지만 운에서 정관 운을 만날 때 각별히 조심해야 합니다. 운에서 만나는 傷官見官도 매우 불리하거든요, 정인이 없는 경우는 더욱 심하고요. 본명도 젊은 여성인데 乙巳년에 부동산 전세 건으로 송사 관재구설이 왔다하네요, 乙辛충 巳亥沖도 되지만 운에서 傷官見官 운이거든요,

상관과 칠살(傷官과 七殺)

<u>상관이 무법의 폭주자라면 칠살은 무법의 맹호다.
법을 지키는 정관에겐 속도위반하는 상관이 골치 아픈 무법자로서
언제나 말썽이고 형벌의 대상이지만 천하를 휩쓰는 무법의 횡포자
에겐 화살처럼 폭주(暴走)하는 상관이 안성맞춤이다. 뛰는 놈 위에
나는 놈 격으로 상관은 맹호의 칠살을 잡아 다스리는 데는 천하일
품이다.</u> 그래서 무법의 왕초인 칠살은 상관을 만나면 꼼짝을 못하
고 순응하는 동시에 아버지와 남편으로 섬기고 공경한다. 평소엔
속도위반의 무법자로 천하의 미움을 받던 상관이지만 군주가 다스
리지 못하는 칠살을 재빠르고 감쪽같이 붙잡아 다스리고 법 앞에
굴복시키니 군주의 기쁨과 치하는 극진이다. 후한 상을 내리고 훈
장과 벼슬을 베푸니 상관은 하루아침에 나라의 권좌에 오른 충신이
자 공신으로서 만인 위에 군림한다. 상관은 벼슬아치인 정관을 괴
롭히는 무법자이지만 칠살은 군왕인 일주를 괴롭히는 무법자다. 같
은 무법자이면서 상관이 군왕의 훈장과 벼슬을 얻게 된 까닭은 무
엇인가? 칠살은 천하를 짓밟는 폭군이다. 폭군은 백성의 적이요 나
라의 암이다. 나라와 백성과 왕관을 박해하는 무법자 칠살은 왕권
을 노리는 적장이자 역적이다. 그 적장과 역적을 소탕하고 산 채로
사로잡아서 군왕 앞에 무릎을 꿇리고 충신으로 전향시켰으니 상관
이야 말로 위기에 직면한 나라와 왕권을 구제하고 바로잡은 구국호
권의 일등공신이다. 상관이 아니고는 누구도 할 수 없는 용감하고
슬기로운 수훈을 세웠으니 어찌 훈장과 벼슬을 아끼겠는가? 군왕은
그에게 구국공신으로서 나라의 적을 무찌르는 사법권 또는 감찰권
을 수여하기를 서슴지 않는다. 그것은 속도위반으로 벼슬아치에 쫓
기던 무법자가 나라를 좀먹는 대적(大敵)을 우연히 적발하여 군왕
에게 진상하고 하루아침에 벼락출세를 한 것이니 도적이 강도를 잡
아서 이름을 떨친 것과 무엇이 다르겠는가? 그만큼 상관은 머리가
비범하고 비호같으며 그가 횃불을 들고 찾는 부정과 불의를 만나면

병아리를 발견한 독수리처럼 날개를 펴고 천하에 이름을 떨친다. 그리고 보면 상관은 본시가 법을 어기는 무법자는 아니다. 도리어 법을 어긴 자를 찾고 있는 호법자다. 불법과 부정과 불의를 응징하는 수법이 과격하고 가혹한지라 천하의 미움과 비방을 받고 직권남용과 월권행위로 도리어 법의 심판을 받는 것이다. 그 면도날 같은 냉혈의 과격파가 평화 시나 평범 사회에선 용납될 수가 없다. 좌충우돌로 부딪히고 밀려 날 수밖에 없다. 그러나 나라의 기틀을 어지럽히는 큰 적이 나타나서 칼을 휘두르는 일단 유사시엔 비호처럼 두각을 나타내는 절호의 기회다. 벼슬아치들은 약한 백성을 다스리는 데는 명수지만 권력을 휘두르는 고관대작 앞엔 고양이 쥐다. 권좌에 오른 자들이 왕의 신임을 빙자하여 나라를 좀먹고 왕권을 협잡하지만 벼슬아치들은 감히 규탄할 수가 없다. 자칫하다간 내목이 떨어지고 생명을 부지할 수가 없기 때문이다. 그러나 상관은 두려움과 에누리가 없다. 체면을 다지고 인정을 가리거나 주저하고 망설이는 법이 없다. 부정과 불법과 불의를 보면 총알처럼 공격하고 파헤친다. 문무백관이 눈치만 보고 수수방관하는 나라의 대도(大盜)와 대적을 단칼에 무찌르고 이실직고하니 산천이 떨 수밖에 없다. 그와 같이 상관은 고관대작의 비위를 파헤치고 무찌르는 감찰이나 암행어사 또는 사정(司正)업무에 능통하고 적성이며 칼을 잡은 권좌의 오른팔로서 역모를 감시하고 적발하는 눈과 귀와 입의 역할을 하는데 비범한 수완과 역량이 있다. 천하의 권세를 휘두르는 호랑이를 사로잡아서 고양이가 생쥐 다루듯 추상같이 다스리는 상관의 권위와 위풍은 왕관에 버금가는 2인자 또는 그 이상일 수도 있다. 천하의 맹수를 자유자제로 소탕하는 칼을 뺀 상관이 어찌 천하의 대권인들 잡을 수 없겠는가? 그러나 칼로 흥한 자는 칼로 망한다고 상관의 칼날이 이슬처럼 녹아서 도리어 칠살을 살찌우는 재성을 만나면 칼을 빼앗긴 포도대장처럼 도적의 칼에 횡사하는 이변을 당한다. 사회적으로는 식신은 자연의 질서인 도덕과 윤리에 해당하고 상관은 인위적 강제질서인 법과 형벌에 해당한다. 도덕과 윤리는 인정과 아량과 관용이 허용되지만 법은 만인 앞에 평등함으로써 인정과 눈물이 용납되지 못한다. 누구든 범법자는 법에 의해서 형벌을 받아야 한다. 아버지라고 해서 에누리하고 상사라고 해서 동정할 수는 없다. 아버지와 상사를 재판하는 아들과 부하를 세상은 인정도 눈물도 없는 냉혈동물이라고 비방하듯이 법과 형벌을 먹고사는 상관은 처음부터 옳고 그른 시비와 경오만을 따지고 원리원칙만을 고수한다. 만사에 비판적이고 사리 본위로 냉정하며 한 치의 양보나 에누리도 없다. 천부적인 법의 체질을 타고난 그에겐 부정과 인정과는 처음부터 상극된 비정(非情)의 인생인지도 모른다. 인정과 도덕은 만인을 따르지만 법과 규제는 만인이 두려워하듯이 식신은 누구에게나 호감을 사는데 반하여 상관은 어디서나 모가 나고 외롭다. 그는 법과 사리에는 비범하지만 현실과 세상물정엔 어둡고 좁은 것이다. 눈에는 눈으로 보복하는 것이 법의 원칙이듯이 상관은 죄를 형벌할 뿐 용서할 줄은 모른다. 그의 눈엔 세상과 만인이 죄인과 적으로 보일뿐 인간과 인정은 생각할 수 없다. 그에겐 큼직한 국사범을 잡는 것이 유일한 꿈이요 출세의 길이다. 그 포도대장 앞에 호랑이 같은 대역자로 나타난 것이 칠살이다. 천하의 포수가 호랑이를 발견한 듯이 칠살을 본 상관은 눈이 번쩍 빛나면서 천근의 보도를 빼어들고 일약 출세의 고가도로를 질주하는 것이다. 상관이 강제적인 법과 규제라는 것을 명심하면 정관과 칠살의 관계는 더욱 뚜렷이 살필 수 있다. 정관은 군자요 칠살은 권력자다. 군자는 윤리도덕을 즐기고 강제적인 법을 싫어하는데 반하여 권력자는 강제적 지배법칙을 즐기고 자연적인 윤리도덕을 싫어한다. 왜냐하면 윤리도덕은 성인군자가 만들어낸 자연 질서인데 반하여 법은 권력자가 백성을 지배하기 위해서 만든 강제질서이기 때문이다. 군자에게 강제적 법을 적용할 때 군자가 반발하고 불복할 것은 당연하다. 그렇다고 법은 허용할 리는 없다. 끝내 군자를 강제로 다스리니 군자는 망신을 당하고 자유를 잃으며 궁지에 빠지고 심한 고통을 겪는다. 정신적 타격과 물질적 손실이 막대하다. 그렇다고 군자가 뜻과 절개를 굽힐 수는 없다. 끝까지 반항하는 군자에게 치명적인 손상이자 굴욕이며 본의 아닌 강제적 박해다. 이와는 달리 칠살과 상관은 불가분의 표리적 관계다. 권력 없는 법은 휴지이듯이 법질서 없는 권력은 존재할 수 없다. 양자는 서로 의지하고 애지중지 하며 야합한다. 그래서 상관과 칠살은 부부로서 다정하고 화목하며 하나의 가정을 형성한다. 이는 상관이 정관을 극하여 법의 심판을 받는 것이 아니고 도리어 상관의 압력과 강제에 의해서 정관이 만신창이가 되는 것과 똑같이 상관이 칠살을 무찔려서 일등공신이 되는 것이 아니고 도리어 상관이 칠살의 권력에 야합해서 천하의 권세를 잡고 부귀영화를 누리는 합동작전으로 보는 것이 보다 합리적이고 현실적이다. 그러기에 상관은 권세를 탐하고 사람위에 군림해서 칼을 휘두르는 것을 즐긴다.

상관과 인수(傷官과 印綬)

상관은 사람을 강제하고 인성은 사람을 교화하고 자유화하는 덕이다.

사람을 떨게 하는 추위와 강풍이 아무리 사납게 휘몰아쳐도 따사로운 태양 앞엔 너무도 무력하다. 칼은 사람의 몸을 지배할 수 있어도 마음을 지배할 수는 없다. 인수는 상관의 칠살로서 인수를 본 상관은 고양이 앞에 쥐처럼 순종하는 동시에 인수의 교화에 의해서 강제의 법으로부터 자연의 도덕으로 전향한다. 상관이 식신으로 개과천선하는 것이다. 상관의 기질이 해소되고 인수의 덕성을 기르며 식신처럼 원만한 성격으로 돌아감에 따라 파란 많은 풍파는 사라지고 잔잔한 평화를 누린다. 인수는 자비하고 베풀기를 즐기며 온갖 힘을 길러준다. 상관은 과대한 지출과 과속한 소모를 일삼음으로써 건강을 유지하기가 어렵다. 인수는 그 지나친 속도를 완화시키는 한편 풍부한 힘을 공급하니 일거양득이다. 힘이 충만하면 능률도 커지니 보다 유능한 인재로 두각을 나타낼 수 있다. 상관을 떠나서 인수를 택하니 어버이와 같은 귀인의 신임을 얻고 윗사람을 섬기는 한편 많은 사람에게 덕성을 기르고 은혜를 베푸는 교화분야에서 이름을 떨치게 된다. 그러나 인수보다 상관이 강한 경우에 인수의 영양은 크게 감퇴되고 상관의 기질과 본성그대로 고수한다. 왜냐하면 <u>육신은 형식적인 상하의 체통보다도 중량과 힘의 우열로써 실질적인 체통을 유지하기 때문이다.</u> 인수가 왕성하면 상관이 순응하지만 상관이 왕성하면 인수의 지배를 받지 않는다. 상관은 버릇없이 달리는 과속의 질주자인데 반하여 인수는 철없는 어린이의 손목을 잡고 인도하는 브레이크를 가지고 있다. 신왕하고 상관이 허약하다면 차량은 거대하나 바퀴가 약하고 둔해서 제대로 굴러가지 못하는 것이다. 이럴 땐 무력한 상관을 기르고 강화시키는 비견겁재나 상관의 왕지를 만나는 것이 급선무다. 가뜩이나 빈약한 바퀴로서 소걸음처럼 기어가는 차량에 강한 브레이크를 걸어서 바퀴를 둔화시킨다는 것은 발병 난 말에 쇠사슬을 묶는 것과 똑같다. 때문에 <u>신왕하고 상관이 허약한 자는 인수를 가장 싫어하는 동시에 만약에 인성을 보는 경우엔 절룩거리는 말에 매질을 내리치듯이 그대로 곤두박질을 하고 꼼짝을 못하며 만사가 와해되고 침체된다.</u> 그 말을 다시 움직이게 하려면 무거움 짐을 풀고 병원으로 입원시켜야 하니 막대한 손해와 시일을 허송하지 않을 수 없다. 반대로 상관이 왕성하고 신약한 경우엔 인수가 구세주 노릇한다. 차량은 빈약한데 과속으로 달리듯이 병든 말이 언덕내리막길을 굴러 내리니 숨이 가빠 미구에 쓰러질 것만 같다. 이때에 고삐를 잡아 속도를 늦추고 먹이와 휴식을 주면 말은 다시 생기를 얻어서 기운을 차린다. 그와 같이 신약하고 상관이 왕성한데 인수를 보면 허기지고 숨 가쁜 어린이가 자비로운 부처님을 만난 듯이 보약과 풍부한 의식주를 공급받는 동시에 브레이크로 속도를 크게 제한하고 알맞게 달림으로써 건강을 회복하고 능률을 올릴 수 있다. 상관이 튼튼한 자는 다리가 튼튼하고 스피드에 능함으로써 힘만 있으면 얼마든지 달릴 수 있다. 그가 원하는 원동력이 인수이니 인수를 얻으면 능률을 고속화하고 극대화함으로써 소원을 성취할 수 있다. 대자대비한 인수의 교화에 상관의 기질을 탈피하고 착한 일을 서두르니 만사가 형통하다.

乾命	甲辰	辛未	丁卯	壬寅
수	7	17	27	37	47	57	67
대운	壬申	癸酉	甲戌	乙亥	丙子	丁丑	戊寅

| 壬寅 | 丁卯 | 辛未 | 甲辰 | 乾命 |

<印綬 太旺한 八字>

위 사주의 주인공은 강원도 봉평에서 인테리업을 하는 사람인데 막히고 답답한 일이 자주 발생 한다고 합니다.

원인은 印綬太旺한 사주라서 식상으로 설기 시켜야 하는데 辰未 식상 土가 無力함이 원인이다. 辰土傷官은 정인 甲木이 剋土하고 未土는 辛金에 설기 당함이 그 이유이다. 식상이 살아나려면 財星이 강하거나 재성 운을 만나야 하는데 청년기에 이미 제성 운은 지나갔고 官殺 운이라서 官生印으로 운이 안 좋아서 막히고 답답한 일이 발생 하게 되는 것이다. 이사람 배우자 인연도 없어 본처와는 이혼하고 다른 여자 만나 동거는 하는데 떠돌이 같이 살아간다. 그 이유는 財印이 鬪戰 하는 명에 卯未合去 배우자 궁도 안 좋아서 이다.

상관과 편인(傷官과 偏印)

　　상관은 인공적인 생산수단이요 편인은 인공적인 의식주다. 가공공장에서 생산된 가공식품이니 그 아버지에 그 아들이요 천생연분이다. 그래서 상관과 편인은 정식부부를 맺고 다정하며 화목하다. 상관은 천애의 고아로서 알몸뚱이를 타고난 것뿐이다. 하늘과 땅은 넓지만 그가 의지할 곳은 아무것도 없다. 자연의 혜택을 전혀 누리지 못한 상관은 인위적인 의식주를 구해야한다. 마치 어머니를 잃은 고아가 유모나 우유를 구하듯이 그 외로운 고아 앞에 나타난 유모가 바로 편인이다. 그에겐 자녀가 없다. 인위적으로 자식을 구해야 한다. 그 홀어머니에게 나타난 것이 상관이다. 상관은 편인을 어머니로 삼고 그에 의지함을 기뻐한다. 그래서 편인은 상관을 보호하는 정관으로서 아버지 겸 남편역할을 한다. 다정한 아버지를 찾은 고아는 편굴했던 고아의 기질을 씻고 순진하고 온후한 인생으로 교화되듯이 군자의 남편을 얻은 그늘진 여인은 과거의 상처를 씻고 밝고 명랑한 주부로 새 출발한다. 타고난 개성을 신진대사 하듯이 편인과 상관은 서로 개과천성하고 전향하여 인수와 식신으로 개종하고 군주를 위해서 충성을 다하니 전화위복이다. <u>그와 같이 상관이 편인을 보면 서로가 개과천선하고 온화해지는 동시에 생기를 얻고 활기를 띤다.</u> 본시 상관은 머리가 좋고 편인은 눈치가 빠르다. 머리가 비상한 상관은 눈치가 비범한 편인이 아니고는 다룰 수 없듯이 눈치 빠른 편인은 머리 빠른 상관이 아니고는 감당할 수 없다. 서로가 눈치와 재치를 먹고 살아가는 불우한 처지인지라 그들은 쉽게 친하고 서로 동정하며 의지할 수 있다. 천하의 눈치와 재치가 하나로 뭉쳤으니 그 비범한 수단과 능률은 주인공을 천하일품으로 출세시키고도 남음이 있다. 상관은 편인을 다 같이 하늘과 자연의 복이 없다. 부모와 형제 등 육친이 박하고 정상적인 자연의 섭리를 온전히 누릴 수가 없다. 하나에서 열까지 모두 자기 힘으로 눈치와 재치로 개척하고 성장하며 발전해야 한다. 만인의 눈치와 인기에 영합하고 천하의 재치로써 만사를 요리해야 하니 대중의 힘을 움직이는 정치를 비롯해서 예술, 종교, 언론 등에 천재적 소질과 두각을 나타낼 수 있다. 인공적인 가공생산에도 뛰어난 재능을 가지고 있으니 새로운 발명이나 가공기술 업에도 비범한 능률을 발휘할 수 있으나 의식주에는 서로가 인연이 박함으로써 경제적 출세는 힘겨운 욕망이다. 편안하고 호의호식 한다는 것은 번지가 먼 꿈으로서 항상 바쁘게 눈치와 재치를 구사해야 한다. 천애의 고아로서 떠돌던 한 쌍의 남녀가 짝을 맺고 가정을 이루니 어떠한 고생도 극복할 수 있는 저력과 용기가 충만한지라 그들에 의지하는 주인공은 만남을 극복하고 출세하며 소원성취 한다.

상관의 통변(傷官의 通變)

1. 정관이 없고 상관이 많으면 관골(광대뼈)이 높고 눈썹이 거칠며 눈빛이 예리하고 재능(才藝)가 비범하고 가무(歌舞)를 즐긴다.
2. 상관은 정관이 있으면 재난이 빈번하나 관성이 없으면 재난은 없다.
3. 상관이 많으면 단명하고 거듭 상관을 만나면 크나큰 재난을 겪는다.
4. 신왕하고 상관이 많으면 종교, 예술가, 음악가로서 천재적 소질을 가짐으로써 그 방면에서 크게 출세를 할 수 있다.
5. 신약하고 상관이 있으며 병든 말이 달리는 격인데 거듭 상관을 만나면 평지풍파를 일으키고 가정에도 풍파가 끓이지 않는다.
6. 상관이 있고 인수가 없으면 이욕(利慾)이 많고 상관이 있고 재성이 없으면 기교(技巧)는 있으나 가난하다.
7. 상관이 겁재를 보면 재물을 위주로 처를 얻으며 마음이 비뚤고 버릇이 없는 무뢰한이다.
8. 상관이 있고 관성이 없으면 신 왕지나 반드시 발복한다.
9. 상관이 三합을 이루거나 양인, 겁재를 만나면 조상의 이름을 더럽힌다.
10. 상관이 진진하고 재성이 없으면 재치와 예술이 뛰어나고 기민하나 거만하고 음험(陰險)하다. 모사를 즐기고 능하나 한 가지도 성사되기 어렵고 가난도 면하기 힘들다.
11. 상관 운에는 구설이 많고 질병과 관재 또는 손재 등 횡재(橫災)가 많고 남자는 극자(剋子)하고 여자는 극부(剋夫) 또는 파연(破緣)한다.
12. 상관운에 관성을 보면 만사가 일장춘몽이요, 자칫하 유명을 달리한다. <傷官見官 운이라 한다.>
13. 상관이 관성을 보고 다시 세운에서 관성을 거듭 만나면 반드시 변고가 있다. 질병이 발생하고 만일 형충파해가 겹치고 심한즉

악사하다.

14. 상관이 있고 관성이 없는데 관운을 만나면 안질이나 재난이 발생한다.

15. 신왕하고 재성(財盛)하면 인강(印强)한데 상관을 보면 극귀(極貴)한다.

16. 월지상관(眞傷官)이상관운에 들면 반드시 망하고 천간상관에 가면 도리어 발신한다.

17. 연간지에 모두 상관이면 고질이 있고 단명하며 부(富)해도 오래가지 못하고 만년에 고생이 많다.

18. 연월에 상관이 거듭 있고 겁재가 있으면 가난하고 천한가문에서 출생하고 평생 고생한다.

19. 연과 시에 상관이 있으면 남녀가 극자하고 일지에 상관이 있으면 처자가 온전치 못하며 뜻은 높은데 있으나 기예와 재능이 없고 성급 단견(短見)하며 말이 교묘하고 거짓을 잘하며 처첩 때문에 수난을 겪는다.

20. 일지에 상관이 있고 시지에 재성이 있으면 소년에 출세한다.

21. 시에 자식에 있으면 자식이 완고하고 어리석으며 후사를 잇기가 어렵다.

22. 연과 일지에 상관이 있고 세운에 거듭 상관을 보면 얼굴에 부상을 당하며 일지에 상관이 세운에서 상관을 다시 만나도 그와 똑같다.

23. 상관이 관성을 보거나 관살이 혼잡하면 호색하고 다음하다.

24. 일지에 상관과 겁재가 있으면 먼저 부하고 뒤에 가난하다.

25. 간지가 모두 상관인 경우 연에 있으면 단명하고 부함이짧으며 월에 있으면 형제로부터 버림받고 부부이별하며 시에 있으면 자식을 잃고 만년이 반복하다.

26. 상관이 양인과 같이 있으면 노비(奴婢)가 되고 사와 같이 있으면 우유부단하며 질투가 강하고 부모를 극한다.

27. 상관이 편인과 같이 있으면 남편과 자식을 극한다.

28. 여자가 상관이 관성을 보면 극부 하고 혹 정부(情夫)를 갖게 된다.
29. 여자가 상관이 태왕하고 재성이 없으며 중혼(重婚)하고 식신과 편인이 같이 나타나면 자식을 잃고 남편 또한 망한다.
30. 여자가 연에 상관이 있으면 산액이 있고 단명하며 일지 에 양인(丙午日)이 있으면 남편이 반드시 악사 한다.
31. 여자가 상관이 많으면 혼담에 반드시 곡절과 장애가 있고 부부간의 생리사별의 슬픔이 있으나 공망이면 해소된다.
32. 상관과 정관, 식신과 정재 등이 혼합되면 반드시 색정과 질투가 심하고 탐욕 또한 한이 없는 어리석은 위인이다.
34. 상관이 중중하면 신이 태약 하니 관이와도 무기력함으로써 별 탈이 없다.
35. 상관이 칠살을 보면 도리어 공을 세우고 권세를 잡는다. 36. 상관은 재성을 기뻐하나 인성을 쓰는 경우엔 도리어 재성을 두려워 한다.
37. 상관이 인성을 쓰면 장수하고 재성을 쓰면 부를 누린다. 겁재는 멀리해야 한다.
38. 甲日생이 상관이 있고 寅午가 있으면 명리(名利)를 떨친다. 재관운을 두려워하고 戌운엔 생명이 위험하다.
39. 乙일생이 상관이 있으면 재운을 기뻐한다. 만사가 호전된다. 水가 많으면 질색이다.
40. 丙일생이 상관이 있으면 재왕을 기뻐한다. 복덕을 누린다. 水운을 두려워하며 水운에 만사가 허사다.
41. 丁일생이 상관이 있으면 칠살운 이나 인성 운에 반드시 발복한다. 기민하나 거만한 것이 흠이다.
42. 戊일생이 상관이 있으면 재운을 기뻐하고 金木운을 가장 싫어한다.
43. 己일생이 상관이 있을 경우 신왕하고 상관이 경하면 재운을 기뻐하고 관살 운에는 화를 만나는 동시에 명리(名利)가 뜬구름 같

다.

44. 庚일생이 상관이 있으면 정관을 기뻐한다. 관살 운엔 도리어 발신하고 재성을 기뻐한다.
45. 辛일생이 상관이 있고 申子辰水局을 이루면 상관상진이라해서 도리어 귀명(貴名)이 되고 인성을 기뻐한다.
46. 壬일생이 상관이 있으면 木운을 두려워하고 관살 운엔 재난과 원한이 발생한다. 재왕하여 생관 하면 크게 발신한다.
47. 癸일생이 상관이 있으면 관성을 두려워하고 관살을 싫어하며 만일 관살이 있고 재운으로 향하면 재난이 겹치고 크게 실패한다.
48. 양상관이 묘에 이르면 수명이 위태롭고 음상관이 묘에이르면 질병이 발생한다.
49. 상관과 편인이 같이 나타나며 자식이 객사하거나 겁쟁이나 어리석다.

財 星 篇
財星은 才能과 欲望의 샘이다.

재성은 의식주를 생산하는 기본수단이다.
생산수단은 오곡을 생산하는 농토나 고기를 생산하는 어장(漁場)과 어선을 비롯해서 사냥하는 총포, 과실을 생산하는 과수원, 돈을 버는 직장과 시장, 기술과 문학, 예술, 음악 등 의식주를 마련하는 수단의 일체를 말한다. 인간은 나면서부터 먹어야 살기 때문에 생산수단은 인간의 기본조건이다. 이를 얻는 자는 살고 잃은 자는 죽는다. 인간이 주장하는 자유와 평등은 바로 생존의 기본조건인 생산수단은 자연적인 것과 인공적인 것 그리고 자기 소유인 사유물과 남의 소유인 타유물의 두 가지가 있다. 자연적이고 자기소유인 사유생산수단은 정당하고 합법적인 재산이라고 해서 정재라 하고 인공적이고 타인의 생산수단은 부당하고 상술적인 재산이라 해서 편재라고 한다. 자연적인 생산수단은 농토와 광산 등 고정된 부동산이 주체가 되고 인공적인 생산수단은 시장과 상품 등 유통적인 동산이 주체가 된다. 농장이나 목장 어장을 중심으로 정착하는 농업 목축업 어업 등을 비롯해서 고정된 직장이나 생산업 또는 자기소유의 생산수단을 통한 생산업은 모두가 정재에 해당하는데 반하여 시장이나 투기장을 중심으로 유동하는 상업이나 금융업 또는 타인의 생산수단을 이용하는 임대업이나 고용 업은 모두가 편재에 해당한다. 자기소유의 부동산이나 생산업 또는 합법적인 고정 직업을 가진 정재는 의식주가 풍족할뿐더러 마음이 안정되고 너그러우며 재물을 아끼고 늘리려는 절약과 검소 그리고 성실과 근면성이 철저하다. 한 푼이라도 헛되이 쓰지 않고 알뜰히 관리하고 한 알이라도 더 증산하려는 생산의욕이 대단하다. 모든 것이 경제적이고 실리적이며 현실적이고 타산적이며 생산적이고 의욕적이다. 벌기를 좋아하고 쓰기를 싫어하는 구두쇠지만 인정이 있고 관용과 도량이 넓어서 자기 도리를 다한다. 자유와 권리를 가짐으로써 자주독립심이 강하고 경제관념과 경영능력이 비범하다. 무엇을 하든 장기적인 안목과 고정된 안정을 지표로 하여 단계적이고 계획성 있는 설계를 주도 치밀하게 세우고 시종일관하여 추진하고 관철하며 투기업 같은 불안정하고 비생산적인 것은 멀리하고 착실하고 안정된 투자만을 한다. 자기자본에 의한 독립적인 생산업을 하려면 많은 종업원을 거느리고 협동적인 생활을 해야 한다. 그러나 자본이 풍부하고 충분한 대가를 지불하는 만큼 훌륭한 인재를 등용할 수 있고 그 유능한 인력과 자본과 경영의 합리화로 부를 조정한다. 천부적인 생산수단을 타고난 정재는 어려서부터 재물이 풍성하고 일생을 통해서 의식주를 풍부히 누린다. 편재는 그러한 천부의 생산수단을 갖지 못하고 있다. 알몸으로 태어나서 모든 것을 자기 힘으로 인공적으로 생산해야 한다. 남의 땅 남의 자본 남의 생산수단을 빌리고 융통해서 생산을 하려면 첫째 사교성이 능하고 신용이 풍부하며 수단과 요령이 비범해야 한다. 하늘은 자연적인 생산수단 대신 인위적인 융통수단을 부여함으로써 편재는 나면서부터 머리가 비범하고 장사하는 수단과 재능이 뛰어난 것이다. 정재는 타고난 물질과 자본이 풍부함으로써 자기 본위로 행동하는 데 반하여 편재는 빈손과 머리만을 가지고 살아야 함으로써 자기의 뜻과는 달리 타의와 타인 본위로 행동해야한다. 물주의 뜻에 따라서 행동하고 보비위를 멋지게 해야만 남의 생산수단을 융통하고 이용할 수 있다. 만의 하나라도 수완이 부족하거나 불신을 당하면 만사는 끝장이다. 융통이 중단되면 생산은 불가능하고 생산이 중단되면 의식주가 파산됨으로써 알몸으로 살아갈 수 없다. 그렇다고 덮어놓고 융통하는 것은 아니다. 보다 간편하고 유리한 조건을 물색해서 보다 빠르고 발이 넓으며 관찰과 판단력이 민첩해야 한다. 편재의 일과는 보다 많은 자본을 보다 유리한 조건으로 융통하는 동시에 보다 많은 이익을 생산하는 시장을 개척하는 것이다. 이해관계에 기민하게 발휘함으로써 이익의 극대화를 도모하는 것이 편재요 능사요 본분이다. 때문에 편재는 돈을 벌기위해선 수단과 방법을 가리지 않는다. 모든 것은 타산적이고 실리적이다. 타산이 맞는 것이면 아낌없이 미끼를 던진다. 편재가 쓰는 돈은 하나같이 돈을 벌기 위한 미끼요 수단이다. 겉으로 볼 때 그는 돈 잘 쓰고 인심 좋은 멋진 인생이지만 속은 딴판이다. 이해상관이 없거나 타산이 맞지 않는 일엔 한 푼도 쓰지 않는다. 그에겐 인정이나 인심을 베풀 수 있는 물질이나 여유가 없다. 빈손으로 돈을 벌어야 하는 그에겐 돈만이 생활과 인생의 전부다. 그는 이 세상에 모든 것을 융통하고 이용해야 한다. 일확천금을 노리는 편재는 기회를 찾기에 혈안이다. 기회만 잡으면 민첩하고 과감하게 뛰어든다. 이윤이 가장 큰 것은 투기다. 그래서 편재는 투기를 즐기고 투기에 능하다. 어차피 남의 돈을 이용할 바엔 하루아침에 벼락 돈을 벌자는 것이다. 투기로 흥하고 투기로 망하는 것이 편재다. 천하의 재능과 수단을 자유자재로 발휘하는 편재가 돈을 벌고 재물을 조성할 것은 의당 지사다. 비록 타고난 돈은 없지만 벌 수 있는 수단은 비범하니 공돈을 손쉽게 벌 수 있다. 밑천 없이 공돈을 벌자면 공돈을 써야한다. 교제비를 물 쓰듯 하고 이자를 주어야 하며 사례를 할 줄 알아야한다. 기분 내고 인심 좋고 돈 잘 쓰고 이자 잘 주고 사리에 밝은지라 세상 물주들은 알몸뿐인 편재에게 너도나도 돈뭉치를 빌려주는 것이다. 사교에 능하려면 술과 여자를 잘 다뤄야 한다. 돈 잘 쓰는 편재에 술집과 여자가 따를 것은 불문가지다. 어딜 가나 멋진 인생으로 알려진 편재는 비록 자기 자본 자기 처는 없지만 천하의 자본과 여인을 모두 자기 것처럼 멋지게 이용한다. 겉으로 볼 땐 편재는 천하일품의 인생이다. 그러나 속은 전혀 다르다. 정재는 자기 돈 가지고 사업을 하니 교제비나 이자를 쓰지 않음으로써 이득 전체가 고스란히 수입이 되지만 편재는 남의 돈을 가지고 사업함으로써 교제비와 이자를 공제하고 나면 이득의 몇 분지 일이 소득으로 떨어질 뿐이다. 그러나 관록과 더불어 융통하는 자본이 커지고 투자의 시장이 눈사람처럼 확대됨에 따라서 소득 또한 극대화하여 마침내 천하의 거부 내지 갑부로 출세한다. 정재는 자기 자본만이 활용함으로서 실패는 적으나 큰 부자

되기는 어려운데 반하여 편재는 천하의 자본을 동원하고 이용함으로써 일약 거부로 둔갑할 수 있는 것이다. 그렇다고 자기자본이 형성된 것은 아니다. 모든 것은 남의 자본으로 꾸며진 융통의 호화선으로서 관리하고 이용하는 자유와 권리가 있을 뿐이다. 솜씨가 비범하고 이자를 잘 주며 신용이 두터운지라 천하의 돈을 동원할 수 있고 지상 최대의 기업을 형성하고 있지만 물주는 따로 있다. 본전을 청산하면 기업은 하루아침에 무너지고 빈털터리다. 관리와 경영의 일인자로서 업계를 누비고 있는 편재는 그가 살아 있는 동안 그리고 신용을 유지하는 동안은 대기업의 두목으로서 갑부행세를 할 수 있지만 만에 하나라도 신용을 잃거나 죽거나 하면 편재의 호화선은 깨지고 물거품처럼 사라진다. 정재는 날 때부터 자기 자본을 가지고 있고 또 죽을 때도 자기재산을 남기고 갈 수 있지만 편재는 빈손으로 태어났듯이 죽을 때도 빈손으로 돌아가야 한다. 공수래공수거야말로 편재의 숙명이다. 한 푼 없이 빈손으로 왔다가 천하의 돈과 여인을 자유자재로 마음껏 다루다가 끝내는 빈손으로 종말을 고하는 편재야 말로 멋있는 천재의 경제인이라 하겠다. 견물생심이라고 편재는 돈을 벌면 자기 것으로 만들려 하는 욕심이 생긴다. 땅도 사고 집도사고 기업도 장만한다. 그러나 정재는 소유권은 있지만 편재는 소유권이 없는지라 자기소유가 생기면 하늘이 허용하지 않는다. 평지풍파가 생기는가 하면 자식을 통해서든 여인을 통해서든 바람처럼 날리고 만다. 그만큼 하늘은 공정하고 철저하다. 자본을 준 자에게는 수단을 주지 않고 수단을 준 자에겐 자본을 주지 않는다. 그와 같이 정재가 수단을 부리면 망하고 편재가 자기자본을 형성하면 망하게 된다. 순천자는 살고 흥하면 역천자는 죽고 망하는 것이 하늘과 자연의 법칙이니 운명을 초월할 수 없다. 타고난 사주팔자는 천명의 문서요 운명의 각본이니 인생은 그 문서와 각본대로 울고 웃다가 무대를 떠나야 할 천명의 배우다. 편재의 눈으로 볼 때는 천하가 자기 것처럼 자기를 위해서 존재하는 것만 같다. 자기가 원한다면 억만금도 이용할 수 있듯이 어떠한 천하에 미인도 자유자제로 거느릴 수 있으니 말이다. 그러나 현실은 그와 정반대다. 은행이나 전주가 돈을 빌려주고 뭇 여인이 그를 따르는 것은 결코 공짜가 아닌 충분한 댓가를 받았기 때문이다. 편재가 여인을 이용하였듯이 물주와 여인은 그 이상으로 편재를 이용한 것이다. 처음부터 돈으로 이용하고 이용당한 것이니 결과적으로 편재는 세상을 이용한 것이 아니고 세상을 위해서 평생 이용을 당할 대로 당하다가 마침내 기진맥진 하다가 죽어갈 뿐이다. 남의 덕에 살고 출세한 것이 아니라 남을 위해서 평생을 꼭두각시 노릇을 한 것이다. 그러나 편재는 죽을 때까지 그것을 의식하지 못한다. 오직 세상은 나를 위해서 존재하는 나의 것으로만 생각한다. 그래서 편재는 세상을 기쁘게 생각하고 남이 나를 도와주듯 남을 위해서라면 아낌없는 봉사와 헌신을 한다. 그 봉사와 헌신은 내일을 위한 융통과 이용을 위한 투자요 수단임은 말할 나위도 없다. 세상인심이 공짜가 없듯이 편재 또한 공짜가 없다. 돈에는 피눈물도 없듯이 무정한 돈만을 쫓는 편재는 인정과 눈물을 모른다. 오직 피에는 피 눈에는 눈물로 깨끗이 갚을 따름이다. 평생을 남의 신세를 지고 살지만 어느 것 하나 공짜와 에누리가 없다. 모든 신세를 꼭 갚아야하고 사례를 해야 한다. 그만큼 편재는 머리를 써야 하고 뛰어다녀야 하며 정력과 시간과 과대지출을 해야 한다. 자기 자본으로 평생을 편안하게 살 수 있는 정재와는 하늘과 땅 차이다 그것이 있는 자와 없는 자의 현실적 차이자 운명의 차별로서 불평등은 자연과 천명의 원칙인 것이다.

아래에 기록한 사주는 일찍 결혼해서 엎어먹고 친정집으로 보따리 싸들고 들어와 화성에서 이즈노라는 일본상품 스포츠용 의류판매업을 하고 있는 여성의 팔자다.

1990년08월11일01:30분				
坤命	庚午	乙酉	丁酉	辛丑
수	7	17	27	37	47	57	67
대운	甲申	癸未	壬午	辛巳	庚辰	己卯	戊寅

辛丑	丁卯	乙酉	庚午	乾命

<財多身弱者의 四柱>

金旺節인 酉月의 丁火가 辛丑시를 만나고 일지에 다시 酉금을 놓아 酉丑합을 한 가운데 시간에 辛금까지 투출한 상태라면 財多가 분명한데 더하여 월간에 乙목은 년간의 庚금과 乙庚合을 한 상태다. 乙목이 절지위에 놓여 힘없이 허투 된 상태여서 乙庚合化金이 분명하니 火金이 相戰할까 염려되는 사주이면서 재성이 하늘을 찌를 듯 재성이 태과한 상태다, 월간의 乙목은 丁火일간을 도울 의지가 전혀 없고 시지 丑토 역시 통관지신의 역할을 충분히 할 수 있을지 의문이 든다. 대운흐름이 사주에 비해 좋아서 기복은 있으나 잘 살아갈 운 이긴 한데 워낙 사주원국이 부실해서 이런 경우 세운의 유 불리에 따라 길흉작용이 엄청 차인가 만이 나게 된다.

大運의 흐름과 運勢작용이야기

17세 癸未대운 삶의 변곡점이었을 운기다, 丁癸沖에 丑未沖을 한다.
27세 壬午대운 삶은 힘겹기는 하지만 열심히 활동하는 운기이다.
37세 辛巳대운 巳酉丑金局으로 재물의 소용돌이에 휘말릴 운기다,
47세 庚辰대운 辰酉合으로 역시 재물의 난이 벌어질까 우려된다.
57세 己卯대운 卯酉相沖으로 불리 할 것 같지만 회복되는 운이다.
67대운인 戊寅대운은 크게 발복하는 운기로 봐야 한다.

재성과 비견(財星과 比肩)

재성은 생산수단이자 재물이며 권리를 행사할 수 있는
지배권(支配圈)이다.

　재물에는 반드시 주인이 있고 주인이 재물에 대한 소유권과 지배권이 있다. 비견은 일주와 똑같은 제2의 주인이다. 하나의 재물에 주인이 둘이 있을 경우 재물로 시비와 분배는 필연적이다. 법률상 주인은 일주다. 비견은 일주의 형제로서 재물의 분배를 요구하고 잠식한다. 재물이 넉넉하다면 형제끼리 나누어도 충분함으로써 서로 시비할 것은 없다. 형제가 요구하는 대로 분배하니 서로 다정하고 인심이 후하다. 그래서 <u>財旺하면 비견을 기뻐하고 형제가 화목하다. 그러나 재물이 가난하면 형제간에도 인색하고 시비가 일어난다.</u> 한 푼이라도 더 가지려는 욕심과 한 푼이라도 덜 나누어 주려는 인색에 부딪쳐서 한 치도 양보할 수 없이 팽팽하게 맞서니 형제간에 서로 으르렁 거리고 다툴 수밖에 없다. 서로 미워하고 싫어하며 시기하고 질투하며 인색하고 욕심을 부리며 의심하고 적대시한다. 그들이 한집에서 같이 살 수는 없다. 일찍부터 분가하고 독립하며 서로 담을 쌓는다. 그러한 한 줄기 물을 같이 나누어 먹어야 할 숙명을 외면하거나 뿌리칠 수는 없다. 미우나 싫어나 형제와 동기간 서로 나누어 먹어야 하고 신세를 질 수밖에 없다. 같이 살 수 없고 그렇다고 갈라질 수도 없이 한배에 얽혀 살아야 할 비견과 일주는 오월동주 격이다. 재물 상 문제가 평생 발생하는가 하면 무엇을 뜯어 가든 반분을 해야 한다. 때문에 <u>비견을 다스리는 방법부터 시급히 강구해야한다. 첫째는 동업을 하지 말아야 하고 독립을 해야 하며, 둘째는 사람을 쓰는 사업을 하지 말고 경쟁하는 업체를 멀리 해야 한다. 평생 내 것을 탐하고 뜯어가는 비견이 있는데도 사람을 쓰거나 동업을 하는 것은 도둑을 불러들이는 것과 똑 같다. 셋째 동기간, 동향인, 동창생 등 同字든 것과는 아예 담을 쌓아야 하고 그들 일에 개입도 하지 말아야 하며 계(契)나 조합, 회합 등에</u>

가담하지 말아야하고 어떠한 경쟁이나 대립적 사업엔 일체 참여하지 말아야 한다. 형제나 동기간에도 멀리 떨어지고 금전거래는 일절 금해야 한다. 넷째 문서상 미결이 있거나 내일로 미루는 일은 금물이고 남의 보증을 서거나 인정을 베푸는 것은 자살행위와 같다. 어떠한 경우도 오늘의 친구는 내일의 적이라는 사실을 명심하고 남을 믿어서는 안 된다. 항상 믿는 토끼에 발 찍히는 격이니 철저히 의심하고 조심하며 경계해야 한다. 다섯째 재물상 시비나 재판은 백해무익하니 가까이 하지 말고 이미 저지른 손실이나 실패에 대해서는 빨리 잊고 후회의 미련도 갖지 말라 집주인 보태줄 나그네 없다고 일주를 도와줄 비견은 없다. 가뜩이나 가난한 집안에 불청객인 식객이 뛰어 들어 재물을 엿보고 탐하니 일주는 생산보다도 나그네 지키기에 온 정신을 써야한다 잠시라도 눈을 감거나 한 눈을 팔면 비견은 번개처럼 재물을 가로채기 때문이다. 그와 같이 재성과 비견이 같이 있으면 항상 마음이 놓이지 않고 불안초조하며 신경을 곤두세우는 온갖 장애가 발생한다. 한 가지에 전념할 수 없이 무엇인가 마음을 부산케 하고 신경을 과민하게 한다. 이 비견을 철저히 감시하고 재물을 지키려면 법을 다스리는 벼슬아치를 배치해야 한다. 그 호재자(護財者)가 곧 정관이다. 때문에 관성이 있으면 비견은 꼼짝을 못하여 재물을 탐하거나 침해하지 못한다. 비견도 하나도 아닌 둘 이상이면 재물에 대한 분쟁은 극도로 격화된다. 하나를 둘로 나눌 경우엔 그런대로 협상이 가능하고 평화적으로 분배할 수 있지만 하나를 셋 넷으로 나눌 경우엔 약삭빠른 사람만이 점유할 수 있음으로써 타협이나 분배 따위는 통하지 않는다. 어차피 일인분을 三인이나 四인이 나눠 먹을 수는 없다. 누군가 하나 둘은 빠져야한다 먹이를 잃는 자는 살길이 없다. 죽음을 감수할 사람은 없다. 죽을힘을 다해서라도 재물을 점유해야 한다. 여기서 군비(群比)는 하나의 재물을 놓고 서로 독점하려는 피비린내 나는 싸움이 벌어진다. 최후의 승리자만이 재물을 점유할 수 있음으로써 하나만 살고 나머지는 모두 죽어야 한다. 재물의 쟁탈이 아니고 생사의 결투다. 재물 때문에 구사일생의 혈투를 해야 하는 것이다. 이를 군비쟁재(群比爭財)라 한다. 비견이 둘이면 분배 아닌 겁탈로 변질하듯이 비견이 둘이면 겁재(劫財)로 변한다. 형제가 도둑으로 둔갑하는 것이다. 도둑은 재빠르고 눈치가 빠르면서 언제나 불안하고 초조하다. 그와 같이 비견이 여럿이면 행동이 민첩하고 경쟁에 뛰어난 솜씨를 가지고 있다. 남의 것을 공짜로 가로채고 낚는 겁탈의 재능은 노름이나 투기를 통해서 비범하게 나타난다. 그렇다고 비견은 식객이나 겁탈만을 일삼는 것은 아니다. 재물이 적을 경우엔 비견이 야속하고 원망스럽지만 재물이 많을 경우엔 비견을 두려워하지 않을뿐더러 도리어 약으로 쓰게 된다. 재물이 적다는 것은 돈 보따리가 가벼운 것이요 재물이 많다는 것은 돈 보따리가 큰 것을 의미한다. 가벼운 보따리는 슬쩍 가로챌 수 있지만 무거운 보따리는 혼자 들 수가 없으니 어차피 여럿이 목도를 매어야 한다. 이는 잉어와 고래에 비하면 쉽사리 알 수 있다. 잉어는 누구나 혼자서 가져갈 수 있지만 고래는 혼자서 낚을 수가 없다. 여럿이 힘을 합해야만 잡을 수 있고 워낙 덩어리가 크기 때문에 나누어 먹어도 충분히 돈을 벌수 있다. 잉어낚시터에 사람 (비견)이 오는 것을 싫어하지만 고래낚시엔 사람이 많아야 하기 때문에 사람보다 반가운 것이 없다. 그래서 <u>신왕하고 재약한 자는 비견을 송충이보다도 싫어하듯이 사람을 미워하고 만사에 독선적이며 대인관계가 형편없는데 반하여 재왕하고 신약한자는 비견이 할아버지보다도 반갑듯이 사람을 반겨하고 인심이 후하며 대인관계가 원만하고 친절하다.</u> 비견 때문에 손실당하는 신왕자는 본시가 장사요 힘이 남아돌아가는 것으로 남의 힘이나 도움이란 전혀 필요치가 않다. 필요한 것은 오직 생산수단인 재물뿐이다. 그 장사 앞에 재물 아닌 식객이 나타나서 자웅을 겨룬다면 반가워할 리가 없다. 그러나 농토는 넓고 인력이 부족한 재왕신약자는 인력이 다다익선 인지라 비견을 보면 그렇게 반가울 수가 없다. 귀한 손님에게 친절하고 후한 대접을 하며 인심과 인정을 베푸는 것은 당연하다. 개똥도 약에 쓰듯이 비견도 약으로 쓰는 경우가 많다. 그래서 사람 괄시는 하지 말라는 게 아닌가? 그렇다고 재왕자는 비견이 언제까지 평생 아쉽고 소중한 것은 아니다. 대운이 신왕자에 이르면 재성은 쇠퇴하고 일주는 왕성하니 비견의 도움이 필요치 않을뿐더러 도리어 야속한 식객과 간섭자로 둔갑함으로써 인인성사(人人成事)가 인인패사(人人敗事)로 바꿔진다. 어제의 동지가 오늘의 적으로 둔갑하니 무상한 것은 인생이요 운명이다. 그래서 아무리 반갑고 친한 사이라도 비밀을 밝히거나 약점을 잡혀서는 안 되는 것이 현명한 처세술이다.

<食神生財하는 四柱>

천하의 大재벌 고이병철 회장의 사주인데 食神生財格 이고 戊戌 2비가 喜神이고 젊어서는 南方火운으로 印綬운에 장년기 이후에는 西方金운으로 식신운 이었네요, 비견의 도움으로 壬子 큰돈을 먹을 수 있는 命이죠

재성과 겁재(財星과 劫財)

비견이 온순하고 합법적인 경쟁자라면 겁재는 사납고 불법적인 겁탈자다.

합법적인 분배를 떠나서 강제로 겁탈하는 무법자다. 그것은 도둑이자 강탈자다. 천하의 겁탈자는 돈이 없으면 무용지물이다. 그와 같이 겁재가 있어도 재물이 없으면 피해는 없다. 그러나 돈을 본 겁탈자는 번개처럼 낚는다. 송두리째 집어삼키는 것이다. 그와 같이 재성이 겁재를 만나면 고양이 앞에 쥐 꼴이다. 닥치는 대로 겁탈하여 파산을 면할 수가 없다. 돈만 보면 쥐를 본 고양이처럼 덤비고 덮치니 돈을 벌 수 없을뿐더러 돈이 생기면 문제가 생긴다. 무엇인가 뜯어가는 도둑이 뛰어든다. 형제간 동기간이 뜯어 가는가 하면 급하게 쓸 일이 생기고 하다못해 질병이 발생해서라도 꼼짝없이 돈을 쓰게 한다. 불법으로 빼앗긴 돈은 불법으로 회수하고 겁탈당한 재물은 겁탈로써 회복할 수밖에 없다. 그래서 겁재와 재성이 있는 자는 성격이 거칠고 무법과 겁탈을 즐기며 투기와 모험을 일삼는다. 하루아침에 돈뭉치를 빼앗기는가하면 하루아침에 천금을 벌기도 한다. 그래서 겁재 자는 합법적으로 돈을 버는 직장생활이나 소규모 업은 눈에 차지 않는다. 놀 땐 놀고 굶을 땐 굶어도 벌 땐 일확천금을 벌고 먹을 땐 푸짐하게 먹어야 한다. 그래서 겁재는 대담하고 죽음을 두려워하지 않는다. 그 무법자를 거느리고 있는 주인공이 평화롭고 안정된 생활을 할 수가 없다. 돈을 벌었다하면 도둑이 뛰어드니 저축하거나 절약할 마음이 생기지 않는다. 어차피 빼앗길 바엔 재빨리 쓰는 것이 현명하기 때문이다. 그래서 돈만 생기면 물 쓰듯 아낌없이 써버린다. 친구에게 선심을 쓰는가 하면 처자에게도 선심을 뿌린다. 그리고 빈손이 되면 겁탈의 기회를 노린다. 그것이 여의치 못할 때 무법자는 친구나 아내에게 겁탈의 성질을 내뿜는다. 덮어놓고 돈을 마련해 달라는 것이다. 베푼 것 이상으로 달라는 무법자의 강요 앞에 친구나 아내는 이맛살을 찌푸리지만 어쩔 도리가 없다. 눈만 뜨면 빼앗기고 또 빼앗는 겁탈의 연속은 담을 기르고 배짱을 기르며 거칠고 흉 폭한 기질을 기름으로써 마침내는 죽음을 두려워하지 않는다. 무엇이든 돈벌이만 되면 닥치는 대로 손을 쓴다. 그리고 돈을 벌기 위해선 수단과 방법을 가리지 않는다. 무법자 앞에 법이 있고 겁이 있고 인정이 있고 눈물이 있을 리는 없다. 오직 돈과 겁탈이 있을 뿐이다. 겁재는 내 재물을 겁탈당하는 반면에 남의 재물을 겁탈하는 이중성(二重星)이 있다. 나의 집에 재물이 있으면 겁탈을 당하지만 재물이 없다면 겁탈 당할 것이 없다. 재물을 탐내는 겁탈자가 재물을 얻지 못하면 남의 집으로 뛰어들 것은 필연적이다. <u>그와 같이 재성과 겁재가 같이 있으면 나의 재물을 겁탈당하고 재성이 없는 겁재는 남의 재물을 노리고 겁탈자로 군림한다. 재성과 겁재가 있다 해도 재물이 없으면 나 자신이 겁탈자로 둔갑하게 되니 겁재가 없으면 집안에 재물을 둘 수 없는 동시에 돈이 떨어지면 사기나 협잡 또는 노름을 빙자한 겁탈을 비롯해서 투기와 밀수를 통한 겁탈 등 다양한 겁탈 작전을 일삼는가 하면 그도 저도 어려울 땐 폭력에 의한 겁탈로 전락을 한다.</u> 무법자는 법을 무시하지만 법은 무법자를 용납하지 않는다. 언제나 무법자를 따라다니고 감시하는가 하면 불법을 저지를 때엔 가차 없이 철퇴를 내린다. 그와 같이 겁재 자는 언제나 법의 그물을 몸에 감고 동시에 법 때문에 돈을 써야 한다.

<재다신약에서는 겁재용신>

　　本命은 財多身弱이긴 한데 자신은 신약임을 인지 못하고 강하다고 생각하고 傷官生財하고 싶어 하는 팔자지요, 丑월의 甲목이 卯시를 만나서 甲木입장에서는 卯목이 겁재이고 양인 살로 뿌리가 되기에 강합니다. 그런데 인수인 물이 없고 상관성이 강하고 재성인 土가 유력하니 일명 傷官生財격 이렇게 말합니다. 그런데 丑월이라 조후가 필요해서 火를 써야 한다고 할 수 있으나 본명에서는 丁午火가 강력하므로 반드시 쓸 필요는 없는 사주지요, 그렇다면 용신은요? 비겁이요. 왜냐 하면요, 재성이 강하면 비겁으로 눌러 주어야 하거든요,

재성과 식신(財星과 食神)

재성은 돈이요 식신은 상품이다. 돈은 상품이 좋고 많아야 쉽게 벌수 있다.

상품은 시장에서 거래되고 돈 또한 시장에서 회전된다. 상품은 시장이 있으면 돈은 자유자제로 벌 수 있고 부자가 될 수 있다. 식신은 천연적으로 생산된 자연의 과실(果實)이요 하늘에서 내리는 의식주다. 원하는 대로 하늘에서 보급하니 의식주가 풍부하다. 그것은 곧 부모로부터 받은 상속이다. 상속은 자기소유의 기본이요 재산이다. 그 자기자본으로 상품을 생산하고 시장을 개척하니 낭비가 없고 이윤이 높으며 머리를 쓰지 않아도 만사가 순조로이 진행된다. 내 자본과 내 시설과 내 시장으로 돈을 버는 것이니 치부할 것은 당연하다. 그러나 상품을 생산하고 돈을 벌더라도 몸이 튼튼해야 한다. 병든 환자는 일할 수 없듯이 생산도 소비도 할 수 없다. 그래서 식신과 재성을 감당하는 대는 신왕함을 전제로 한다. 병든 신약자에게는 상품과 돈이 그림의 떡이다. 도리어 출혈을 강요하니 돈을 버는 것이 아니라 죽음을 재촉하는 것이다. 그래서 <u>신약자에겐 재성이 흉신이듯이 그 재성을 생산하는 식신은 더욱 흉신이다. 그것은 돈을 생산하는 것이 아니고 질병과 재난과 손재를 생산하는 것이다.</u> 그것은 소화를 못하는 위장에 밥을 계속 공급함으로써 마침내 포화상태로서 질식시키는 것과 똑같다. 육신상으로 식신은 상관의 능력을 외부로 발휘하는 것이다. 나무에서 꽃이 피고 잎이 피는 것이 모두가 식신 상관에 해당한다. 그것은 자기 능력을 꽃피우는 기회와 수단을 의미한다. 일주를 자동차로 비유한다면 식신 상관은 자동차가 굴러가는 신작로에 해당한다. 앞서 말한바와 같이 식신은 천연적인 과실로서 이를 기회와 신작로에 비유하면 자연적인 기회와 도로를 의미한다. 땀 흘러 개척하는 것이 아니고 우연히 얻는 기회이자 자연적으로 만들어진 도로다. 때문에 <u>식신과 재성이 있으면 돈을 벌 수 있는 기회와 광장(廣場)이 원하는 대로 우연하</u>

고 자연스럽게 마련되는 것이다. 모든 것이 소망대로 우연히 이뤄지는 천부의 부자가 욕심을 부리고 무리를 할 리는 없다. 돈을 벌고 부자가 되는 것이 자연스럽듯이 만사를 자연에 맡기고 순리적으로 움직인다. 무리를 하지 않기 때문에 실수가 없고 건강이 유지되며 오래도록 부를 누릴 수 있다. 인심이 후하고 인정이 많으며 마음 또한 너그럽고 누구에게나 베풀기를 좋아함도 당연하다. 그와 같이 식신과 재성이 있으면 평생 의식주가 풍부하고 체력이 건전하며 하늘과 땅과 주위에서 모두가 한 결 같이 자신이 보살펴 준다.

| 乾命 | 乙卯 | 丁亥 | 庚申 | 丁丑 | | 丁丑 | 庚申 | 丁亥 | 乙卯 | 乾命 |

<정주영 회장의 사주>

亥月庚申금의 일주이니 身旺하고 食神生財로 年柱에 乙卯木을 재성을 만나서 身旺財旺한 재벌의 사주이다. 官印相生하니 관과도 인연이 깊다. 어차피 官을 씀 보다는 식신생재로 가야할 사업가 사주이다. 용금성기(鎔金成器)로 쓰임 새있는 팔자랍니다.

재성과 상관(財星과 傷官)

　　　식신이 자연적 과실이라면 상관은 인공적인 과실이다. 천연과실이 부족하면 인공과실의 개발이 불가피하듯이 상관은 자연의 자원을 누리지 못한 대신 인력으로 자원을 개발할 수 있는 특이한 두뇌를 타고남으로써 자원의 인공생산에 비범한 재능을 가지고 있다. 같은 상품이라 해도 식신은 자연에서 생산된 자연 물질인데 반하여 상관은 자연을 떠난 인공적인 발명품으로서 생산비가 막대하게 소요되고 생산조건 또한 극히 불리한 것이다. 그토록 애써 발명한 두뇌의 작품이지만 자연사회에서는 그를 소화하는 시장이 적을뿐더러 가치를 인정하지 않는다. 그래서 상관은 자연사회를 원망하고 불평하며 불만에 가득 찬 눈으로써 날카롭게 비판함을 서슴지 않는다. 자연에서 버림받은 자연사회의 고아가 하늘과 자연을 거꾸로 보는 이단자로 군림할 곳은 당연지사다. 아무리 머리를 개발하고 좋은 상품을 개척해도 세상이 이를 외면하니 어찌 분통이 터지지 않겠는가? 그래서 상관이 나면서 죽을 때 까지 불만으로 가득 차 있고 틈만 있으면 날카로운 비판을 퍼붓는 것이다. 그렇다고 불평만 하고 살 수는 없다. 무엇이든 또 개발해야 한다. 그래서 상관은 이것저것 닥치는 대로 개발하고 기술을 연마한다. 그에겐 무엇보다도 자본과 시장이 가난하다. 상품은 뛰어났으나 자본과 시장이 없는 것이다. 그 허기진 상관에게 시장을 제공하고 돈을 버는 기회를 제공한 것이 바로 상관생재다. 재성과 상관이 있으면 일류의 상품이 시장을 개척한 것이니 상품의 유통은 의심할 여지가 없을뿐더러 급속도로 발전해간다. 천하일품의 상품을 가지고도 시장이 없어서 생산과 소비를 하지 못해 몸부림치던 상관이 시장을 발견하고 햇빛을 보게 되었을 때 그에겐 기쁨과 감격이 소용돌이칠 뿐 불평이나 비판 따위는 있을 수 없다. 그는 보다 나은 상품을 보다 많이 생산하고 공급하는 것만이 당면과제요 그를 해결하기에 눈코 뜰 새가 없다. 상품은 향상 되고 시장은 확장되니 생산은 기계화되고 시장은 국제화한다. 물질에 가난했던 상관이 돈을 벌고 부자가 되니 그보다 흐뭇한 기쁨은 없다. 그러나 가난한 과거를 가진 상관은 그것으로 만족하거나 안심하지는 않는다. 악착같이 욕심을 부린다. 그 모은 돈은 머리를 써서 번 것이니 지능의 소모가 대단하다. 어떻게 하면 돈을 버느냐에 골몰하고 머리를 짜내고 또 짜낸다. 타고난 자원은 없으니 모든 것은 남의 것을 이용하고 재치로서 생산해야 한다. 그만큼 생산조건이 까다롭고 생산비가 많이 든다. 자나 깨나 머리를 써야하니 체력이 온전할 수는 없다. 식신은 황금을 대자연에서 생산하지만 상관은 머리에서 생산을 함으로써 머리가 속속들이 개발되는 반면에 과로 또한 극대화 한다. 신경이 과민하고 쇠약하며 체력이 조로 한다. 그래서 식신은 장수하지만 상관은 장수하기 힘들다. 체력이 식신보다 훨씬 더 소모되는 만큼 재물을 생산하는데는 월등한 건강이 필요하다. <u>신왕하지 않고는 상관생재는 도저히 감당할 수 없다. 때문에 신약자는 머리로서 돈을 벌기는 하지만 모아서 치부하기는 어렵다.</u> 감당하기에 어려운 짐은 한시라도 젊어질 수가 없다. 무엇인가 소비해야 한다. 상관은 정신적인 설기다. 정신적으로 유쾌하게 즐거운 멋을 위해서 돈을 쓴다. 사치와 유행을 즐기고 향락과 색정을 탐한다. 돈을 벌면 사치하고 청춘을 즐기며 마음의 안식처를 찾아서 돈을 뿌린다. 머리가 비범하니 돈을 벌기도 잘하지만 쓰기도 잘한다. 어차피 감당 못하는 돈인지라 기분 젓 쓰자는 것이다. 특히 편재를 가졌으면 공돈을 잘 버는 동시에 색정 등, 기분 내는 멋으로 돈을 물 쓰듯 한다. 공수래공수거인 것이다. 머리를 짜내고 정력을 낭비하는 신약자가 노쇠를 단축하고 색정으로 망신할 것은 불문가지다. 호흡기관이 허약하고 방광이 고단하며 낙엽처럼 일찍 쇠퇴한다.

午月의 甲木이 丙丁午 食傷이 混雜되어 모두 상관으로 행동 한

다. 身弱에 食傷이 왕성한데 生財로 이어지는 형상이라 꼽추가 등짐을 지고 산 고개 올라가는 형상이다. 乙亥시를 만나서 아주 신약하지는 않지만 두개 받아 네개가 나가야 하니 밑 빠진 독에 물 붙기로 머리 써 돈은 버나 모이지 못한다.

재성과 재성(財星과 財星)

재성은 돈을 생산하는 공장이자 남편을 섬기는 아내의 별이다. 재성이 재성을 보면 두 개의 시장과 두 아내를 거느리는 형국이다. 신왕하고 상품을 생산하는 식신이 있는데 시장이 두 개라면 이는 새로운 시장의 개척이자 확대로서 대번 창을 의미하고 동서남북에서 돈을 벌고 치부하는 부의 대행진이라 하겠다. 본점에서 지점을 차리고 동서남북에 시장을 개설하니 일대장관이 아닐 수 없다. 그러나 생산 공장인 식신이 없거나 두 개의 시장을 거느릴 신왕자가 아니라면 상황은 크게 달라진다. 자기상품이 없이 시장만 있다면 이는 시장을 상대로 육체적 노동을 팔아먹는 장사꾼이요 남의 물건을 팔아주는 소매상 또는 행상이다. 그 시장 경기가 좋다면 그런대로 자리를 잡고 정착할 수 있다. 하나의 시장으로 고정할 때 재성은 하나만이 나타난다. 반대로 시장이 불경기 이거나 빈약할 경우엔 하나로 국한할 수가 없이 여기저기 새로운 시장을 개척해야 하며 동서분주해야 한다. 그러나 행상의 주인공이 두 개 이상의 재성을 타고날 것은 의당 지사다. 재성이 여러 개 나타난 것은 여러 시장을 상대로 장사를 하는 형국인데 자기자본이나 상품이 없이 이장 서상을 쫓아다닌다는 것은 하나의 시상만으로는 생활할 수 없는 시장의 빈약성을 의미한다. 메마른 시장이기에 한 곳에서 정착할 수 없이 여기저기 떠돌아다니면서 장사를 해야 한다. 같은 장사를 하는 데는 동분서주하고 많은 교통비를 써야하는 반면에 수익성은 빈약하니 돈을 벌거나 모으기는 어렵다. 돈을 버는 시장은 월급을 받는 직장이나 투자하는 업체와도 통한다. 때문에 <u>재성이 여럿이면</u>

직장이나 업종을 여러 번 바꾸고 성패가 무상함을 암시한다. 어느 것 하나 뜻대로 되는 것이 없고 이득이 박하며 실패가 무상한지라 이것저것 손을 대고 바꿔보지만 성사가 되거나 일관하기는 어렵다. 그것은 부부의 인연에도 그대로 통용된다. 아내의 별이 여럿이면 부부관계가 원만치 못하고 어지러움을 암시한다. 처가 여럿이라는 것은 본처가 현명하지 못하거나 금실이 원만치 못함을 뜻한다. 불평과 불만이 있음으로써 새로운 여인을 구하고 바꿔보지만 역시 만족을 느낄 수는 없다. 그래서 이여자저여자와 관계를 맺고 전전하는 것이다. 신왕자는 두 여자 세 여자를 거느려도 능히 감당할 수 있음으로써 서로 만족하고 원만한 금실을 누릴 수 있지만 신약자는 단 한 여자도 만족하게 거느릴 수 없음으로써 금실이 좋지 않고 불평불만이 싹트고 쌓이다 보니 사이가 벌어지고 등지게 되며 새로움을 찾게 되는 것이다. 그러한 신약자가 새로운 짝이라 해서 만족한 남편구실을 할 수가 없다. 무엇인가 부족함이 있고 불만이 따르게 된다. 그것이 쌓이면 또다시 실증이 생기고 다시 새로움을 구함으로써 여인관계를 물레방아처럼 돌고 또 바뀌게 된다. 모든 것은 나의 부족과 무기력에 기인하지만 자신은 도리어 상대방을 원망하고 외면하기를 서슴지 않는다. 그것이 여인의 원한을 초래하고 마침내는 재난을 불러일으키는 여난을 자초함은 불문가지(不問可知)다. 일주를 자동차로 비유한다면 재성은 돈을 생산하는 화물이다. 자동차는 화물이 있어야 운행하고 돈을 번다. 자동차가 크고 튼튼한 신왕자는 화물이 다다익선이지만 자동차가 허약하고 부실한 신약자에겐 화물이 감당할 수 없는 짐과 부담이 된다. 그 무리한 재성을 거듭 보거나 만나는 경우 그 병든 자동차는 그대로 부서지거나 꼼짝을 못하게 된다. 글자 그대로 절벽강산이다. 몸을 망치고 화물을 망치니 크나큰 부채와 손재를 걸머지고 중병을 앓게 된다. 화주의 손해 변상청구와 법적시비가 벌어지니 관재와 손재를 면할 수가 없다. 그것은 재성이 아니고 몸을 공격하고 재물을 파괴하는 칠살로 둔갑한 것이다. 그래서 신약자가 재성이 둘이거나 재성을 거듭 만나면 칠살로 변질하며 관재와 손재 또는 중병을 앓게 된다. 본시 재성은 신왕자에겐 재산이요 신약자에겐 채무자가 된다. 재산이 재산을 보면 부자가 되지만 채무가 겹치면 관재가 발생하고 여러 채권자에게 쫓기는 몸이 된다. 나를 잡으려는 채권자는 호랑이보다도 더 무서운 채귀(債鬼)이니 어찌 몸과 마음이 온전할 수 있겠는가? 여자의 경우도 마찬가지다. 아내를 만족하게 사랑할 수 있는 신왕자에겐 재성이 현명한 복처(福妻)로서 겹치면 부귀를 누릴 수 있지만 아내를 감당 못하는 신약자에겐 괴로운 독부(毒婦)와 같다. 그 독부가 겹치면 가정이 파탄되고 재산이 파산되며 수명 또한 위험하니 호랑이나 독사와 다를 바 없다. 어찌 그 남편이 온전할 수 있겠는가? 여난으로 파산과 더불어 구사일생의 재난을 겪으며 항상 쫓기는 몸이 된다. 그 모두가 자신이 저지른 인과응보요 타고난 숙명적인 비극임을 말할 나위도 없다. 그 수난을 모면하는 길은 오직 사업을 하지 말고 여색을 멀리하며 결혼을 늦게 하거나 독신주의로 나가는 것이 상책이다. 이러한 경우 재성을 누르고 분담하는 비견이나 겹재가 있으면 도리어 전화위복이다. 하나의 시장이나 직장 또는 여인을 가지고 서로 아귀다툼을 하는 판국에 또 하나의 시장이나 직장 또는 여인이 나타난다면 쟁탈전이 스스로 해소되고 평화와 화목을 찾으니 도리어 꽃바람과 봄바람이 행운을 몰고 오게 된다.

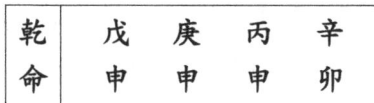

위 사주와 같이 신약사주에 財를 거듭 보면 財多身弱이 되어 破格이다. 財多身弱 이니 깨진 그릇이고 이런 경우 아무리 좋은 운을 만나도 균형을 이루지 못하니까 평생 불행하게 살게 된다. 財가 아버지도 되니까 多者無者로 아버지가 없고 卯가 모친인데 파괴되어 부모가 없는 것이고 또는 어머니의 남편이 많으니 어머니는 소실이다. 태어나면서부터 가산이 기울더니 부모 꺾는 팔자라 결손가정에서 성장했고 여자와 술로 골병든다, 술로 한을 풀어야 하는 사주다.

재성과 관살(財星과 官殺)

재성을 침범하는 것이 비견 겁재라면 관살은 비견겁재를 누르고 재성을 지켜주는 법과 파수다.

신왕하고 재성이 왕성하면 재물을 관리하고 지켜주는 관살이 아쉽다. 관살이 있어야만 만금을 보존할 수 있고 도둑을 막을 수 있다. 천금을 가지면 부자요 많은 종을 거느리면 귀하신 몸이니 재성과 관성을 겸전한다. 종복은 주인에게 충성을 다하는 것이 의리요 주인은 종에게 후한 녹을 베푸는 것이 도리다. 부자가 후한 녹을 베풀 수 있고 후한 대접을 할 수 있다면 천하의 인재를 구해서 거느릴 수 있다. 주인에게 충실한 종복은 주인의 생명과 재산을 안전하게 보장할뿐더러 재산을 철저히 관리하고 생산과 이득을 극대화시킴으로써 부를 크게 증대시키는 동시에 주인의 사회적 위치와 명성을 더 높임으로서 천하의 부와 귀를 누릴 수 있다. 만리의 땅과 만인의 종을 거느리는 백만장자요 만인지상의 귀인이니 그 생명과 재산은 완전무결하게 보장된다. 병을 고치는 시종으로부터 백만에 걸쳐서 유능하고 충실한 시종을 좌우에 거느리니 무병장수하고 천하에 이름을 떨친다. 자고로 재물이 많으면 동서에서 훌륭한 일꾼이 모여들고 인심이 후하고 대우가 두터운즉 정성을 다하여 주인을 공경하고 살림을 보살핀다. 그래서 재성이 왕성하면 스스로 관성이 발생하고 많은 시종이 따르게 된다. 그러나 신약하고 재물이 없으면 종을 둘 수가 없다. 종을 둔다면 종에 대한 녹을 줄 수 없을뿐더러 종이 할 일이 없다. 종은 놀고먹으니 가난은 더욱 심할뿐더러 녹을 주지 못하니 가만있지 않는다. 주인을 주인으로 섬기지 않고 무능한 주인으로 경멸하는 동시에 녹을 달라고 시비를 걸고 강요하며 행패를 부리고 법적 투쟁을 한다. 그것은 종이 아니고 돈을 뜯어내는 상전이요 재물을 겁탈하는 호랑이(七殺)다. 나도 먹고 살기에 힘들고 가난한데 고등식객이 채찍을 들고 고혈을 짜내니 가난이 더욱 심할뿐더러 몸이 온전할 수가 없다. 항상 상전에 뇌물을 받치듯 종 아닌 도둑을 섬기고 공경해야 하니 가난과 질병에서 벗어나기 힘들고 평생 편안하고 배부르게 살 도리가 없다. 그와 같이 신약하고 재성이 왕성한데 관성이 있으면 부하로 인해서 물질적 손실과 정신적 타격을 크게 받는다. 성실하고 착한 일꾼을 만나지 못하고 악하고 간사한 일꾼을 만나서 재물을 빼앗기고 망신을 당하며 평생 고통을 면하기가 힘들다. 일주를 자동차로 비유하고 재성을 화물로 치면 관살은 당상의 고개 길에 해당한다. 당상은 왕이 자리잡고 있는 높은 곳이며 벼슬을 하려면 당상에 올라서 왕을 배알해야 한다. 그 당상으로 오르려면 구름다리처럼 높은 언덕을 넘어서야 한다. 귀중한 재물을 당상의 왕전에 받치면 왕은 기뻐하고 치하하며 후한 벼슬을 내린다. 신왕하고 재성이 풍부한 자는 많은 재물을 당상에 조공할 수 있음으로써 부와 귀를 누리는데 반하여 신약하거나 재성이 빈약하면 당상에 올라갈 수 없고 설사 올라간다 해도 재물이 부실함으로써 왕의 노여움을 살 뿐 벼슬을 전수 받을 수 없다. <u>특히 신약하고 재왕한 자는 무거운 짐을 지고 구름처럼 높은 언덕을 올라가자니 기진맥진하여 쓰러지고 당상의 길을 어지럽혔다는 벼슬아치의 추상같은 호령에 중벌을 당하여 재산은 몰수되고 몸은 중병이나 형벌로 큰 곤욕을 당하거나 심한즉 목숨을 잃게 된다.</u> 정관은 문무백관이 통행하는 층층계단의 대로로서 그런대로 쉬어가고 한걸음씩 올라갈 수 있지만 칠살은 벼랑 같은 비탈길로서 절벽강산처럼 전혀 올라갈 수가 없다. 무거움 짐을 지고 절벽에 부딪치니 마침내 오도 가도 못하고 궁지에 빠져서 몸부림치다가 짐에 치어서 크게 다치거나 심하면 죽음을 면하기 어렵다.

<傷官生財하는 四柱>

신약하고 재왕한 사주로 보아야 할 것이나 이 사주는 寅午戌 三合 財局을 이룬 사주로 木火가 극성 하니 從財로 보았으면 좋겠는데 壬水 겁재가 있어 가종격(假從格) 일까? 사주를 보는 술사들이 많이 헷갈리게 된다. 일반 격이든 종격이든 원국의 구성을 우선해야 한다. 이 사주의 경우 운이 水金 운으로 흘러 從하지 않았을 것이고 일반 격으로 운이 좋았다고 보아야 할 것이다.

  이 사람이 지금까지 살아온 과거를 보면 남편하고 이혼하고 독신으로 살면서 강원도 봉평에서 팬션도 운영하였고 음식장사도 했으며 열심히 살았는데 부자는 아니어도 가난 하지는 않았다고 한다. 우리는 사주를 보면서 상식적으로 알아야 할 것들은 반드시 기억하고 활용해야 한다. 상관성이 강하면 여자는 일부종사가 어렵다든가, 배우자궁이 도화가 있거나 도화와 배우자궁이 합을 하면 대체적으로 배우자의 난이 발생하는 것 등을 살펴야 한다. 그리고 식상생재로 격이 이루어지면 장사나 사업이 좋다는 등을 항상 기억하고 적극 활용해야 할 것이다.

재성과 인수(財星과 印綬)

재성은 아내요 인수는 어머니다.

아내가 남편을 독점하려는 것이 상정(常情)이듯이 어머니가 자식을 독점하려는 것 또한 상정이다. 서로가 독점하려는 데서 고부지간엔 의견이 상반하고 갈등이 발생하며 서로 시기하고 질투한다. 남편인 주인공은 그 어느 편인가를 분명히 하고 하나를 택해야만 한다. 어느 쪽을 택할 것인가는 주인공의 처지와 상황에 따라서 결정된다. 장생이나 절 태 양(絶 胎 養)처럼 아직 자립할 능력이 없이 후견인의 보호를 받아야 할 신약자는 인수를 택해야 하고 관대나 건록 제왕처럼 능히 자립할 수 있는 신왕자는 재성을 택해야 한다. 인수를 택한 자는 어머니의 젖꼭지에 의지하는 미성년인 만큼 아내를 맞이하여 결혼생활을 하거나 자립하는 것은 자살행위로서 금물이다. 그는 아내에 대한 남편노릇을 할 수 없을뿐더러 주권행사를 할 수 없는 무능력자로서 아내의 재성을 보면 두 가지의 변고가 발생한다. 첫째 아내는 남편구실을 못하는 주인공에게 불평과 불만을 품고 반발과 증오감을 갖는 동시에 거꾸로 남편을 지배하려 들며 욕구불만에서 오는 탈선과 방종을 하게 된다. 물론 그러한 무능력을 맞이하는 아내가 똑똑하고 온전할 리가 없다. 어리석은 바보천지가 아니라면 얼굴이 못생긴 박색이라거나 육체적으로 어딘가 결함이 있어서 정상적인 부부생활을 할 수 없는 불구임이 분명하다. 그러한 아내가 남편을 제대로 공경할 수는 없다. 만일 현명한 여인이라면 남편답지 못한 무능한 남편을 그대로 섬길 리가 없다. 무엇인가 딴 마음을 먹고 남편을 무시하고 구박하는 동시에 제멋대로 행동하고 욕구불만을 충족하는 부정(不貞)을 서슴지 않을 것이다. 그만큼 인수에 의지하는 신약자는 처덕이 없고 처로 인해서 고생하고 손재하며 망신까지 당하게 된다. 그러니 결혼하면서부터 고생문이 훤하다. 어리석지 않으면 불구단명하고 똑똑하거나 인물이 좋으면 남편을 무시하고 구박하여 부정(不貞)하는 악처를 얻게 된다. 반대로 성숙하고 건강한 신왕자는 더 이상 어머니의 후견이 필요 없고 결혼하여 자립해야 함으로써 의당 아내를 택해야 한다. 남편노릇을 늠름하고 훌륭하게 함으로써 아내가 만족하고 남편을 성실히 공경한다. 남편이 똑똑하고 건전하며 잘생겼으니 아내의 인물 또한 그에 못지 않게 뛰어나야 한다. 어리석거나 못생겼거나 불구거나 바르지 못한 여인은 아예 쳐다보지도 못한다. 천하의 여성이 탐내고 청혼하는 장부의 앞길을 어머니가 가로막을 수는 없다. 자식의 출세를 기대할지언정 시기하고 질투하는 어머니는 없기 때문이다. 그러나 아무리 성숙하고 훌륭해도 배우자가 나타나지 않고는 결혼할 수 없다. 장정에게 어머니는 부담이 될 뿐이다. 현명하고 건전한 어머니는 결코 자식의 부담노릇을 하지 않는다. 어리석거나 몸이 온전치 못한 어머니만이 자식을 붙잡고 앞길을 가로막는다. <u>때문에 신왕자가 인수를 보면 어머니의 덕이 없고 도리어 어머니 때문에 고생하고 출세의 길을 가로막게 된다.</u> 그처럼 어머니에 얽매여 있는 노총각 앞에 재성이 나타나고 결혼을 하고 하늘을 날르는 새보다도 자유롭고 기쁘며 즐거움을 금지 못할 것이다. 물고기가 물을 얻는 것이다 아내와 살림을 차린 남편이 어머니 품으로 다시 돌아갈 수는 없다. 때문에 신왕자가 인성을 보면 진퇴양난이다. 찾아온 어머니의 손을 뿌리칠 수 없듯이 그렇다고 잘사는 아내를 외면할 수도 없지 않은가? 이럴 수도 저럴 수도 없는 두 갈래 길에서 망설이고 주저하니 아내는 아내대로 남편을 불신하고 외면하며 어머니는 어머니대로 자식을 불신하고 외면하니 아내와 어머니를 동시에 잃게 된다. 고부지간에 불화와 대립이 생기고 큰 싸움이 벌어질 것 또한 불문가지다. 그와 같이 주인공은 그 어느 편을 두둔할 수도 없이 구경만 해야 하니 어찌 그 아내 그 어머니가 그대로 있을 수 있겠는가? 무능한 남편이요 불효한 자식이라는 낙인과 더불어 모두에게 버림을 받게 된다. 그렇다고 재성과 인성이 부딪치면 덮어놓고 불리한 것은 아니다. 신왕자에겐 인성이 있을 경우엔 인성을 볼 때 도리어 기뻐한다. 일주를 자동차로 비유할 때 재성은 짐을 싣고 줄달음치는 운동이 되고 인수는 자동차를 보살피는 제동기(制動機: 브레이크)가 된다. 재성을 쓰는 신왕자는 인성을 싫어하듯이 줄달음치는 자동차는 브레이크를 싫어한다. 그 질주는 자동차에 갑자기 브레이크가 걸리면 곤두박질하기 쉽다. 어째서 갑자기 브레이크가 걸리는가? 무엇인가 길 앞에서 가로막는 장애가 갑자기 튀어나왔기 때문에 그러한 비상브레이크가 걸린 것이다. 결과는 두가지중 하나다. 돌발적인 사고가 발생하여 정신적 물질적인 큰 타격을 받든가 불가항력의 사태로 더 이상 진전할 수 없이 그대로 멈추든가 후퇴해야 한다. 화물을 운반하기로 약속하고 떠난 차량이 운행을 중단할 때 화주로부터 불같은 독촉내지 항의와 손해배상을 청구 받을 것은 의당 지사다. 일이 좌절되고 실패함과 동시에 막대한 손실을 당해야 하며 신용 또한 타락이 되니 명예손상 역시 크다. 인수는 후견인과 상사를 의미하니 인수로 인한 사고 또는 갑작스런 불측의 변을 암시한다. 자동차사고도 그 중의 하나임이 분명하다. 어머니를 비롯한 존속(尊屬) 또는 연상의 윗사람이 위독하거나 사망 등 변고로 인해서 운행을 중단하는 경우도 충분히 짐작할 수 있다. 반대로 인성을 쓰는 신약자는 재성을 싫어하듯이 움직여서 안 되는 자동차는 브레이크를 단단히 걸어야 한다. 그 병들고 불완전한 자동차가 재성을 만나서 화물을 싣고 줄달음치는 경우 자동차는 화물을 감당할 수 없을뿐더러 운행과 동시에 크나큰 사고가 발생할 것을 불문가지다. 이는 5톤의 차량에 백 톤의 화물을 싣고 운전하거나 정비가 안 된 사고차량에 짐을 싣고 억지로 운행하는 것과 똑 같다. 과연 그 자동차는 어찌 될 것인가? 결과는 뻔하다. 차량이 만신창이로 부서지고 사고를 일으킴과 동시에 차량에 실었든 짐은 산산조각이 나는 것이다. 몸을 크게 다치고 짐을 망쳤으니 직장에서 물러나야 하는 동시에 막대한 손해배상을 해야 한다. 그러한 무모한 사고가 물질과 돈을 벌려는 지나친 욕심과 허영 때문에 발생하였음을 말할 나위도 없다. 무리한 사업과 욕망 그리고 과로로 인해서 파탄을 자초한 것이니 누구를 원망하겠는가? 재성은 여성으로 직통하니 재물이 아니면 여인 때문에 발생한 색정의 재난임을 암시한다. 감당할 수 없는 물욕 또는 색정으로 인해서 변을 당하고 손재와 망신을 당하는 것이다. 그것이 자의 아닌 타의로 인한 변고임은 물론이다. 왜냐하면 인수에 의지하는 신약자는 능동적이요 자의적으로 무엇을 할 수는 없기 때문이다. 미숙한 미성년을 돈과 여인으로 유혹해서 걷잡을 수 없는 불의의 이변을 불러일으킨 것이다. 자식에 대한 어머니의 사랑과 남편에 대한 아내의 사랑은 본질적으로 차원을 달리한다. 모정(母情)은 순수하고 절대적이며 일방적으로 베푸는 무조건의 정신적 사랑인데 반하여 아내의 사랑은 상대적이고 이해타산적인 조건부의 육체적 사랑이다. 때문에 어머니는 죽도록 사랑하는데 반하여 아내는 살기위해서만 사랑한다. 남편이 불만스럽거나 외면하거나 무능하거나 실격(失格)이면 애정은 무정으로 둔갑한다. 마치 파장의 장사꾼처럼 보따리를 거침없이 서둘러 싸 버리다. 그와 같이 인수는 무한대의 자비와 덕성(德性)인데 반하여 재성은 철저한 이해관계의 사거래다. 자비로운 덕성은 이해를 따져서는 안 되듯이 약사 빠른 장사꾼은 자비심이나 인정을 베풀어서는 안 된다. 모성(母性)이 자식에 대한 이해관계를 따진다면 이미 모정은 존재할 수 없듯이 장사꾼이 돈에 대한 타산을 떠나서 부처님을 생각하고 자비에 눈을 뜬다면 이미 물욕은 금물이고 재성은 인수의 덕성이 금물이다. 인수와 재성이 부딪치면 인수와 재성은 서로가 갈피를 못 잡고 주저하고 우왕좌왕하며 갈등하고 고민 한다. 그것은 아름다운 여인의 정욕에 눈을 뜬 스님과 대자대비 한 부처님의 공덕에 눈을 뜬 장사꾼의 입장과 똑같다. 서로가 중도 속도 아닌 두 갈래길 에서 갈팡질팡하다간 스님은 환속하고 장사꾼은 출가(出家)를 한다. 현실을 부인하고 외면하며 마침내 자신을 버리고 새로움을 찾는 거구영신(去舊迎新)의 변화를 자초한다. 그것이 뜻하지 않은 이변이자 반드시 후회하게 될 실패작임은 불문가지다. 아름다운 여인은 스님을 유혹할 뿐 돈 없는 스님과 영원한 살 수 없을뿐더러 살지도 않는다. 결과적으로 스님은 일시적인 유혹에 눈이 어두워서 평생 돌이킬 수 없는 회한(悔恨)의 파계(破戒)를 저지른 것뿐이다. 그와 같이 욕망이 가득 찬 상인이 부처님의 자비심에 잠시나마 유혹되어서 장사보따리를 버리고 출가할 경우 부귀 없는 허무한 절간에서 영원히 염불할 수가 없다. 몸에 밴 물욕과 속성(俗性)이 멀지 않아 고개를 쳐들고 허탈 기를 느낄 때 그는 크게 후회하고 환속하지 않을 수 없으니 결과는 여태껏 공들여 닦아둔 시장과 경제기반을 하루아침에 잃어버리고 빈털터리의 알몸이 되었을 뿐이다. 스님은 불공에 전념하듯이 상인은 장사에만 전념하는 것이 원칙이요 정상이다. 그렇다고 속인은 부처님을 전혀 믿지 말고 스님은 속세를 완전히 외면하라는 것은 아니다. 경제력이 풍부하고 기반이 확고한 사람은 물질적 만족과 더불어 정신적인 안정을 얻기 위해서 불심(佛心)을 찾는 경우 그것으로 경제적 손실이나 이변이 발생할 염려는 없으니 도리어 인수를 만나는 것이 일거양득이요 기쁨과 안정을 얻을 수 있듯이 도통한 스님은 경제력을 얻음으로써 중생을 구제하는 자선과 포교를 발휘 할 수 있고 불교와 속세를 일원화할 수 있듯이 일거양득이요 一石二鳥다. 그와 같이 신왕하고 재성이 풍부한 자는 재성을 안전하게 감당할 수 있고 부를 이루는 동시에 힘을 공급하고 길러주는 생기의 인수를 더욱 기뻐하듯이 신왕하고 인성이 풍족한 자는 심신연마를 완성하고 덕성을 완벽하게 간직함으로써 재성을 본다 해도 그에 현혹되지 않을뿐더러 도리어 재물을 자선하는 데는 아낌없이 멋지게 활용하고 크게 덕망과 명성을 떨친다. 본시 신약자는 유혹에 약하듯이 가난한 자 또한 유혹에 무기력하다. 어리석거나 어린 인생은 사태를 올바로 가눌 수 없고 상대방의 속임수에 넘어가기 쉬우니 유혹이 금물이듯이 가난하고 배고픈 자는 금품의 유혹을 이겨낼 수 없다. 그러나 성숙한 장정이나 경제력이 풍부한 부자는 주위의 어떠한 유혹에도 넘어가지 않고 늠름히 이겨낼 수 있다. 그와 같이 신약자가 재성을 만나거나 재약자가 인성을 만나는 것은 금물인데 반하여 신왕자가 인성을 만나는 것은 도리어 기뻐할 뿐 미워할 것은 없다. 모든 것이 그러하듯이 육신의 길흉은 주인공의 환경과 능력과 사항에 따라서 결정되고 달라질 뿐 육신 그 자체는 길흉이 없다.

乾命	己丑	乙亥	辛亥	戊戌
수	3	13	23	33	43	53	63
대운	甲戌	癸酉	壬申	辛未	庚午	己巳	戊辰

戊戌	辛亥	乙亥	己丑	乾命

<인수가 약이 되는 사주>

위 사주는 인수 태왕한 사주지만해해라는 태평양 같은 물바다에 丑토까지 가세하여 水强하니 인수를 土多金埋로 보지 않고 약신의 경우로 보아야 한다. "인수에 의지하는 신약자는 처덕이 없고 처로 인해서 고생하고 손재하며 망신까지 당하게 된다. 그러니 결혼하면서부터 고생문이 훤하다."에 해당 한다. 그 이유는 土多木折로 배우자인연은 박하지만 재물로 보면 水多木浮를 막아주고 木인 재성을 뿌리내리게 하니 재물의 복은 있다고 봐야 하겠으나 육친으로 말하자면 상관성이 강한 점이 인생사에서는 문제점이 될 것이다.

위 사주의 주인공은 경기도 여주 이천 중간지대 농가에서 태어나서 부모의 유산으로 농토를 많이 물려받아 젊어서는 농사꾼으로 살았고 중년에 상경하여 처와 함께 식당을 하다가 처가 바람나서 가출하는 바람에 이혼하고 재혼해 살고 있으나 유산을 거의 다 탕진하고 나이 들어서는 건강까지 안 좋아서 근심걱정 끼고 살아가는 사람이다. 그런데 인수가 약신 이라서 인지 癸卯년에 고향의 조상 묘지 부지에 물류창고가 들어오면서 생각지 않게 5억 원에 달하는 거액을 보상받았단다. 戊戌토 인수가 亥亥 큰물을 막고 財인 木을 뿌리 내리게 하는 약이 된 경우로 癸卯년은 卯木 편재가 유력해서 목돈이 내 것으로 化한 것이나 식신이 기신으로 수하들로 인한 근심 걱정도 함께 앉고 가야할 숙제이다.〈자손들과 주면 사람들로 인한 재물분쟁이 염려된다.〉

재성과 편인(財星과 偏印)

재성은 편인을 다스리는 관살이다. 재성이 편인을 보면 편인의 나쁜 기질을 잡고 정인(印綬)으로 만듦으로써 인성인(正印)의 작용을 하니 도리어 힘을 얻는다.

정재의 통변

1. 정재는 자산(資産)과 신용 번영과 명예를 관장하고 녹과 복이 풍후하며 정신력이 왕성하고 정의감이 강하며 의협(義俠)으로써 치부하고 사회공론을 존중하며 배우자를 비롯한 인연과 인복이 있으나 주색을 즐기는 경향이 있다.
2. 월지에 정재가 있으면 인품이 단정하고 독실하며 인망이 두텁고 마음씨가 착하며 원만하고 성실한 동시에 검소하고 절약하며 저축심이 강하다.
3. 정재가 墓와 같이 있으면 인색한 수전노다.
4. 정재가 많으면 인정과 색정으로 산재하고 어머니를 극하며 생가를 계승하기 어렵다.
5. 정재가 많으면 탁하고 어리석으면 財多하고 인성이 死와 같이 있으면 일찍이 어머니와 생리사별한다.
6. 재다하고 신약하면 정신을 헛되이 쓰고 머리를 짜내지만 재물을 모을 수 없으며 귀가 얇아서 한쪽 말에 기울기 쉽고 속삭이는 버릇이 있으며 인수와 비겁을 기뻐한다.
7. 재다 신약하고 인수가 경(輕)하면 학문을 해도 고생을 면하기가 어렵다.
8. 재왕하고 신쇠하면 처가 주권을 잡고 가정을 지배한다.
9. 재왕하고 생관 하며 신강 한즉 부귀를 겸전한다.
10. 연주에 정재가 있으면 조부가 부귀한 사람이요 연월에 정재 또는 정관이 있으면 반드시 부귀한 집안에서 출생하고 두 집을 상속한다.
11. 월간에 정재가 있으면 검소한 절약가다.

12. 월령(月支)이 재성의 절지에 해당하면 처의 내조가 없고 현명하지 못하다.
13. 일시에 정재 정관이 있으면 능히 독립하고 자연히 부귀 한다.
14. 시간에 정재가 있으면 부귀한 집을 이루나 성미가 조급하며 형충이 없고 유력하면 반드시 아름다운 처를 얻고 좋은 아들을 두며 부모의 재산을 얻고 재산이 풍족하며 데릴사위로 치부하는 경향이 많다.
15. 정재가 지지에 있으면 많은 재화를 깊이 저장하고 월지에 재관이 있고 천간에 노출되지 않아도 복이 있다.
16. 월지에 재성이 없다 해도 연월일시에 재성이 있으면 길하다.
17. 월지에 정재가 있으면 재성이 득시(得時)한 것이니 일찍이 부자집 숙녀를 득배한다.
18. 월지 재관은 득시라 하고 일지 재관은 득위(得位)라 하며 시지의 재관은 유성(有成)이라 한다.
19. 재성이 득위(日支財)하면 아내로 인해서 치부하고 흥가(興家)하며 재성이 유성(時支財)하면 성재(成財)할 수 있다.
20. 재성은 득시를 상격으로 하고 득위를 중격으로 하며 유성을 하격으로 삼는다.
21. 정재는 지장해야 풍부하고 노출되면 뜬구름처럼 부동(浮動)한다.
22. 정재가 투간하고 비견겁재가 있으면 마치 여러 사람이 재물을 지켜보고 있는 형국이니 도리어 분탈(分奪)할 수가 있다.
23. 관성이 나타나고 재성은 지장되면 벼슬이 높고 이름을 떨친다.
24. 정재가 식신을 보면 반드시 처덕이 있다.
25. 정재가 정재와 같이 있으면 처의 마음이 강하다.
26. 관성과 재성이 있거나 재생관하면 반드시 집을 다스릴 수 있는 유능한 현처를 얻는다.
27. 정재와 편재가 혼합하면 화살(化殺)하고 정재가 목욕과 같이 있으면 처첩이 다정하여 정조를 지키지 않는다.
28. 정재가 비견을 보거나 쇠, 묘, 절, 목욕 등과 같이 있으면 처가

반드시 병약하거나 우매하고 불연(不然)즉 재가 한다. 29.사주에 비견이 삼합성국하면 처가 반드시 변심하거나 극 처하게 된다.

30.비견이 건록과 같이 있으면 처가 부정(不貞)하고 가령 甲일주가 甲寅을 보면 一처 二부(夫) 격이니 처가 바르고 정숙할 수 없다.

31.재성과 비견이 같이 있으면서 나타나면 처의 몸이 반드시 허약하다.

32.정재가 관살을 보고 재관이 왕성하면 처가 반드시 남편을 억누르니 남편이 아내를 두려워한다.

33.음간지는 정재를 아버지로 삼으니 정재를 위협하는 겁재를 보면 반드시 아버지가 다치고 부운(浮雲)이 쇠퇴한다. 34.정재가 겁재와 같이 있으면 (甲日 己卯) 조실부(早失父)하거나 부운이 일찍 쇠퇴하며 가난하여 조세(租稅)도 납부할 수가 없다.

35.정재가 인수와 같이 있으면 뜻을 이룰 수 없다.

36.정재가 많고 인수가 사와 같이 있으면 어려서 어머니가 다친다.(傷母).

37.먼저 재성이 있고 인수가 있으면 길명이요 먼저 인수가 있고 뒤에 재성이 있으면 염치를 모르는 흉명이다.

38.세운에서 재성이 三合을 하면 반드시 발복한다.

39.사주에 재성이 없으면 재운을 만나도 외화내곤 이요, 유명무실하다.

40.재다신약자가 재관운을 만나면 재물을 도둑맞고 몸을 다치며 재난이 발생한다.

41.월지 재관은 충파를 싫어한다. 만일 형충이 양인을 만나면 생명이 반드시 위험하거나 재난을 겪는다.

42.정재가 절지에 있으면(辛日甲申)부모처자의 인연이 박하고 여자는 남편의 인연이 박하다.

43.재관이 절지에 패지(沐浴)에 있으면 고독하고 처에게 재난이 있거나 사별한다.

44.정재가 묘와 같이 있거나 묘운에 들면 처에게 재난이 있거나 사별한다.
45.정재가 공망에 있으면 재물을 모을 수 없고 만년에 반드시 패하며 처덕이 박하고 끝내 뜻을 이루지 못하는 낙백(落魄)의 사람이 된다.
46.재성이 공망이면 만혼이고 부부가 원만치 못하며 집안에 풍파가 발생 하고 심한즉 극처 한다.
47.재관이 모두 공망이면 중년에 자식을 잃고 상처를 한다. 48.정재가 충파되면 일생 고생이 끓어지지 않는다.
49.정제가 함지(咸池)에 있으면 아내가 호색한다.
50.연지에 정재가 있고 유력하면 반드시 조업을 상속하고 번영되거나 극 파되면 빈곤하다.
51.시지에 정재가 있고 충파가 없으면 반드시 아름다운 처를 얻고 뜻을 이루며 육친 외에 재물을 얻고 현명하고 귀한 아들을 얻는다.
52.정재가 과다하면 도리어 가난하다.
53.정재가 인수를 보고 인성이 과다하면 음란하고 천하다. 54.정재가 인수를 파하면 고부지간에 불화한다.
55.여자가 財官印이 沖破가 없으면 재색(才色)을 겸한다.
56.재성이 강하면 부하고 財旺生官하면 스스로 영화를 누린다.
57.財旺하고 生官하는 자는 재물로 명리를 구한다.
58.재성이 왕지에 있으면 인복이 많고 財旺生官 하면 귀소부다(貴少富多)하다.
59.재관이 다 같이 왕성하면 아버지의 자산을 얻고 관직에서 크게 출세한다.
60.재성이 유기(有氣)하면 처세가 원만하고 유유하다.
61.재왕이 비견을 만나도 무방하다.
62.재관이 모두 패(沐浴)한 자는 장년에 성사하기 어렵고 죽기 쉽다.
63.일주는 태왕하고 財官이 輕하면 빈한하다.

64. 재성은 절지에 있고 관성이 왕하면 귀(貴)는 하되 영현(榮顯)하지 못하다.
65. 재성이 칠살과 작당하면 어려서 요절하기 쉽다.
66. 재성은 칠살을 미워하고 보면 가난하다.
67. 신왕하고 재성이 만반이면 귀하지 않으면 큰 부자가 된다.
68. 財旺하고 身弱한데 食傷을 다시 보면 죽는다.
69. 재왕하고 신쇠하면 재로 인해서 목숨을 잃는다.
70. 월주의 재성이 겁재를 보면 일생 가난하다.
71. 재관이 묘지에 이르면 자식을 잃지 않으면 상처한다.
72. 재성이 경하고 겁재를 만나면 풍류를 즐기고 유랑 방탕한다.
73. 신왕하고 재성이 묘지에 이르면 주인공은 재물을 모으고 아내는 인색으로 재물을 지킨다.
74. 재성이 공망이면 바람처럼 옮겨 다니고 표류한다.
75. 재성은 상관을 기뻐하고 비겁겁재에 임하면 아버지를 잃고 집을 파한다.
76. 재성이 장생과 같이 있으면 자영(自營)으로 출세한다.
77. 재성과 인성이 일주의 좌우에 갈라서 있으면 부모가 모두 건전하다.
78. 재성과 인성이 혼잡하면 고단하다.
79. 재성과 인성은 쇠지를 가장 두려워한다. 왕지는 생지(生地)요 절지는 사지(死地)다.
80. 재성과 인성이 부딪치면 풍파를 겪는다.
81. 재성과 인성이 상하면 상하가 없다.
82. 재성을 파하면 전답을 팔고 타향에서 동서분주한다.
83. 재성과 인성이 교차하면 반드시 진전하기를 욕망하고 후퇴하기를 싫어한다.
84. 귀인은 인수를 택하고 재성을 버리며 부자는 재성을 택하고 인수를 버린다.
85. 재성이 四生(寅申巳亥)과 같이 있으면 처가 현명하고 기쁨을 준

다.
86. 재왕하면 처가 현명하고 지지에 순수한 財局을 이루면 대부대귀를 의심치 않는다. 만일 재왕지로 가면 재물을 받치고 벼슬을 한다.
87. 세운에서 재성이 양인을 만나면 재로 인해서 화를 당한다.
88. 시상귀록(時支建綠)자는 재성이 있으면 유복하고 재성이 없으면 반드시 가난하다.
89. 재관인은 모두 비견겁재를 싫어한다.
90. 재성이 와서 인성을 극하면 물에 빠져 죽거나 객사 또는 길에서 줄음을 당한다.

편재의 통변

1. 편재자는 성품이 담백하면서 의로움에는 돈을 아끼지 않는 강개(慷慨)심이 크고 돈과 여자의 인연이 많은 동시에 절제하고 근신하지 않으면 도리어 재난을 당한다.
2. 남자는 풍류를 즐기고 여색을 탐함으로써 여난이 있고 거짓말 하는 버릇이 있으며 여자는 아버지와 시어머니 때문에 고생이 많다. 넘녀간에 외지(外地)에서 발신(發身)한다.
3. 편재가 많으며 다욕다정(多欲多情)하고 주색을 즐기며 본처는 돌보지 않고 첩을 사랑하며 양자의 인연이 많고 객지에서 출세한다.
4. 年上에 편재가 있으면 가산(家産)이 반드시 자기소유가 되고 능히 조업(祖業)을 계승하되 상속은 비교적 늦어진다.
5. 年干에 모두 편재가 있으면 반드시 양자의 인연을 맺는다. 6. 年干에 편재가 비견과 같이 있으면 아버지가 반드시 객사한다(甲日生戊寅年)
7. 월상에 편재가 있으면 가장 좋은 것이다. 그러나 시상에 겁재가 있으면 부함이 오래가지 못하니 부하고 뒤에 가난하다.
8. 시에 편재가 있고 비견겁재가 있으면 반드시 가산을 탕진하고 상처손첩(傷妻損妾)하며 심하즉 형벌을 당한다. 만일 행운에서 다시 또 겁재를 만나면 반드시 전답을 팔고 상처한다.

9. 연월에 재성이 없고 일시에 재성이 있는 동시에 유력하면 자수성가로 만년에 반드시 대성한다.
10. 월간지에 모두 편재가 있으면 객지에서 발신하고 재운에 반드시 발복한다. 그러나 너무 탐욕하면 도리어 재물 때문에 패가망신한다.
11. 천간에 편재가 있으면 재물을 경시하고 의로움을 중시하며 술보다 여색을 즐긴다. 만일 편재가 두 개 있으면 첩을 사랑한다.
12. 간지에 편재가 있으면 재물과 여자의 인연이 많고 경제 수완이 비범하며 장사와 경영을 즐긴다. 13.시상에 편재가 있으면 가난한 집안에서 태어나서 크게 출세한다.
14. 편재가 노출되면 첩만을 편중하여 사랑하고 인성을 극하면 풍파가 발생한다.
15. 신왕하고 편재가 있으면 상업과 실업에 적합하며 재운에 발복한다.
16. 일주와 재성이 모두 왕성하면 관성을 기뻐하고 관운에 반드시 명리를 떨친다. 반대로 비견 겁재운에 명리가 모두 허사가 되고 칠살운에 신상변동과 비방을 받는다.
17. 편재가 왕성하고 길성이 있으면 아버지가 현명하고 이름을 떨치며 식신을 얻으면 부자(父子)가 다 같이 유복하다. 18.편재가 왕하고 생관 하면 부귀를 겸전한다.
19. 편재가 칠살과 같이 있으면 아버지의 인연이 박하고 노고가 많으면 여자로 인해서 산재함이 많다.
20. 편재는 비견겁재와 같이 있는 것을 가장 두려워하고 반듯이 패한다.
21. 양간 일주에 편재가 있고 겁재를 보면 반드시 아버지가 패한다.
22. 식신이 편재를 생하면 첩이 반드시 본처를 능가한다. 그러나 정재가 왕성하면 본처가 첩을 용납하지 않는다.
23. 편재는 정재를 크게 기뻐하고 편관 칠살을 가장 싫어한다.
24. 편재가 비견겁재와 같이 있으면 부자간에 불화하고 아버지가 질병에 있으면 본인은 색정관계로 재난을 당한다. 25.편재가 간합 하

면 첩이 음란하고 수절을 지키지 않는다. 26.편재가 장생과 같이 있으면 부자가 화목하고 아버지의 유산을 받으며 부자(父子)모두 장수한다.

27.편재가 묘와 같이 있으면 조실부모 하거나 만년에 부운이 쇠퇴하여 일생에 변전이 많고 아버지의 덕을 누릴 수 없다.

28.편재가 목욕과 같이 있으면 아버지가 풍류를 즐기고 남의집에 양자로 들어가거나 객지로 나가게 된다.

29.편재가 사 절과 같이 있으면 아버지가 쇠퇴하고 유산이 없으며 아버지가 병약하고 곤궁하며 서로 흩어진다. 만일 관살이 혼잡 되면 어려서 일찍이 어머니와 떨어진다.

30.편재가 공망이면 부덕이 허망하거나 조실부모하거나 부자가 서로 떨어진다.

31.편재가 건록과 같이 있으며 아버지가 반드시 발복하고 아버지의 음덕을 크게 누리며 아버지가 장수하는 반면에 부부불화하고 첩을 사랑 하며 본처를 싫어한다.

32.편재가 형충 되면 아버지가 다치고 유산이 없으며 있어도 패한다. 만일 첩을 얻으며 반드시 재난을 당하나 편재가 三合이면 도리어 길하며 식신 상관을 보면 좋다.

33.편재가 목욕을 보면 부자가 풍류를 즐기고 정재든 편재 든 재성이 간합 하면 처첩이 간음한다.

34.시상에 편재가 하나이고 유력하며 영화롭고 부귀가 쌍전 한다.

　　위에 열거한 것은 상황에 따라 달라질 수 있으나 대체적으로 그렇더라는 것이니 참고하기 바란다.

正官篇(正官篇)
정관은 護身護財한다.

　　　　　　官은 주군(主君)을 섬기는 종(從)이다.
주인의 생명과 재산을 보호하고 관리하는 것이 지상과업이다. 주군의 생명은 땅덩어리다. 나라와 법과 땅덩어리를 지키고 백성을 다스리려면 그만한 식견과 품위와 능력이 있어야 한다, 첫째 주권을 섬기는 종으로서의 조건을 구비해야한다. 종은 주인에 종속된 주인의 수족이다. 수족은 주체성이 없는 속성으로서 주인의 뜻에 따라서 순종해야 한다. 추호도 사심을 갖거나 반항해서는 안 된다. 오직 주인을 위해서 모든 것을 받칠 수 있는 충성과 희생과 헌신으로 일괄해야 하고 일편단심 주인공을 공경해야 한다. 그러기 위해선 <u>마음이 바르고 예의가 밝으며 사리가 분명하고 의리와 책임감이 철저해야 한다. 나를 떠나서 주인을 위해서 살고 또 심혈을 기우리는 주군의 종속물이 관이다.</u> 주군은 개인 아닌 나라의 공인(公人)이다. 사가(私家)의 몸종이 아니고 나라의 신하된 관은 나라 일을 도맡아해야 한다. 밖으로는 영토를 침범 하는 적을 막아야 하고 때로는 영토를 넓히기 위해서 정복을 해야 하며 안으로는 백성을 다스리고 나라의 재정을 조달해야 한다. 나라를 다스리는 것은 주군의 주권행사다. 누구도 주권 앞에 무릎을 꿇어야 한다. 많은 백성을 다스리기 위해선 일정한 법과 질서가 있어야 하고 그를 지키는 수족이 있어야한다. 그 법과 질서는 주군의 뜻이요 그 수족은 주군을 섬기는 종이나. 주군은 두 개의 종을 거느린다. <u>법을 지키고 백성을 다스리며 나라살림을 관장하는 내관(內官)이 그것이다. 내관은 백성을 다스리는 정사에 능통해야 하고 외관(外官)은 적과 불법자를 무찌르는 정벌에 능통해야 한다, 그 내관을 정관(正官)이라 하고 그 외관을 편관(偏官)이라고 한다.</u>

정관은 만인의 사표(師表)다.

　나라의 백성을 법으로 다스리고 재성을 관장하는 정관은 위주로 주군에 심복이 되어 충성을 다하고 아래로는 만인을 다스리는 의표(義表)가 되어야 하며 나라의 재정을 알뜰히 조달하고 관장하는 청렴과 결백이 기질화해야 한다. 그러기 위해선 처음부터 곧은 나무로 자라야 하고 바르게 배우고 익히고 행동해야 한다. 일인지하 만인지상이 될 수 있는 탁월한 식견과 너그러운 도량과 충성됨 애국심이 있어야 한다. 공(公)과 사(私)를 구분하고 법과 도리와 신의를 지킬 수 있는 현명하고 성실하며 정직한 만인의 사표를 정관이라고 한다. <u>그래서 정관을 가진 사람은 공적이나 사적으로 모범이 되고 귀감이 되는 군자라고 한다.</u> 성인군자는 하늘에서 떨어지는 것이 아니고 땅에서 만들어지는 것이다. 때문에 군자가 탄생하는 데는 반드시 군자를 양성하는 스승의 군자가 있어야 한다. 과연 그 군자의 군자는 누구이겠는가? 그것은 세 가지로 나누어 말할 수 있다. 첫째는 어린 시절의 스승 군자다. 어려서의 교육은 아버지에 의존한다. 부전자전 이라고 자식은 아버지의 인격과 품위에 의해서 인품이 형성된다. 범이 범을 기른다고 군자만이 군자를 길러낼 수 있다. 군자는 싹부터 바른 군자라야 한다. 그 싹을 바로 잡는 것은 오직 아버지뿐이다. 그 아버지가 정관을 상징하는 정관의 주체임은 말할 나위도 없다. 그래서 <u>정관이 있고 유력하며 희신(喜神)이면 반드시 아버지가 훌륭하고 그 덕이 태산과 같다. 반대로 정관이 상관에 의해서 상처투성이거나 뿌리 없는 무력한 존재이거나 전체적으로 쓸모없고 도리어 해물이 되는 기신(忌神)이라면 아버지와의 인연이 박하고 아무런 힘이 될 수 없을 뿐 아니라 아버지 때문에 겪는 고생과 부담이 크다.</u> 무능하고 무력한 아버지의 슬하에서 잡초처럼 자라난 아들이 유능한 인재가 되고 나라의 기둥으로 출세할 수가 없다. 나이를 먹으면 슬하를 떠나서 학원에서 교육을 받는다. 그 교육이 장차 군사가 되고 나라의 인재가 되는 정관의 수련(修

練)임은 말할 나위도 없다. 때문에 정관이 유능한 사람은 아버지로부터 훌륭한 가정교육과 인격도야를 받는 동시에 학교에서도 성실하고 풍부한 교육을 받음으로써 정신적 육체적으로 완벽한 인품을 형성한다. 반대로 정관의 별이 이즈러지고 무력한 인생은 아버지의 덕이 없을 뿐 아니라 학교 교육도 제대로 받을 수가 없다. 마치 버림받은 야생초처럼 제멋대로 자라나고 인품 또한 보잘 것이 없다. 사회에 나가면 직장의 상전이 정관 역할을 한다. <u>정관이 유력한 사람은 상전과도 인연이 두터움으로써 필연적으로 상전의 총애와 신임을 받게 되고 남달리 두각을 나타내어 빠르게 출세할 수 있다.</u> 어려서부터 엄격한 교육과 수련을 통해서 바르고 성실하며 유능하고 어른을 공경할 줄 아는 군자가 학교와 사회에서 사랑을 받고 존경의 대상이 될 것은 자명지사다. 집에 들어오면 부모에 효도를 다하니 부모의 귀여움을 받고나가서는 직장과 사회와 상사에 충실하고 유능하니 일취월장으로 상승하고 발전한다. 그러나 정관이 무력하다면 그 모두가 꿈같은 이야기다. 가정교육이 부실하고 학교교육 또한 부실한 야생마는 사회에 나가서도 쓸모가 없다. 아버지를 공경하지 못한 불효자는 선생이나 상사를 공경하는 법도를 알 수가 없다. 그래서 어딜 가나 유능한 일꾼으로서 윗사람을 섬기기란 어렵다. 타고난 육신과 어깨너머로 배운 재주만으로 자립하는 길밖에

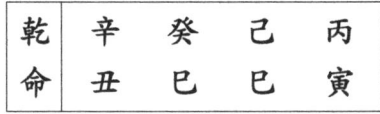

없다.

<사례 1의 경우 사무관 정년>   <사례 2의 경우 서기관 정년>

위 두 사주의 주인공들은 官과 인연 있는 팔자지만 사례 1의 경우 정관이 無力하여 사무관으로 정년 하게 되었고 사례2의 경우 서기관으로 정년하고 산하단체장까지 역임한 관운이 좋은데 그 이유는 官이 有力하다는 점이 다르다.

<사례 3의 경우 행시사무관 현직>

乾命	庚申	戊子	己卯	甲戌
수	1	11	21	31	41	51	61
대운	己丑	庚寅	辛卯	壬辰	癸巳	甲午	乙未

甲戌	己卯	戊子	庚申	乾命

    위 사례3 사주의 주인공은 정관 甲목이 시간에 透干되고 일지 卯木양인 겁재에 뿌리내린 튼튼한 정관이다. 비겁 또한 유력하여 官을 쓸 수 있겠는데 辛卯대운은 관살혼잡이어서 불리했고 壬辰대운은 봄이긴 하나 申子辰 水局을 이루면서 음습한 寒氣로 불리하지만 癸巳년을 만나면서 戊癸合火로 巳火 인수가 강해져서 행시에 합격했고 현재 癸巳대운을 잘 달리고 있는 현직 여성가족부 사무관의 명조 이다.

정관은 정상을 향한 대로의 계단이다.

　나라의 종이 되는 벼슬길은 천층만층이다. 아래로는 말단서기로 부터 위로는 재상에 이르기까지 벼슬길은 너무도 많고 첩첩 산이 다. 위로 오르면 올라갈수록 길은 더욱 가파르다. 그러나 한번 벼슬 길에 오른 사람이면 누구나 최고의 권자인 정상을 정복하기 까지는 중단하지 않는다. 그 정상에 오르는 길은 두 가지가 있다. 하나는 계단을 통해서 한걸음씩 오르는 정상과정이요 또 하나는 계단 없이 한숨에 뛰어오르는 절벽에 지름길이다. 가령 여기 100미터의 고지 가 있다고 하자 그 고지엔 두 개의 지름길이 있다. 하나는 층층계 단으로 넓고 바르고 완만하게 꾸며놓은 대로요 하나는 일직선으로 절벽처럼 깎아놓은 험로다. 군자는 대로행이라고 정관은 바른 길을 택하여 단계적으로 오르는 것을 원칙으로 하며 배경이나 남의 힘으 로 비약하는 것을 원치 않고 오로지 자기 힘으로 정당한 절차를 밟 아서 차분히 한 계단씩 올라간다. 때문에 올라가도 한 계단 내려가 도 한 계단이며 일천 장으로 벼락출세하는 법도 없거니와 일락천장 (一落千丈)으로 하루아침에 굴러 떨어지는 법도 없다. 돌다리도 두 들겨 걷는 격으로 빈틈이 없고 허영이나 망상이 없는 착실하고 알 찬 선비요 군자다. 그것은 한마디(節)한마디씩 곧게 올라가는 대 (竹)와 똑같다. 이와는 달리 절벽의 길을 택하는 편관은 범처럼 용 감하고 사나우며 성급하고 모험을 즐긴다. 비호처럼 단숨에 절벽에 뛰어 오르는가 하면 하루아침에 정상에서 밑바닥으로 굴러 떨어지 기도 한다. 출세도 벼락이요 전락도 벼락이다. <u>그래서 정관은 군자 요 문관에 속하고 편관은 소인 또는 영웅과 무관에 속한다.</u> 정관이 든 편관이든 정상을 향한 벼슬길은 올라가는 고개로서 위를 향하여 일편단심 부지런히 온갖 정력과 정성을 다해야 한다. 그래서 정관 이 유력한 사람을 처음부터 뜻이 정해져 있고 평소에 성실하며 한 가지 일에 몰두하고 시종일관하는데 반하여 정관이 무력한 사람은 일정한 목표가 없거나 한 가지 일에 일관하지 못할뿐더러 성실하지 못하다. 정관의 고개 길에 오르려면 첫째 몸이 건강해야 한다. 몸이 허약하거나 신병이 있으면 엄격하고 가파른 정관이 벼슬길을 올라 갈 수는 없다. 타고난 벼슬길을 오르지 못하거나 태만할 경우에 엄격한 제재와 처벌을 받게 된다. 그 처벌을 면하기 위해서 병든 몸이 무리하게 고갯길에 오르려 하니 몸은 더욱 쇠약해지고 병 또한 더욱 악화되어서 고질화 한다. 한편에선 병으로 신음하니 관재(官災)가 겹친다. 그래서 신약하고 관이 왕성하면 감당 못할 벼슬에 얽매이고 억 눌리며 쫓기는 형국으로서 평소에 건강이 허약하고 돈쓸 곳이 많으며 질병과 가난을 면하기가 어렵다. 벼슬이 아니라 무거운 짐이요 무서운 범과 같다. 그 범에 쫓기고 빼앗기는 주인공이 군자의 행세를 할 수는 없다. 편관에 쫓기는 소인처럼 성격이 편협하여 속단하고 짜증과 불만과 노여움이 많다. 이 병든 정관의 주인공을 구하고 출세시키는 처방은 오직 어머니의 별인 인수(印綬)뿐이다. 정관은 아버지의 별로서 관에 쫓기는 것은 다름 아닌 아버지의 분부를 받들지 못해서다. 아버지의 크나큰 노여움을 풀 수 있는 것은 오직 어머니의 자비와 사랑뿐이다. 인수는 의식주의별로서 풍부한 의식주를 주인공에게 공급한다. 병들고 허약한 벼슬아치를 정상화 시키는 길은 보약을 먹고 몸을 튼튼히 하는 것뿐이다. 어머니가 자식에게 사랑과 정성을 다하는데 아버지가 방관하거나 야단칠 수는 없다. 어머니의 정성에 감동하여 자식을 가르치고 군자로서의 자질을 배양하는데 최선을 다한다. 미워하고 벌을 주던 아버지가 도리어 뜨거운 사랑과 자비를 베풀고 적극적인 후견노릇을 하는 한편 어머니가 지성껏 간호하고 보살피니 병든 자식은 건강을 회복하고 늠름한 기품으로 벼슬길에 정진하게 된다. 그것은 높고 먼 산길을 오르기에 기진맥진하는 차에 기름을 보급하는 것과 똑같다. <u>기름이 풍부한 차는 어디든지 얼마든지 달릴 수 있듯이 인수를 지니고 있는 주인공은 관을 무난히 감당하고 성실하게 전진할 수 있다 반대로 인수가 없이 관성만 있다면 기름의 여유와 보급이 없이 고개를 오르는 자동차 격으로서 오르는 데에 한계점이 있고 높이 올</u>

라가는 힘들다. 그래서 벼슬을 하려면 먼저 건강해야 하고 정상에 올라갈 수 있는 기름통인 인수가 필수조건이다. 어머니 없는 아버지는 새로운 어머니를 찾아서 자식을 외면하거나 홀아비처럼 쓸쓸하고 아기자기한 사랑을 베풀 수 없듯이 인수가 없는 관성은 엄격할 뿐 애정은 박하다.

말을 타고 가는 벼슬길은 순탄하다.

　육신상 관은 록(祿)을 먹는 종인지라 록이라 하고 재물은 말(馬)로 운반 한다. 자고로 벼슬아치는 재물을 좋아하고 탐낸다. 출세를 하려면 상전의 신임과 총애를 받는 솜씨가 있어야 하는데 솜씨 중엔 돈이 제일이다. 뇌물을 받치며 상전의 입이 딱 벌어질듯이 심복으로서의 보다 가까이 이끌어 준다. 상전에 가장 가까운 것은 상전 다음의 벼슬이니 상전에 가까워지는 것은 곧 벼슬이 오르고 출세하는 것을 의미한다. 뇌물과 벼슬은 정비례하여 물레방아처럼 돌아간다. 뇌물이 크면 클수록 벼슬도 커지고 출세의 속도가 빠르다. 그것은 달리는 말과 똑같다. 말을 타면 안전하고 편안하며 빨리 뛸 수 있다. 그와 같이 재물이 풍부한 사람은 상전에 뇌물을 제공한 만큼 벼슬길도 말처럼 뛰어 올라갈 수 있다. 실력으로 벼슬을 하려면 시험 같은 복잡한 절차를 밝고 오랜 세월을 기다려야 하기 때문에 좀체 승진하고 출세할 수가 없다. 그것은 높은 고갯길을 두 발로 터벅터벅 걸어가는 나그네 격이니 소걸음처럼 느리고 답답하다. 그 고지식한 선비와 말을 타고 벼슬길을 달리는 선비는 하늘과 땅 차이다. 상전에 받치는 것이 없으니 상전의 관심이 있을 리 없고 나아가 무관심한 상전에게 신임과 총애를 기대할 수는 없다. 평생 상전과는 가까이 할 수 없고 변두리의 말단직에서 몸부림치다가 세월과 더불어 하직해야 한다. 그러기에 재성(財星)이 없이 관성만 있으면 마치 홀로 사는 아버지처럼 외로운 고관(孤官)이라한다. 홀로 사는 아버지가 자식의 뒷받침을 원만히 하고 군자로 길러내기는 어렵다. 마치 돈 없는 가난뱅이 아버지처럼 가까스로 아버지 행세를 할 따름이다. 그렇다면 재성의 근본이 무엇인가? 재는 재물을 상징하듯이 돈과 직통한다. 돈은 무엇으로 어떻게 버는 것인가? 돈을 벌려면 자금이 있어야 하지만 자금만으로 돈을 벌수는 없다. 수단과 근면과 재능이 있어야 한다. 부지런하고 능소능대해야만 돈 버는 기회와 노다지를 캘 수 있다. 그 근면과 수단과 재능이야 말로 재물의 산모이듯이 재성의 본질이다. 재성은 단순한 돈이 아니고 돈을 벌 수 있는 수단과 재능과 근면을 의미한다. 그와 같이 재생관(財生官)이란 돈으로 벼슬을 사는 것이 아니고 상전을 섬기고 공경하는 솜씨가 비상함으로써 상전이 감탄하고 홀딱 빠져서 그의 말이면 무엇이든 믿고 들어주는 것이다. 같은 상전을 모시는 데도 요령과 수단과 연기가 멋지면 상전은 기뻐하고 만족하며 보다 가까이 앉히고 항상 귀여워하기 마련이다. 능소능대하고 보비위를 척척 하는 종을 일등공신으로 등용하고 신임하려는 것은 인지상정이다. 그와는 반대로 상전을 모시는 솜씨가 전혀 없고 자기 고집만 부리고 고지식하고 멋없는 종은 맛없는 음식처럼 버림받고 변두리 말단직에 방치한 채 외면하고 도외시하기 마련이다. 그 수단과 재능이 천부적임은 말할 나위도 없다. 재성이 있으면 수단과 솜씨가 비범한 것이요 재성이 없으면 연기가 제로이듯이 무미건조하고 고지식하며 매력 없는 무뚝뚝한 인생인 것이다. 같은 재성이라 해도 정재와 편재는 큰 차이가 있다. 정재는 근면과 합법성을 상징하듯이 상전을 섬기는 지성이 지극함으로써 공이 크고 그 공에 의해서 출세하는데 반하여 편재는 융통과 수단을 상징 하듯이 비상한 요령과 수단을 보비위로 상전의 마음을 사로잡고 능소능대하고 자유자재로 상전을 요리하는 것이다. 과연 어느 편이 보다 빠르고 높이 출세하겠는가? 군데는 요령이 본분이라 하듯이 벼슬길은 눈치가 빠르고 보비위를 잘하며 상관이 원하는 것을 재빠르게 조달해야 한다. 그 솜씨 중엔 뇌물이 제일임이 말할 나위도 없다. 정재는 그 점에 있어서 편재를 따를 수가 없다. 그와 같이 정재는 비록 부지런하고 유능하고 정직하며 실적과 공훈은 단연코 으뜸이지만 상전의 마음을 사로잡고 요리하는 솜씨와 뇌물공세에는 편재의 발꿈치에도 따라가기 힘들다. 자고로 상전은 유능한 일꾼보다 돈을 더욱 기뻐한 때문이다.

정관의 희기신 (喜忌神)

이제까지 말한 바와 같이 정관은 첫째 신왕해야 하고 정관을 얼마든지 감당할 수 있는 보약이자 기름통인 인수와 정관을 살찌우고 말처럼 벼슬길에 가속화하는 재성을 가장 기뻐하는 동시에 정관을 진흙탕에 곤두박질시키는 편관을 철저히 무찌르는 식신(食神)을 기뻐하는 반면에 정관을 감당할 수 없는 신약(身弱)을 비롯해서 정관을 살해하는 상관(傷官)과 정관과 난투극을 벌이는 편관을 가장 두려워한다. 지지에서 관성을 刑沖하면 無力하고 상처투성이니 그 역시 싫어하고 정관을 유인해서 주인을 외면케 하는 합(合)도 무척 금기(禁忌)로 삼는다. 이를 구체적으로 분석하기로 하자.

정관과 비견 〈正官과 比肩〉

정관이 비견을 보면 정관은 반으로 분할되는 동시에 서로 정관을 독점하려는 다툼이 발생한다. 남자의 경우 정관은 아버지의 별이자 벼슬의 별이니 아버지와 벼슬을 놓고 서로 싸우는 형국이다. 아버지는 이 세상에 출생하면서 유일한 보호자요 인도자인 천복이며 자식에게 의식주와 인격 그리고 교육을 베푸는 동시에 마지막으론 자기 재산과 명성을 상속한다. 그 아버지의 덕을 비견과 다투고 나누게 되니 천복은 두텁지 못하다. 의식주와 교육 그리고 인격 등이 모두 반숙처럼 불완전할뿐더러 상속 또는 반타작하게 되니 서로 독점하려는 다툼과 문제가 생긴다. 벼슬길도 또한 마찬가지다. 하나의 감투를 서로 다투고 나누게 되니 취직을 하고 승진을 하는 데도 항상 경쟁과 대결자가 나타나고 평생을 통해서 허다한 기회를 비견에게 빼앗기는 경우가 많다. 남이 一년에 한 계급씩 승진한다면 나는 二년에 한 계급씩 승진한다. 둘이서 한 계급을 나누어야 하니 언제나 두 번 중 한 번은 양보해야 하기 때문이다. 그만큼 출세가 느린 동시에 벼슬길도 높을 수가 없다. 여자의 경우는 정관은 아버지이자 남편의 별이다. 여자는 상속권이 없기 때문에 상속상 문제는 없지만 아버지의 덕은 반분되니 두터울 수가 없다. 아버지의 덕분인 교육과 인격이 모두 부실함과 더불어 모든 면에서 경쟁심과 질투 시기심이 강렬하게 작용한다. 그것은 결혼하면서 더욱 노골화한다. 남편 하나를 두 여자가 나누고 경쟁하니 어찌 평화롭게 양보할 수 있겠는가? 두 사람은 서로가 독점하려고 필사적인 싸움을 한다. 서로 시기하고 질투하며 서로 모략하고 중상하기를 서슴지 않는다. 그러나 두 여자의 씨름 속에 남편인들 건전하고 평화로울 수는 없다. 문제는 누가 남편을 보다 더 가까이 하느냐에 있다. 그것은 주인공인 일주와 비견의 역량에 의해서 결정된다. 일주가 비견보다 강하면 본처의 비중이 크고 비견이 일주보다 강하면 소실의 비중이 크다. 그 강약은 지지의 十二운성으로 결정한다. 가령 일주가 甲寅이면 일주는 건록이고 비견은 절지에 있으니 일주가 강하고 본처가 우위를 차지한다. 그렇다고 비견은 반드시 주인을 해치는 불길한 기신(忌神)만은 아니다. 만유는 상대적인 존재이자 상대적인 가치를 가지고 있듯이 육신 또한 길흉이 상대이다. 신왕하고 독립할 수 있는 주인공에겐 비견은 백해무익한 식객이요 장애물이지만 신약하고 관왕(官旺)한 주인공에겐 비견이 도리어 구세주가 된다. 관성이 왕성하고 신약하다는 것은 고개는 높은데 힘이 약해서 오르지 못하는 경우를 의미한다. 혼자서의 힘으로는 도저히 올라갈 수 없는 터에 또 하나의 친구가 와서 손을 이끌고 등을 밀어주니 그 덕에 벼슬길을 올라갈 수 있는 것이다. 이는 자동차나 기관차가 고개를 오르지 못하고 있는데 또 하나의 자동차나 기관차가 뒤에서 밀어주는 것과 똑같다. 내 힘 아닌 남의 힘에 의해서 정관을 감당하고 복을 누린다는 것은 인덕에 의해서 출세한다는 뜻이다. 남자의 경우는 형제와 같이 아버지의 덕과 상속을 나누고 다투는 것이 아니라 형제의 덕분으로 아버지의 덕과 상속을 누리게 되는 것이다. 그곳은 형이 받을 상속을 동생 된 자신이 상속하거나 형이 아버지 대신해서 나를 공부시키고 출세를 시키는 것이며 때로는 제삼자의 상속을 대신 받거나 삼자의 덕으로 벼슬하고 출세하는 행운을 잡기도 한다. 여자의 경우는 내 남편을 남에게 빼앗기고 반타작하는 것이 아니라 도리어 내가 남의 남편을 구하고 출세시킬 수 있음을 의미한다. 같은 동창의 남편이 출세하는 바람에 동창덕분에 자기 남편을 출세시키는 경우가 허다하다. 정관의 입장에 볼 때는 비견은 정재가 된다. 하나의 남편이 두 아내를 거느리고 있는 형국이다. 비견이 흉신인 경우엔 교양 없고 불성실한 두 여인이 남편을 놓고 서로 시기하고 질투하며 싸움질만 일삼고 남편을 괴롭히는데 반하여 비견이 길신인 경우엔 교양 있고 성실한 두 아내가 서로 합심하고 협력하여 남편을 돕는 형국이다. 아내는 남편의 유일한 보좌역이듯이 정관을 보좌하는 두 개의 비견은 바로 상사를 보좌하는 비서직을 의미한다. 그와 같이 정관이 있고 희신인 비견이 있으면 천부적인 비서직으로서 반드시 높은 귀인을 만나서 크게 재능을 떨치고 두각을 나타나게 된다. 여자인 경우 남편을 성실하게 보좌하는 현모양처임을 말할 나위도 없다. 그러나 비견이 흉신인 경우엔 사주에 비견이 있거나 비견의 세운이나 대운엔 남편을 보좌하는 여비서나 가까운 측근 사람(人)들이 남편을 유인하고 반분함을 암시하니 크게 조심해야 한다.

```
戊 辛 甲 甲          壬 辛 甲 甲
申 亥 子 戌          辰 亥 子 戌
 <사례 1의 명조>      <사례 2의 명조>
```

사례1의 명조는 정관이 득령하고(辛금이 申금에 뿌리내림) 재성이 도우니(戊土가 生金함) 관기(官氣)가 왕성하다. 마침 時上에 비견이 있어서 같이 협력하니 官을 감당하고 크게 출세한다. 비서로 출발하여 고관(高官)을 역임하였다. 재생관(財生官)하는 팔자이다. <財生官 官生印 印生我>그러나 사례2의 명조는 年柱가 壬辰으로 물바다가 되어서 수다금침(水多金沈)으로 官이 무력하다, 초년에는 신병(神病)으로 고생하다가 중년이후 南方火運에 比肩甲木과 戌土 재성의 힘으로 발복하였다. 그래서 사주팔자는 구성자체가 좋아야 한다.

　　　　丁　庚　庚　庚
　　　　巳　戌　戌　辰

정관이 실령(失令) 하였는데 두 비견이 일주와 정관을 다툰다. 상속관계로 형제간에 문제가 많았고 일생동안 호사다마 격으로 만사에 장애와 대립이 많았다.

　　　　乙　戊　戊　丁
　　　　卯　寅　辰　巳

정관이 득령(得令)하고 득국(得局)하여 감당하기 어려운 터에 비견과 인수를 보니 백만 대군을 얻음과 같다. 형제가 합심하여 조업(祖業)을 상속하고 크게 발전 시켰으며 형 때문에 출세의 길이 순탄하고 빨랐다.

　　　　己　壬　壬　壬
　　　　巳　申　寅　寅

정관이 실령(失令)하여 허약한데 비견이 좌우에서 정관을 가로채고 三分탁작하니 남편을 두 번이나 빼앗기고 결국 소실노릇 하며 살았다.

정관과 겁재<正官과 劫財>

겁재는 위협과 겁탈을 일삼는 별이다. 정관이 겁재를 보면 정관은 도둑맞을 위험이 크다. 비견은 같은 형제의 처지이니 서로 나누어 쓰자는데 반하여 겁재는 아예 송두리째 독차지 하겠다는 것이다. 그것도 정당한 절차를 밟거나 대가를 지불하고 점유하는 것이 아니고 완력과 강제로써 공짜로 집어삼키자는 것이다. 과연 눈뜨고 도둑맞을 사람이 몇이나 될 것인가? 그러나 열사람이 도둑 하나를 당 할 수 없다고 도둑이 뛰어든 이상 실물을 면하기는 어렵다. 평생 도둑과 씨름을 해야 하고 몇 번이고 도둑을 맞아야 한다. 노름꾼과 어울리면 노름을 배우고 노름꾼이 되듯이 도둑과 어울리면 나도 모르게 도둑질을 배우고 마침내 도둑이 되기 마련이다. 그래서 처음엔 도둑을 당하지만 마침내는 나도 도둑질을 하게 된다. 남자의 경우 겁재가 노리는 것은 아버지의 상속과 나 자신의 벼슬과 명성이다. 형제에게 재산을 빼앗기는가 하며 삼자에게 감투를 빼앗기고 이름도둑(名義盜用)을 당하는 경우가 많다. 진학과 승진에도 강대한 적수에 의해서 기회를 상실하는가 하면 법의 보호를 받는데도 장애가 많다. 여자의 경우는 남편을 빼앗는 비극을 평생 간직하고 있다. 혼담에서부터 결혼에 이르기까지도 허다한 애로가 있는가 하면 사랑하는 애인의 도둑도 여러 차례 한다. 그렇다고 도둑만 당하는 아니라 때로는 나 스스로가 도둑이 되는 수도 많다. 그것은 겁재가 희신이야 기신이냐에 따라서 성격을 달리한다.

겁재가 희신이면 도리어 빼앗는다.

겁재가 희신이면 겁재로 인해서 정관을 얻는 것이다. 상속을 통째로 점유하는 횡재(橫材)수가 있는가 하면 벼슬과 출세에도 생각지 않던 뜻밖의 요행이 있다. 정상적이 아닌 비상수단으로 아버지의 상속을 받고 벼슬과 출세를 이룩하는 것이니 그 주인공의 수단과 능력을 가히 짐작할 수 있다. 평범을 떠나서 능소능대하고 대담하여 모험과 투기를 즐긴다. 진학하고 승진하는데도 남의 기회를 곧잘 가로채서 자기 것으로 만드는가 하면 상사를 위협하고 요직을 정복하는 솜씨도 비상하다. 상사에겐 항상 두려운 존재로서 미운 자에 떡 하나를 더 주는 격으로 울며 겨자 먹기지만 출세하는 기회를 멋지게 요리한다. 돈을 쓰고 사교하는 데도 남달리 뱃장이 있고 비범하다. 어려서부터 아버지의 사랑을 독점하는가 하면 스승이나 상사의 신임도 독차지한다. 무엇이든 독차지 해야만 속이 풀리고 비약을 해야만 만족을 한다. 여자의 경우는 남편에 대해서 능소능대하고 사랑을 독점한다. 자신이 원하는 것이면 무엇이든 과감하고 대담하며 비범하게 독차지하고야 만다. 때로는 남의 애인과 남편을 가로채기도 한다. 그만큼 남성을 다루는 솜씨가 깜직하고 뛰어난 것이다.

```
乙 乙 甲 丙
未 酉 午 寅
```

위의 명조는 여명(女命)으로 정관이 월지에 있고 재성이 도우니 관기(官氣)가 왕성하다. 그런데 비겁이 중중하다. 비겁이 희신(喜神)인 경우로 보아야 한다. 친정 동기간의 도움이 많다. 다만 겁재성이 강하면서 희신 이어서 빼앗김 보다는 빼앗아 오는 경우로 살았다. 처녀의 몸으로 유부남을 만나 첫 번째 결혼하여 남매를 놓고 살았는데 남편의 덕이 없어 결국 이혼은 서류상으로 해 놓고서도 정관이 유기(有氣)하여 함께 살고 있다. 다만 상관성이 강하여 남편의덕이 없는 것이고 만약 갑목이 아니었다면 소실팔자인데 당당하게 살아가는 경우이다.

정관과 식신 <正官과 食神>

정관이 가장 두려워하는 것은 상관(傷官)과 칠살(七殺=偏官)이다. 칠살을 보면 관살혼잡(官殺混雜)이라 해서 한 여인이 두 남자를 거느리듯 불화와 손재 그리고 시끄러운 파멸을 초래한다. 그 칠살을 제거할 수 있는 유일한 명약이 바로 식신이다. 때문에 정관과 식신을 겸하고 있으면 평생 칠살이 침범할 수 없음으로써 혼잡 될 염려는 없다. 식신은 칠살 뿐 아니라 정관에 대해서도 통제 역할을 한다. 때문에 정관이 지나치게 왕성하여 일주가 감당할 수 없을 경우엔 식신으로 억누르고 조화시키니 일주에 순종하는 반면에 식신은 왕성하고 관성이 허약한 경우엔 관성이 더욱 무기력하여 짐으로써 벼슬길이 부실하다.

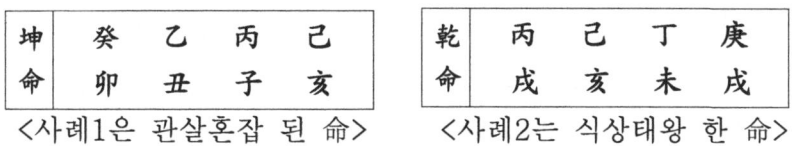

<사례1은 관살혼잡 된 命>   <사례2는 식상태왕 한 命>

사례1의 女命은 관살태왕에 식신이 약한 경우로 일부종사 못했고 삶이 고달프고 재물복도 없어 이혼하고 친정에 의지 하며 살아간다. 사례2의 男命은 월지 정관으로 유력해 보이지만 식상 태왕으로 정관이 무력하여 두 번의 공무원시험에 낙방하고 두 번의 지방의회 의원에 출마하였으나 낙선으로 벼슬길이 막혀 좌절 하고 말았다. 모두 정관과 식상이 균형을 이루지 못함에서 오는 것이므로 사주는 중화가 우선이다

　　　두 사주 모두 인수에 의존하는 팔자로 보아야 한다.

정관과 상관 <正官과 傷官>

관성을 정면으로 공격하고 만신창이를 만드는 사냥꾼이 바로 상관이다.

제멋대로 자라난 천상천하 유아독존처럼 독불장군인 상관은 머리가 면도날처럼 예리하여 누구도 간섭하고 지배함을 용납하지 않을뿐더러 상사나 연상에 대해서도 바른 말하고 비판하기를 서슴지 않는다. 벼슬아치를 하려면 뇌물이나 토색질도 하기 마련인데 상관은 그 모든 부정과 불법 그리고 월권행위 등을 하나하나 파헤치고 규탄하니 누구도 벼슬을 유지할 수 없다. 그래서 정관이 상관을 만나면 모든 비위사실이 만천하에 공개되고 규탄됨으로써 심하면 파직과 귀양(流配)살이 또는 옥사를 하고 가벼우면 강등좌천하게 된다. 이렇듯 상관은 벼슬길을 등지고 무찌름으로써 배록(背祿)이라고 한다. 그것은 천하의 벼슬아치들이 사시나무 떨듯 두려워하는 암행어사처럼 벼슬아치의 비위사실을 염탐하고 추상같이 규탄하는 것을 본분으로 한다. 정관이 상관을 보면 고양이를 만난 생쥐 격으로 위축되고 시들며 병들고 만신창이가 됨으로서 정관에 해당하는 아버지와 인연이 없고 선생과 상사와도 상극됨으로써 조실부하고 교육과 직장에도 인연이 없으며 여자는 남편 덕이 없다. 아버지의 말을 듣지 않고 속을 썩이니 아버지가 온전할 수 없고 선생과 상사에 바른 말하고 대항하니 어찌 정상적으로 공부하고 직장생활을 할 수 있겠는가? 여자 또한 남편에 대해서 아내의 분수를 지키지 않고 만사에 간섭하고 시시비비를 일삼으며 억누르려 하니 어찌 남편이 온전할 수 있겠는가? 그렇다고 상관은 덮어놓고 관성을 억누르는 것은 아니다. 관성이 득령하여 왕성한 경우엔 상관이 무력(無力)함으로써 이를 공격할 수가 없다. 가령 甲일생이 辛金이 정관인데 酉月생이라면 辛金이 왕성하고 상관인 丁火는 허약하니 정관 辛金을 억제할 수 없다. 그 일례로서 辛酉年 丁酉年 甲子年 戊辰時생은 年上 정관이 왕성함으로써 상관의 지배를 받지 않는다. 그것은 비단 정관뿐 아니라 모든 육신이 그러하다. 득령한 육신은 최강의 별로서 누구도 억제할 수가 없다. 상관이 정관을 공격하고 만신창이가 되었을 경우엔 정관은 이미 무용지물이 되고 상관만이 득세함으로써 상관위주로 통변해야 한다. 만일 정관이 득세하는 정관 운으로 행하면 쓰러진 정관이 백만 대군을 얻어서 재기하고 상관과 대결함으로써 상관의 무서운 분노와 반격을 받고 처참한 패배를 당한다. 이 불구대천의 대립을 해소하고 중화시키는 것은 오직 재성뿐이다. 그래서 재운을 만나면 상관과 정관을 동시에 활용하고 재물을 생산하는 벼슬길이 높아짐으로써 부귀를 누릴 수 있다. 재성은 곧 수단과 융통성을 상징하니 경위와 원칙만을 따지는 상관이 수단과 융통성을 배합하면 능소능대하여 부귀를 누릴 수 있다는 것이다.

乾命	壬戌	壬寅	丁卯	戊申
수	2	12	22	32	42	52	62
대운	癸卯	甲辰	乙巳	丙午	丁未	戊申	己酉

戊申	丁卯	壬寅	壬戌	乾命

<傷官 見官 의 命造>

위의 사주는 寅月 木旺節의 丁火라도 입춘 3일밖에 되지 않아 아직은 차가운 기운이 강한데 寅中戊土가 투출하여 강하게 설기하고 年月干의 壬水가 투합은 하지만 申金長生支의 강한 壬水가 剋火하니 傷官用印格 사주로 보아 寅木 인수를 用하게 된다. 그런데 柱中申金財가 탐이 나나 일주가 약하여 쓰지 못하니 탐재괴인이 된다. 申금이 用神之病이고 火가 약이 되는데 卯甲之運에는 잘 발달하더니 巳운에 접어들면서 用神 寅木은 病於巳宮하고 巳中庚金은 時支申金과 合勢하여 용신을 강하게 극하니 죽고 말았다.

[참고] 이 사주는 극형을 받아 죽었다고 하는데 왜일까? 고서에서는 본 명조는 상관격(傷官格-관을 상하게, 또는 무시하는 격)으로 관아지관헌(管我之官憲-나의 대공을 지켜주는 관인 법)을 극하여

능욕(凌辱-남을 깔보고 욕되게 함)하려는 정신이 있는데 인수를 배경으로 존재하다가 인수가 피상 당함으로 본신은 힘이 없어지고 관을 상하게 한 죄는 무사할 수가 없어 그만 능멸한 죄로 극형을 당했다고 한다. 그러나 명리정종에서는 상관은 관아지관 곧 나를 관제(管制:중요한 것을 지켜주는)하는 관헌(官憲:공무를 집행하는 법)을 극하는 것이 되니 죄와 벌을 받았을 것이라고 했고, 연해자평에서는 관을 극하고 오만불손 자기 과신하고 타인을 무시하는 경향으로 보았다고 기록되었다.〈傷官見官이 이사주의 핵이다〉

정관과 정재〈正官과 正財〉

정관은 정재를 보호하는 재산관리자로서 정재는 정관에게 일정한 녹(祿)을 제공한다. 정관은 정재의 녹을 먹고 살고 정재는 정관의 보호로 산다. 양자는 서로 의지하고 상부상조하니 천생연분이라 하겠다. 그러나 양자는 모든 주인 된 일주에게 종속된 주인의 종이요 재산으로서 모든 것은 주인의 뜻과 능력에 달려 있다. 주인이 유능하고 건전하면 종과 재물을 충분히 다스릴 수 있음으로써 종의 방종과 부정이 자행된다. 신약하고 재관이 무성하면 병든 환자가 많은 종과 재물을 지니고 있는 형국이다. 주인이 유능하고 눈을 똑바로 뜨고 감시해도 종은 주인을 속이고 재물을 가로채는 습성이 있는 것인데 주인이 병들고 무능하니 어찌 종이 주인에게 충성을 다하고 재산관리를 정직하게 할 수 있겠는가? 종은 주인을 속여서 재산을 가로채고 살이 찌는데 반하여 주인은 재산을 몽땅 잃고 더욱 야위어 간다. 종은 기세가 당당하여 마침내 주인 위에 군림하고 주인을 호령하며 녹을 강요하니 주인은 핍박에 못 이겨 많은 빚을 지게 되고 평생 종에게 얽매여 산다. 건강이 좋지 않고 가난에 시달리며 자유와 햇빛을 볼 수가 없다. 자고로 종이 잘나고 강하면 주인의 재물과 권리를 탐하고 빼앗는 법이니 무력하고 가난한 자는 종을 두어서는 안 된다. 고려가 이성계(李成桂)에게 나라를 빼앗긴 것은 바로 그 전형적인 생생한 실증이다. 주인이 똑똑하고 건전하면 정관과 정재를 능히 다스릴 수 있으니 종의 반감은 언감생심이다. 정관이 강하고 정재가 허약하면 재물위주로 관찰한다. 정관은 봉직자요 정재는 기업이니 그 주인공은 기업을 떠나서 봉직이 천직이다. 반대로 정재가 강하면 재물이 풍부하니 의당 기업으로 치중하고 치부한다. 돈이 있으면 종은 얼마든지 거느릴 수 있으니 정관 또한 건전하고 부와 귀를 함께 누릴 수 있다. 재는 관을 길러주는 밑거름이요 유모이니 재가 있으면 벼슬길은 자동적으로 순탄하고 높아진다. 이때에 가장 아쉬운 것은 벼슬길에 올라선 주인공을 배부르게 살찌우고 기운을 공급하는 인수가 꼭 있어야 한다는 것이다. 정재는 근면과 성실의 상징이니 정재와 정관이 있으면 사람이 대나무처럼 곧고 바르며 개미처럼 부지런하고 열성적이다. 순수한 실력과 근면과 정직으로 공을 세우고 벼슬이 높아지는 것이니 피와 땀의 대가로 한걸음 한걸음씩 기반을 다져가는 것이다. 때문에 소걸음처럼 느리고 차분한 반면에 하루아침에 굴러 떨어지는 일락천장은 없다. 재물 또한 오로지 피와 땀으로 한푼 두푼 모음으로써 벼락부자나 벽락 출세는 할 수 없으나 세월과 더불어 단계적으로 치부한다. 그 주인공은 평소에 절약하고 검소하며 부지런한 동시에 아량이 있고 인정이 풍부하다.

정관과 편재 <正官과 偏財>

　정관과 편재는 정관과 정재의 경우와 똑 같다. 다만 벼슬하고 돈 버는 방법만이 크게 다를 뿐이다. <u>정재는 성실과 근면으로 정당하고 합법적이며 단계적으로 돈을 벌고 벼슬길에 올라가는데 반하여 편재는 수단과 요령으로 일약 돈을 벌고 벼슬을 하는 벼락부자와 벼락출세를 도모하고 추구한다.</u> 그만큼 솜씨가 비범하고 능소능대하며 실력을 넘어서 몇 배의 소득을 얻는다. 앞서 말한 대로 정재는 자기 능력대로 일하고 가산하여 상사의 신임과 총애를 가중(加重)시키고 가속도로 승진하고 치부한다. 그만큼 머리 쓰는 것이 비상하고 탄력이 있다. 그것은 일상근무에서 두드러지게 나타난다. 정재는 맡은바 자기 할 일만을 부지런히 하고 실력과 능률을 과시하는데 반하여 편재는 맡은 일도 정재보다 빠른 속도로 척척 해앨 뿐 아니라 상사의 눈치와 비위를 맞추어서 멋지게 요리하고 뇌물공세도 서슴지 않는다. 일 잘하고 보비위 잘하고 돈까지 선물하는 편재의 정성에 감동하지 않을 상사는 없다. 기회만 있으면 그를 승진시키고 자기 심복과 측근자로 가까이 이끌어주니 승진과 출세에도 계단을 넘어선 비약이 잇달고 멋있게 벼락출세를 한다. 그래서 일 잘하는 정재의 어깨를 밟고 머리위에 군림하며 그 솜씨에 탄복한 상사들의 오른팔 노릇을 한다. 그러나 약빠른 고양이가 밤눈을 못 보듯이 때론 자기 꾀에 자기가 걸려 넘어질 때가 있으니 분수를 지켜야 한다. 그렇다고 편재는 덮어놓고 수단과 요령이 뛰어난 것은 아니다. 편재가 태과하거나 여러 개 있어서 흉신으로 변질하거나 편재는 희신이나 무력할 경우엔 솜씨가 경솔해 외면당하는 반대적 현상이 일어난다. 불신하거나 서툰 솜씨에 출세와 치부의 기회를 베풀 바보천지의 상사는 거의 찾아볼 수 없듯이 그에겐 말단의 고달프고 배고픈 직분이 기다리고 있을 뿐이다. 특히 편재가 많은 사람은 사교성과 요령은 비범하나 거짓말을 식은 밥 먹듯 하고 지나친 재간을 희롱하다가 불신과 봉변 배척과 몰락을 당하기 쉽다.

乾命	癸巳	乙丑	辛巳	乙未
수	6	16	26	36	46	56	66
대운	甲子	癸亥	壬戌	辛酉	庚申	己未	戊午

| 乙未 | 辛巳 | 乙丑 | 癸巳 | 乾命 |

음 팔 통의 사주라도 오행을 모두 갖추고 丑월 未시에 나서 인성이 강하면서 년일지의 두 巳화가 官印相生으로 도우니 순화되어 유력 하므로 乙木 편재를 용신한다. 편재 乙木을 용신으로 삼을 경우 水 대운을 기뻐하고 비견대운을 꺼리게 된다. 이사주의 주인공은 의사 인데 辛酉 비견대운 乙亥년에 생각지 않은 시비에 휘말려 거금을 손해 보았다고 한다. 재성은 지지에 있어야지 천간에 뜨면 날아가 기 쉽다고 한다. 그러나 천간에 관살이 있어 財生官을 받고 비견을 견제하면 무난하지만 그렇지 못할 시에는 비겁 운을 꺼린다.

| 庚寅 | 辛卯 | 己亥 | 丙寅 | 乾命 |

사례1의 命造는 貴命 孫 中 山

| 壬戌 | 戊申 | 戊寅 | 庚戌 | 乾命 |

사례2의 命造는 比多 食神生財

사례1의 경우는 通氣가 잘 된 명조이면서 상관생재로 부귀를 겸 전한 사주이다. 官印相生 되고 傷官生財로 까지 통기되면서 신약하 지 않고 조화를 이룬 부자의 사주이다.

사례2의 경우는 비견이 과다하나 식신생재로 이어지면서 寅목 편 살이 약신 역할을 잘 하고 있어 조화를 이룬 팔자이다. 흠을 잡자 면 양팔통으로 음양의 조화를 이루지 못해 독선적일 것 같지만 식 신생재하고 寅목의 제제로 합리적인 사람으로 변한 사주이다.

정관과 정관 <正官과 正官>

　정관이 정관을 보면 재상이 재상을 보고 남편이 남편을 보는 격이다. 한 나라에 두 재상이 맞서고 한 가정에 두 남편이 맞선다면 어찌 되겠는가? 재상은 나라 일보다 자리싸움에 정신이 없고 남편은 가정보다도 주권다툼에 여념이 없다. 그들은 서로 시기하고 질투하며 독점하려고 아우성이니 재상과 남편은 유명무실하기보다 도리어 골치 아픈 부담이 된다. 도대체 한 나라에 재상이 둘이요 한 여자에 남편이 둘이니 어느 편에 택할 것인가? 얼굴도 같고 음성도 같으니 어느 한쪽을 택할 수는 없다. 그렇다고 서로가 본분을 망각하고 내쫓지도 않은 채 눈만 뜨면 싸우고 록은 또박또박 청구하니 국고와 살림은 낭비할 수밖에 없다. 그래서 정관이 둘이상이면 정관을 쓰지 못하는 무용지물로서 돈만 곱으로 지출되고 마침내 가난에 빠진다. 쓸모없는 남편과 재상에 돈을 곱으로 써야하니 어찌 감당하겠는가? 그 임금과 여인이 평생 재상과 남편 때문에 골치 아프고 고생할 것은 불문가지다. 물론 이것은 정관의 입장에서 볼 때의 관찰이다. 임금이나 여인의 입장에선 그 반대적이다. 재상이나 남편별을 둘이 갖게 된 것은 하나 가지고는 부족하기 때문이다 무능하기 때문에 또 하나를 늘린 것이다. 새로운 인재를 택했으면 전임자는 모름지기 물리쳐야 하는데 그대로 두는 이유는 무엇인가? 역시 똑같이 부족한 인물이기 때문이다. 바꿔 봐도 시원치 않은 재상이나 남편은 연달아서 바꾸기 마련이다. 그렇다고 마음에 맞는 인물이 나올 수는 없다. 형식상으로는 엄연히 임자가 있는 여인에게 올바른 인물이 접근하겠는가? 그와 같이 정관이 둘 이상이면 모두가 부실한 것들이요 그래서 변동은 갖은 것이다. 남자의 경우 정관은 벼슬하는 직업에 해당한다. 벼슬길을 여러 번 바꾼다는 것은 처음부터 벼슬이 부실한 때문이니 벼슬과는 인연이 좋지 않다는 결론이 나온다. 그래서 주인공은 이것저것 손을 대기 마련이며 만사가 유시무종으로 허물어진다. 여자의 경우 정관은 남편의 별이다. 남편을 여러 번 바꾼다는 것은 그만큼 남편이 부실하고 남편에 불만이 많은 때문이다. 그 여인에게 좋은 남편이나 남편의 덕을 기대할 수는 없다. 정관은 인격과 품위 그리고 그것들을 길러주는 아버지와 스승 교육과 귀인의 별이기도 한다. 그 별이 부실하다는 것은 그 별 속에 있는 아버지와 스승의 덕이 없듯이 교육과 인격 또한 부실함을 암시한다. 정관은 군자를 상징한다. 군자는 도리어 어긋난 시기 질투나 자리다툼은 하지 않는다. 하물며 한 여인을 놓고 남편 싸움을 하겠는가? 그것은 군자의 탈을 쓴 소인이요 싸움을 일삼는 사이비영웅들이다. 그래서 정관이 대립하면 칠살로 격하시킨다. 칠살은 군자가 될 수 없듯이 재상이나 큰 인재가 될 수 없다. 시기 질투와 모략중상을 일삼는 음모 공작이나 싸움으로 훈장 타는 무관에 적합하다. 눈만 뜨면 서로 잘난 채 상대방을 비방하고 자리다툼에 혈안이며 감투싸움을 일삼고 있으니 그 나라 그 가정이 평화롭고 온전할 수는 없다. 언제나 불화와 질투와 중상과 대립과 싸움이 가실 날이 없다. 그렇다고 정관의 난립과 집단이 반드시 쓸모없고 불행한 것만 아니다. 무엇도 약에 쓴다고 정관의 난립도 유효하게 쓰는 경우도 있다. 일주가 태과해서 안하무인이요 정관이 약해서 버릇을 고치고 법도를 다스릴 수 없는 경우엔 정관이 다다익선이다. 가령 土일주가 土왕하고 土다하면 木이 무력하고 一木으로서는 경작할 수 없으니 이런 때엔 木이 많을 수 록 좋다. 그것은 나라와 가정이 여럿이면 재상과 남편도 그 숫자만큼 여럿이어야 한다는 분립의 원칙을 의미하는 것이다.

이 사주는 관살 혼잡한 명조로 구성되었으나 묘하게도 월주와 일주가 天合 支合 되고 시간 丙火 재성이 시지 辰土에 財生官하고 辰土는 일지酉金에 合殺하면서 官印相生을 하므 로서 살중신경(殺重身輕: 殺인土는 강하고 身인水는 가볍다) 함에도 묘한 것은 年上

의 己土는 자기 앉은자리 酉金에 生金하고 월지 辰土는 酉金과 辰酉合金하여 일주를 생하니 이것이 살다인생(殺多印生: 살이 많지만 나의인수를 생하여줌)이요 살인상생(殺印相生)이라 하는 것이다. 이 사주는 정관이 정관을 보았어도 관인상생(官印相生)으로 연결 되어 무방한 사주이다. 다만 官殺혼잡으로 살로 보아 殺印相生格으로 본다.

정관과 편관(一名 官殺混雜)

　정관은 군자요 편관은 소인이다. 군자와 소인은 질이 다르고 격과 행동이 다르다. 군자는 법을 앞세우고 소인은 주먹을 내세운다. 양자는 물과 기름으로서 결코 융합하거나 화평할 수가 없다. 법이 어지러워지고 체통 또한 무너져서 무법천지가 된다. 법이 없으면 생명과 재산을 보존할 수가 없다. 언제 어떠한 변을 당할지 전전긍긍이다. 법이 없으면 주먹이 왕초다. 주먹은 닥치는 대로 치고 빼앗는다. 생명과 재산이 무방비상태이니 어찌 온전할 수 있겠는가? 돈만 있으면 주먹이 달려든다. 돈을 빼앗기면서도 마음이 불안하다. 한시도 마음이 평온할 수가 없다. 마치 호랑이 굴에 얽매여 사는 격이다. 여자의 경우는 정관은 남편이요 편관은 정부(情夫)격이다. 남편과 정부가 한집에 살고 있으니 그 틈바구니에서 여인은 어찌될 것인가? 우선 그 여인은 좋든 싫든 남편과 정부를 똑 같이 공경하고 거느려야한다 술을 원하면 술을 대작하고 춤을 추어야 하고 노래를 원하면 노래를 부르고 노름을 즐기면 노름을 해야 한다. 그것은 다예다능이기 보다 만능이어야 한다. 솜씨가 빠르고 수완이 능해야 한다. 그러나 재능만으로는 두 남자를 거느릴 수 없다. 돈을 물 쓰듯 해야 한다. 돈이 떨어지면 남편이나 정부가 발작을 하고 폭군으로 돌변한다. 돈을 벌기 위해선 온갖 재능을 발휘하고 발버둥을 치지만 한 몸으로 두 남자를 섬길 수 없다. 가난에 시달릴 뿐 아니라 육체적으로도 과로에 지칠 수밖에 없다. 힘에 겨워 공경이 부실하면 늑대처럼 포악해지는 것이 남성이다. 포악과 싸우면 나 또한 포악해진다. 모든 것이 야성적으로 변질해가는 것이다. 성급하고 본능적이며 편굴하고 잔인하며 물불을 가릴 수 없다. 남편을 따를 수도 정부를 따를 수도 없다. 일생을 방황하고 허둥지둥 뛰어야 한다. 죽도록 공경해도 선무공덕이다. 그리고 끝내는 사고무친의 무방비상태에서 가난에 울고 질병에 울고 배신과 허탈에 울다 지쳐 쓰러진다. 그래서 <u>관살이 혼잡이면 다예다능 하나 가난하지 않으면 단명하다고 한다. 앞서도 말한 바와 같이 관성은 완만한 단계적 고갯길이요 칠살은 가파른 절벽의 고갯길이다.</u> 평생을 고개와 질병으로 줄달음쳐야하니 무거운 화물(재물)을 운반할 수는 없고 알몸으로 뛰자니 배고프며 가슴을 벌떡이고 고갯길을 달리자니 호흡기간이 온전할 수가 없다. 여자의 경우는 두 남편을 거느리니 색정관계로 일생을 허덕이게 된다. 한 여인이 두 남자가 따른다는 것은 호색에 앞서 맵시가 뭇 남성을 유혹할 만큼 매력적임을 암시한다. 그것은 남성의 경우도 똑같다. 주색을 즐기고 호탕하며 색정문재로 산재하고 방향감각을 잃기 쉽다. 그렇다고 관살혼잡은 덮어놓고 나쁜 것은 아니다. 정관이 난립해도 일주가 태왕하면 도리어 다다익선이듯이 관살 또한 身이 태왕한 사주엔 금상첨화로 희신이 되고 많은 재물을 생산하고 주인을 공경한다.

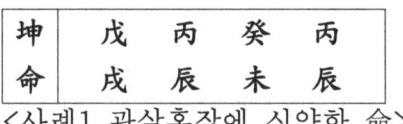
<사례1 관살혼잡에 신약한 命>

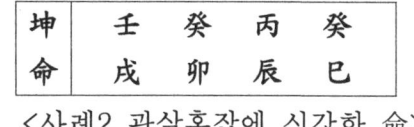
<사례2 관살혼잡에 신강한 命>

사례1의 경우 신약한 관살 혼잡의 명으로 삶이 고달프고 천하게 살아야 할 명조로 관살에 끌려 다니며살아야 하비만 사례2의 경우 관살혼잡이라도 월에 득령 하고 시지 巳화에 록을 놓아 신강 하므로 관살을 내 마음대로 부릴 수 있다. 관살 혼잡이라고 무조건 나쁘게 보면 안 된다. 癸未일주 여성은 필자가 그를 만난 당시 "창림"이라는 오십대 후반의 여성의 이었는데 사릉이라는 서울 인근

도시에서 그 나이에 아직도 티켓다방에서 불려나가는 존재로 살고 있더라고요, 일지기 남자를 만나 결혼하여 3남매를 두고 남편이 사망했다 네요, 살아가기가 너무 힘들어 방안에 연탄불을 피워놓고 자손들과 가족동반자살을 시도 했는데요, 아들여석이 엄마 나 죽기 싫어 라고 해서 부둥켜 앉고 실컷 울고 나서야 그래 살자 라고 생각하고 별짓 다해가며 살았답니다. 지금은 자녀들은 다 커서 장성했고 혼자서 그럭저럭 살아간다는데요, 팔자는 못 속인다고 관살이 기신이니 지금도 이 짓거리를 하며 살아가는 가 봅니다.

사례2의 丙辰일주 여성은 남자관계는 좀 복잡해도 남자 덕 보고 살아가는 것을 보면서 그래도 신강한 명조라서 관살을 내가 요리할 수 있어서임을 확인 하였다.

정관과 인수<正官과 印綬>

관성은 아버지요 인수는 어머니다 아버지 있는 어머니와 어머니 있는 아버지는 다정하고 합심해서 자녀를 기르고 보살핀다. 반대로 아버지 없는 어머니와 어머니 없는 아버지는 고독하고 허전하여 자식에 대해서도 전념하기가 어렵다. 편친 슬하에서 자라나는 자녀가 오붓하고 순탄할 수는 없다. 때로는 짜증을 내고 신경질을 부리는 허탈상태의 편친에게서 어찌 따뜻하고 아기자기한 사랑을 기대할 수 있겠는가? 정관은 엄격한 인격자요 인수는 자비로운 모성이다. 품위 있고 덕망 있는 아버지와 자비하고 자상한 어머니의 슬하에서 자라난 주인공이 정신적 육체적으로 완전무결하고 빈틈이 없는 인격과 품위를 지니고 있음을 말할 나위도 없다. 어려서는 좋은 집에서 호의호식하고 부모의 엄격한 훈육으로 품성을 도야하며 자라나서는 학교의 최고 상아탑까지 고루 거쳐서 풍부한 지력과 체력을 개발하니 천하의 동량이 될 수 있는 유능한 인재가 된다. 어디를 가든 중추적인 인물로서 단연 두각을 나타내고 두터운 신임과 명성을 누린다. 벼슬길은 천직으로서 처음부터 순탄하고 빠르다. 출세에 있어서 정관은 정상의 고갯길이요 인수는 올라가는 원동력 즉 연료다. 고갯길을 오르려면 기름이 풍부해야한다. 정관의 길은 탄탄한 대로다. 길이 넓고 기름이 풍부하니 정상에 오르기는 무난하다. 아버지는 앞에서 끌고 어머니는 뒤에서 미니 순풍에 돛단배 격이다. 부모가 훌륭하면 무엇이든 극복할 수 있듯이 정관과 인수가 있으면 官印이 相生하여 어떠한 육신이 와도 무난하다 재성이 오면 관성이 통관하고 중화하고 인성을 보호하고 상관이 오면 인성이 가로막고 중화시켜 정관을 보장한다. 그래서 평생 재난이 침범하거나 이변이 발생할 염려가 없다. 위기에 직면하거나 어려운 문제에 부딪히면 반드시 구제하는 손길과 귀인을 만나서 원만히 해결된다. 그러나 인수가 둘이거나 관성이 둘일 경우엔 사정이 달라진다. 인성이 둘이면 아버지가 두 어머니를 거느리는 격이니 건전할 수가 없다. 허약하고 허덕이며 무기력하고 단명하다. 그와 같이 벼슬은 뜨거운 햇빛에 눈 녹듯 녹아내리고 기름으로 변하여 기름바다가 되니 바퀴가 미끄러지고 곤두박질하듯 만사가 겉돌고 침체된다. 가령 甲일생이 印인 水가 많으면 官星인 金은 가라앉고 木은 떠내려가니 벼슬은 고사하고 정착조차 하기 어렵다. 반대로 관성이 둘이고 인수가 하나면 한 어머니가 두 아버지 격이니 어머니가 허약하고 무기력한 반면에 관성이 칠살로 변질하니 군자 같던 아버지가 소인으로 둔갑한다. 아버지는 소인이요 어머니는 허약하니 어찌 부모덕이 두터울 수가 있겠는가? 그러나 인수는 정관에 비해서 관대하고 정관을 순종하니 두 아버지를 정성껏 공경한다. 그 덕망에 두정관은 감동하여 감화되고 자제하니 정관이 정관을 본 것처럼 시기질투하고 싸움을 일삼지 않는다. 인성은 곧 어질 인(仁)으로서 만인을 덕으로 교화시켜 화평을 이루는 것이다.

| 坤命 | 丁酉 | 庚戌 | 丙寅 | 壬辰 |

| 壬辰 | 丙寅 | 庚戌 | 丁酉 | 坤命 |

　위의 경우는 오행이 균형을 이룬 경우로 일간 丙화가 일지 印綬를 놓고 시간에 殺을 놓아 官印이 相生하여 좋은 팔자로 무난한 삶을 살아간다. 재성도 유기하고 식상이 생재로 이어지므로 거부는 아니라도 부자의 命이다. 이와 같이 오행이 균형을 이루면서 일간이 약하지 않으면 호명(好命)으로 보아야 한다. 다만 관고(官庫)를 놓아서인지 남편의 하는 일이 잘 안 되는 것이 흠인 정도다.

정관과 편인 〈正官과 印綬〉

　정관은 생모가 자식을 기르듯 스스로 우러나오는 자연적이고 천부적인 사랑과 자비와 덕망인데 반하여 편인은 계모가 자식을 기르듯 재치로 꾸며진 인공적이고 타산적인 사랑과 자비와 덕망이다. 인수가 진실과 정성과 덕으로 상전인 정관을 섬기고 모신다면 편인은 꾸며진 웃음과 재치와 아양으로 상전을 멋지게 공경한다. 인수는 덕과 실력은 있으나 아양과 재치가 없는데 편인은 눈치 빠르고 재치가 넘치며 아양과 서비스는 만점이나 진실과 신망이 없다. 그렇다면 상전은 어느 편을 측근으로 등용하고 출세시키겠는가? 자고로 여성은 여우라야 남성을 사로잡는다고 정관의 눈길은 덕이 넘쳐흐르는 인수보다 아양이 꿀처럼 넘쳐나는 편인에 쏠리기 마련이다. 그와 같이 실력이나 인간성으로는 인수가 월등하게 우위를 차지 하지만 처세와 재치 면에서는 편인이 단연 능소능대하다. 그것은 정재와 편재의 경우와 비슷하다. 모두가 꾸며진 웃음이요 애교요 매력이지만 정관의 마음을 사로잡기에는 충분하다. 그래서 상사의 총애와 신임은 인수보다 편인이 쉽게 독차지하고 출세 또한 가속화하게 된다. 수완과 요령이 비범한 편인의 인기와 명성은 그 누가 당해 낼 수 있는가? 그러나 쉽게 끓는 냄비가 쉽게 식는다고 편인의 인기와 명성은 오래 갈 수가 없다. 당장은 꾸밈으로 속일 수 있지만 언제까지나 속일 수는 없는 것이다. 그와 같이 편인으로 정관을 요리하고 출세하는 길은 평탄하지가 못하다. 때때로 진실이 탄로되고 말썽을 일으키며 변화가 무상하다. 그 단점을 메우기 위해서 편인은 만사에 스피드를 낸다. 성급하게 서둘고 언제나 초조하고 불안하다. 엄격한 아버지의 훈육과 간사한 어머니의 재치로 길러진 주인공이 군자와 간사의 양면성을 지니고 있음은 물론이다. 그래서 그의 처세는 군자 같으면서도 재치 있는 연기로 기우러진다. 시종일관하기가 어렵고 재승박덕한 것이 흠이다. 그러면서도 벼슬길을 올라 갈 수 있는 것은 정관의 엄격한 지도력 때문이다. 어머니는 간사하지만 아버지가 군자임으로써 군자의 기질에 재치를 가마하여 멋을 아는 군자로 출세 할 수 있는 것이다.

정관의 통변

1. 정관이 합하면 탐합망관(貪合忘官)이라 해서 벼슬아치가 색정에 빠진 나머지 벼슬길을 외면하듯 정도(正道)와 본분을 잃고 주색에 빠지거나 호사다마로 출세의 기회를 잡을 수가 없다.

2. 관인이 상생하고 재성이 없으면 신약해도 무방하고 출세할 수 있다. 만일 신약자가 재를 보면 물욕 때문에 출세의 길이 막히는 동시에 건강이 온전하지 못하고 질병으로 고생이 많다. 이는 허약자가 높은 벼슬길에 오르는데 무거운 짐을 가지고 가는 형국이다.

3. 官星이 三合局 또는 方局을 이루고 재성이 관을 도와주면 어린이가 무거운 짐을 지고 태산준령을 넘는 형국이니 비록 벼슬길을 태산처럼 크고 높다하나 몸이 허약해서 감당할 수가 없다. 대운에서 신왕자를 만날 때 비로소도 튼튼하고 벼슬과 명성을 떨칠 수가 있다.

4. 신약한데 재관이 만반(滿盤-네 기둥에 가득함)이면 병든환자가 무거운 짐을 지고 가파른 벼슬길을 오르는 형국이니 아무리 몸부림쳐도 성사 될 수 없다. 애만 쓰고 공이 없으니 만사불성이요 만일

재운이나 관살 운으로 가면 더 많은 짐을 싣고 더욱 가파른 고갯길을 오르려 하니 숨이 가쁘고 기진맥진 하듯이 폐병 등 호흡기간 질병으로 신음하게 된다. 만약에 칠살이 있고 다시 칠살 운으로 가면 정처 없이 떠도는 유량의 길을 방황하거나 관재(官災)로 옥고를 치르기도 하고 질병으로 수술 또는 중병을 앓게 된다.

5, 관성이 왕성하면 상관을 두려워하지 않는다. 그러나 상관 운이나 칠살을 만나면 평지풍파가 발생하고 좌천 강등실직 등 이변을 겪는다.

6. 지지에 관성이 거듭 있고 천간에 관성이 여러 개 나타날 경우 다시 관운으로 행하면 관성이 귀살(鬼殺)로 변하여 온갖 재난이 잇달아 발생하고 파산 망신을 겪으며 심하면 목숨을 잃는다.(例:甲日 丑日 酉時生이 天干에 辛多하고 酉運에 도달하는 경우)

7. 일지에 건록이 있고 비견겁재가 있으면 관성이 많아도 해로울 것 없다. 능히 감당할 수 있기 때문이다.

8. 관성을 쓰는 경우 일지에 재성과 인성이 같이 있으면 마침내 발복하고 (例: 甲辰 庚辰日)만일 일지에 상관이나 칠살이 있으면 마침내 질병으로 욕을 본다.(例: 甲午 甲戌 甲申)

9. 칠살이 왕한데 묘지(墓)에 이르면 주거지와 숨명을 연장하기가 어렵다. 사나운 호랑이가 함정에 빠진 격이다.

10. 관성이 많으면 완고하고 흉폭하며 살림이 넉넉지 못하고 수명도 위태롭다.

11. 관성이 일시에 건록을 얻으면 등과 급재하고 현명하다. 12. 관성은 있고 인성이 없으면 발복하기 어려우나 깨끗한 이름을 남긴다. 반대로 인성은 있고 관성이 없으면 이름은 떨치나 늦어진다.

13. 관성이 양인을 만나면 만사가 막히고 무너지기 쉽다. 관성은 법과 질서를 바탕으로 하는데 양인은 유아독존으로 법과 질서를 무시하고 허물어뜨리기 때문이다.

14. 상관이 많고 신약하며 재관 운으로 가면 반드시 발병한다. 관성이 칠살을 만나고 (관살혼잡)다시 살 운으로 행하면 표류(漂流) 또

는 쫓기는 몸이 된다. 만일 신왕하고 인성이 있다면 무난하고 무해한다.

16. 관성이 시지(時支)에서 장생(長生)이나 건록 제왕에 해당하는 생왕(生旺)을 얻는다면 설사 상관이 있다 해도 극복해서 큰 해는 없지만 만일 시지에서 쇠. 병. 사 등 허약한 근기에 해당하면 상관을 만나는 경우 반드시 직장을 잃고 고심과 재난이 떠나지 않는다(例: 己日生은 甲을 으로 삼는데 時支가 亥나 寅卯가 되면 生旺이 되고 辰巳午申酉가 되면 쇠가 된다).

17. 월이나 시에 관성이 있는데 다시 관성을 보면 귀살(鬼殺)로 변하여 반드시 재난이 잇달아 발생한다.

18. 관성이 칠살을 보거나 묘지(乙日生은 庚이 정관이요 庚은 丑이 묘지가 된다)에 이르면 건강과 수명이 위태롭다. 19. 관성이 세운에서 干合 되면 반드시 실직하고 세운과 충이 되면 반드시 소송이나 분쟁 또는 시끄러운 사고가 발생한다. 단 비견이 있으면 관성과 투합이 되거나 합이 됨으로써 반드시 구제된다.

20. 관성이 많은데 세운에서 또 관성을 보면 소위 관성회집(官星會集)이요 요절하는 요절살(夭折殺)이라 한다. 만일 신약하고 관성을 억제하는 별이 없으면 죽음을 면하기 어렵다. 그러나 신왕하고 비견 겁재 또는 상관이 있다면 도리어 길하다.

21. 일주와 관성이 간지 모두 합하면 군신이 일치단합 되고 신하가 임금의 측근으로서 크나큰 신임을 받는 형국이니 귀명(貴命)이다. 만일 관성이 일주와 동순(同旬)이라 면 더욱 영화롭다.

22. 관성이 장생이나 건록 제왕을 보면 득지라 하고 사 묘(死墓)를 보면 실지라고 한다.

관성과 연월일시

23. 年上에 정관이 있으면 세덕정관(歲德正官)이니 가문이 훌륭하고 혈통이 바르며 조상의 음덕을 누리고 부업(父業)을 능히 계승한다. 장자인 경우엔 더욱 복덕이 크고 일가의 후계자로서 복록이 진진하며 아버지 생전에 상속을 받는다. 월간에 정관이 있어도 이와 비슷하다.

24. 월주에 정관이 있으면 장남이 아닌 차자요 아들이 있고 손자가 있으며 반드시 부모의 사랑을 받고 일생 노고가 적다.

25. 월지에 정관이 있고 유력(상관이 없음)하면 일생동안 가난하지 않고 탐욕이 없으며 크나큰 행복을 누린다.

26. 월주에 정관이 있고 유력하며 인수가 있으면 부귀하고 직업 운이 왕성하다.

27. 일지에 정관이 있으면 자력으로 독립하고 출세하며 양가집 아내를 얻고 처덕으로 복을 누리며 천원좌록(天元坐祿)이라 해서 영리하고 임기응변에 능하며 모사에도 뛰어나서 재관 운에 반드시 발복한다. 여자인 경우엔 좋은 배필을 얻는다.

28. 시주에 관성이 있으면 자녀가 현명하고 출세하여 봉양을 잘하니 말년에 발복하고 재관인 운에 빛을 크게 본다.

정관과 육신과 十二운성

29. 정관이 비견위에 앉자 있으면 남의 가산을 상속하거나 권리를 얻으며 혹 형제의 뒤를 상속하기도 한다(癸日 戊子).

30. 정관이 겁재를 타고 있으면 형제가 불화하고 윗사람의 재물을 무너뜨리며 색정상 문제와 과오가 많고 남의 일로 연루(連累)되는 경우가 많다(己日 甲戌).

31. 관성이 관성과 같이 있으면 (同柱)상속권을 잃고 남의 일로 손해를 많이 당하며 평생 괴로움이 떠나지 않고 여자는 배우자가 질병으로 자주 고생하고 남자는 아들의 생리사별이 있다(丁日

壬戌).

33.관성이 재성을 타고 있으면 물질이 풍부하고 상공(商工)에 밝으며 명리(名利)를 겸하고 두터운 신임으로 크게 출세 한다(甲日 辛未).

34.관성이 칠살을 타고 있으면 남에게 배척과 수모를 많이 당하며 뜻을 세우지 못하고 혼미에 빠져서 실패를 많이 한다. 여자는 색정상 재난이 많다.(丁日 壬子).

35.관성이 편인을 타고 있으면 반드시 윗사람으로서 크게 발전하고 여자는 남편인 바꾸어질 징조다.(甲日 辛酉). 36.관성이 편인을 타고 있으면 모사에 능하나 실패가 많으며 상공업에도 풍파와 실패가 허다하다.(乙日 庚子).

37.관성이 인수와 같이 있으면 명리(名利)에 통달하고 대업을 일으켜 큰 성공을 한다.(辛日 丙辰).

38관성은 장생과 건록 제왕을 기뻐하고 관대(冠帶)와 양(養)을 다음으로 기뻐한다. 관성이 건록 제왕을 타고 있으면 반드시 다복하고 귀자(貴子)를 얻는다.

39.관성이 사(死)와 같이 있으면 자식이 죽거나 없다.

여명(女命)과 정관

40. 관성이 많으면 시부모를 극하는 동시에 부부간에 불화하고 해로하기 어려우며 출세를 못한다. 아니면 무기(舞妓)로 진출한다.

41. 관성이 합다(合多)하면 아첨을 잘하고 다정하며 천하다. 42관성이 극쇠(사. 절. 태)하면 부부간에 화목치 못하고 비견이 강하면 애정이 박약하다.

43. 관성이 잡기(雜氣-辰戌丑未) 중에 있으면 현모양처의 숙녀지명(之命)이다.

44. 관성이 득령하고 상관이 있으면 본처가 되기 어렵다.

45. 관성이 득지(生旺)하면 자식이 많다. 그러나 비견 겁재가 많으면 자식이 적다.

46. 관성이 미약하고 재성이 없거나 신강하고 상관이 있으면 일찍 극부(剋夫)한다.

47. 관성이 미약하고 무재(無財)한데 비겁(比劫)이 왕성하면 반드시 남편을 속인다.

48. 관성이 미약한데 인수가 많고 재가 없으면 극부 한다.

49. 관성이 왕성하고 상관이 약하면 비록 정관은 상하지 않는다 해도 복력(福力)은 반드시 감퇴된다.

50. 관성이 미약하고 무재한데 신왕하고 인수가 많으면 남편을 극하고 속인다.

51. 관성이 충관(冲官)되고 식신이 도식이 되면 자식을 버리고 개가 한다.

52. 관성이 충 되고 식신을 합하면 남편을 외면하고 자식에의 지한다

53. 관성은 충 되고 칠살은 공망이면 남편이 무력하고 가정의 즐거움을 잃는다.

54. 관성과 인성이 많으면 방안이 적막하고 독수공방이 많다. 55. 관살이 많으며 소실의 팔자다.

56. 관살이 미약한데 비견이 많으면 자매(姉妹)지간에 남편을 다투

고 집안이 어지럽다.
57.관성이 상관을 만나면 구설수가 많고 극부 한다.
58.관성이 있고 합을 보면 본처가 되고 관성이 없고 합을 보면 소실 또는 내연의 처가 된다.
59.관성이 있고 칠살이 있거나 정재와 편재가 같이 있으면 반드시 비밀히 만나는 남자가 있다.
60.관성이 장생을 타고 있으면 (甲日 辛亥)반드시 훌륭한 남편을 얻는다.
61.관성이 목욕을 타고 있으면 남편이 호색가다(丁日 壬申). 62.관성이 공망이면 남편이 무력하다.
63.관성이 건록을 타고 있으면 남편이 유력하다(癸日 戊子). 64.관성이 역마를 타고 있으면 아름다운 미기(美妓)로서 몸의 이동이 많다.
65.관성이 도화를 타고 있으면 온후하고 훌륭한 남편을 얻 는다.
66.관성이 사절지에 있으면 남편과 사별하지 않으면 남편이 불우하다.
 67.일지에 관살이 있고 사묘절지이면 극부한다.(甲申 乙酉 庚寅).
68.일시에 칠살이 있고 사절되면 하천하고 노상에서 영업하는 열부(劣婦)다.

총 론

69.정관이 말(財)를 타고 있으면 총명하고 영리하며 재치가 있다.
70.정관이 천간에 나타나고 칠살은 지지에 숨어 있으면 복이 되고 그 반대인 경우엔 도리어 화가 된다.
71.정관이 칠살 또는 상관을 타고 있으면 벼슬길을 오래 지킬 수 없다.
72.칠살은 악하고 정관은 착하다. 때문에 칠살이 지지에 있고 정관이 나타나면 악은 숨어버리고 착함을 베푸나니 이름을 널리 떨친다.

73.칠살이 왕하면 아들이 많고 관성이 많으면 딸이 많다. 74.정관이 형 충 되면 가운이 점차 기운다.
75.관성이 네 개(四位)있으면 벼슬길이 짧고 출세하기 어렵다.
76.정관이 나타나고 지지에 합이 있으면 관성육합이라 해서 귀명(貴命)이다.
77.일주와 관성이 다 같이 미약하면 일생 출세하기 어려우 면 비견이나 인수를 쓰면 출세의 열린다.
78.일주가 약한데 관성이 강하면 식신 상관을 쓰지 못한다. 관성을 도와주는 재성을 가장 두려워하며 비견겁재로 재성을 무찌르고 관성을 나누어 주는 것을 기뻐한다. 가장 기뻐하는 것은 인수로 관성을 슬기하고 일주를 생해주는 것이다.
79.관성아 있고 재성이 부족하면 봉록(俸祿)이 적고 관성은 왕성한데 재성이 절지에 있으면 출세하기 어렵다.
80.관성이 인성을 갖는 것은 재성을 얻는 것만 못하다. 인성은 기름이요 재성은 말이니 벼슬길엔 기름보다도 말 타고 가는 것이 편안하고 빠르다.
81.관성이 생왕하고 시지가 생왕하면 아들이 총명하고 출세 한다.
82.관성이 겁재를 보면 귀함이 없다.
83.관성은 재성을 타고 있는 것을 가장 기뻐한다.
84.관성이 회합하면 이동이나 좌천이 있고 사절지에 이르면 재난이 발생한다.
85.정관이나 칠살이 공망이면 구류업(九流業=의사 변호사점술가 예술인 등)에 종사하고 벼슬과는 인연이 없다. 86.관성이 묘지에 들어가면 아버지가 객사한다.
87.관성이 왕하면 인수를 쓰고 관성이 미약하면 재성을 기뻐한다.

偏官篇(偏官篇)
편관은 포도대장이다

정관과 편관은 다 같이 군주의 생명과 재산을 보호하는 종복이다. 정관은 법으로 나라를 지키는데 반하여 편관은 칼로 나라를 지킨다. 정관은 법을 지키도록 백성을 계몽하고 교육하며 덕으로 다스리는 따사로운 어버이인데 반하여 편관은 법을 어기는 자를 강제로 무찌르고 칼로 다스리는 냉혹한 집행관이다. 법을 어기는 것은 크게 두 가지로 나눌 수 있다. 나라의 법 자체를 부인하는 적군의 침략이 그 하나요, 나라의 법을 위반한 국내의 범법자가 또 그 하나다. 적을 다스리는 것은 무관이요 위법자를 다스리는 것은 헌병과 경찰이다. 국내에 침투한 적을 색출하는 정보기관 특무대 수사관도 편관에 속하듯이 사회의 법도를 어긴 자를 탐문하고 여론으로 공개하고 비판하는 언론과 평론가도 편관에 속한다. 그 시시비비를 가리고 법적 제재(制裁)를 요청하거나 집행하는 법의 수호자가 바로 편관이다. 법을 짓밟는 적군이나 범법자는 강인하고 간교하며 무자비하다. 그 무법자와 범법자를 다스리는 편관은 호랑이보다도 무서운 성격과 용기가 있어야 한다. 적을 보고 대항하는 공격 정신과 불굴의 투지가 있어야하고 살인강도 절도자를 추격하고 탐색하며 체포하는 민감한 행동과 참을성 있는 강인한 정의감이 있어야 한다. 칼과 폭력을 두려워하지 않고 피와 죽음을 겁내지 않는 정의와 책임과 박력과 판단성이 체질적으로 기질화한 것이 편관의 특징이다. 그래서 편관은 누구도 두려워하지 않는 우월감과 더불어 만인을 무법자로 가상하는 편견이 맥맥히 흐르고 있다. 절대로 머리 숙이거나 굽힐 줄을 모르며 만인 위에 군림해서 호령하고 강제하는 영웅의식을 간직하고 있다. 법을 다스리는 데는 추상같고 냉혹하며 인정이나 아량은 베풀 수가 없다. 무법자는 교활하고 간사하며 소 심줄처럼 질기다. 그 무법자를 다스리는 편관은 보다 더 교활하고 간사하며 소 심줄이어야 한다. 때로는 설득도 하고 거짓도 하며 연극도 해야 한다. 그것이 일과요 직업인 편관이 말 잘하고 연기에 능하며 교활하고 간사 하고 소 심줄 같으리라는 것은 당연한 추리다. 그에겐 칼과 용기는 필요하지만 정관 같은 덕과 아량은 쓸모가 없다. 무법자는 법과 규칙과 질서를 싫어하는 반골분자들이다. 그 무법자를 먹고 사는 편관이 무법자의 기질 이상으로 반골임은 말할 나위도 없다. 그래서 편관은 상사의 지배와 간섭을 싫어하는 동시에 군주를 지키는 칼로서 군주를 무찌르는 반골을 능사로 한다. 문제는 힘이다. 힘만 있으면 적을 무찌르듯이 권력의 아성과 정상도 정복할 수 있는 것이다. 법은 만인 앞에 평등하듯이 칼 또한 만인 앞에 평등하다. 누구도 칼 앞에 떨지 않고 쓰러지지 않는 자는 없다. 그래서 군주는 자고로 편관은 멀리 떨어진 변방에 배치할 뿐 궁중엔 끌어들이지 않는다. 오직 덕과 법으로 바르게 교화되고 다듬어진 군자인 정관만을 좌우에 거느린다. 군주의 심복이요 수족인 정관의 다스림을 보좌하고 수호하는 조장행정(助長行政)이 바로 편관의 직분이다.

편관과 칠살(偏官과 七殺)

편관은 호랑이의 체질과 기질을 가진 자만이 누릴 수 있다. 그 야성적이고 포악한 호랑이 같은 용맹자를 칠살이라 한다. 칠살은 살생을 먹고 산다. 상대가 눈에 띄면 번개처럼 달려가서 물어 잡고 호식한다. 그 호랑이에게 벼슬을 주고 칼을 줄 수는 없다. 그것이 위험천만한 살인행위다. 그러나 적을 공격하고 무법자를 다스리는 데는 아무래도 칠살이 유일한 적격자다. 그 칠살을 편관으로 만드는 데는 두 가지가 있다. 무기로 엄격히 훈련시켜서 군기를 지키고 군무에 복무시키는 것과 덕으로서 교화시켜 덕성을 기르고 법을 스스로 지킬 수 있는 인재를 만들어서 군자의 보좌관으로 등용하는 것이다. 전자는 칠살의 칠살인 식신(食神)으로 칠살을 다스리는 식신제살(食神制殺)이요 후자는 어질고 착한 인수로 칠살의 독기를 설기하고 감화시켜 독기 대신 덕성으로 체질을 개선시키는 살인상생(殺印相生)이다.</u> 식신은 의식(衣食)이 풍부한 식록의 별이니 식신제살자는 의식으로 만호(萬虎)를 호령하고 다스리는 부와 귀를 겸한 자다. 의식이 풍부한 자는 무엇이든 소원대로 성취한다. 식신제살은 소원이 범을 다루고 호랑이 위에 군림하는 것이니 사나운 만병을 호령하는 용장(勇將)이자 만민을 호령하는 목민관(牧民官)이기도 하다. 미개한 야성인을 훈련시키는 미성인의 호랑이요 교관이니 무법과 폭력을 다스리고 그들의 두목을 비롯해서 병사의 두목 단체의 두목 폭력배의 두목 집단의 두목 만인의 두목으로서 출세하고 이름을 떨친다. 식신제살자는 의식이 풍부한지라 부하에게 베푸는 것을 즐기고 아량과 관용성이 넓으며 항상 칠살을 다루는 지라 용기와 재치와 능변을 갖고 있다. 그러나 칼로 지배하는 자는 칼을 잃는 경우 반격을 면치 못함으로써 식신을 내리치는 편인이 오면 칼과 더불어 권능을 잃게 된다. 이와는 달리 살인상생자는 무기 아닌 덕성(德性)으로 많은 시간과 정력과 용기가 필요하다. 칼로 명령하고 지배하는 것은 쉽고도 빠르고 말이 필요 없지만 말과 글로 야성의 기질과 독성(毒性)이 뿌리 뽑히고 사회에 봉사할 수 있는 슬기와 덕성과 능력을 기르고 완성시킨다는 것은 결코 쉬운 일이 아니다. 노여움과 미움을 버리고 웃음과 사랑으로 대해야 하며 글과 재치와 능변으로써 설득하고 추종시켜야 한다. 소 심줄처럼 질기고 호랑이처럼 포악한 칠살을 온화한 말로 길들이고 인격화한다는 것이 얼마나 어려운 것인가는 짐작하고도 남음이 있다. 그 중에는 별의 별 해괴 망칙한 일도 많을 것이다. 아무리 가르치고 정성을 들여도 호랑이는 호랑이요 제 버릇을 버릴 수가 없기 때문이다. 선덕공덕으로 적반하장 하는가 하면 갑자기 독기를 내뿜는 발악도 허다하다. 골치 아픈 친구들만이 모여들고 그 뒷바라지를 하기에 여념이 없으니 평생을 남을 위해서 산다 해도 과언이 아니다. 칠살은 군주를 박해하는 반골이자 몸을 해치는 질병이기도 하다. 인수는 바로 그 반골의 기질을 순종의 미덕으로 바꾸는 스승이자 질병을 고쳐주는 의사이기도 하다. 그래서 살인상생 자는 몽매한 만인을 글과 말로 가르치고 교화시키는 천하의 문장가요 교육이자 만인의 질병과 고통을 다스리는 의사, 약사 그리고 절벽에 부딪치고 절망에 빠진 중생을 계몽하고 설교하며 변호하고 인도하는 종교인, 목사. 변호사. 승려 등에도 적합하다. 어리석음을 깨우치고 포악성을 순화시키며 성급하고 본능적인 욕망을 해소 시킨다는 것은 헌신적 봉사는 될 수 있어도 경제적 생산 작업은 될 수 없다. 그래서 식신제살 자는 부귀를 누릴 수 있으나 살인상생 자는 부자가 될 수 없다. 재물은 칠살의 포악성을 길러줌으로써 도리어 양호위환 격이요 돈을 탐하면 덕성이 없어짐으로써 교육자의 자질을 상실하고 돈에 눈을 뜨면 일방적인 봉사활동인 살인상생은 더 이상 지속 될 수 없기 때문이다. 칼을 든 자는 덕을 알면 칼을 던짐으로써 칼로 이룬 권위가 하루아침에 땅에 떨어지듯 덕을 베풀던 자가 칼을 들면 덕을 버림으로써 덕으로 이뤄진 교화 작업은 하루아침에 무너진다. 그래서 식신제살 자는 인수로 화살(化殺)함을 두려워하고 살인상생 자는 식신으로 제살(制殺)함을 두려워한다. 반드시 十년 공부 나무아미타불이요 선무공덕의 이변을 당한다.

坤命	辛丑	辛丑	壬戌	庚戌
수	4 14	24 34	44 54	64
대운	壬寅 癸卯	甲辰 乙巳	丙午 丁未	戊申
庚戌	壬戌	辛丑	辛丑	坤命

<官殺混雜의 命造>

위 사주는 3신이 상생되는 사주로 그래도 관인상생 되어 그나마 남편과 살아가는 팔자지만 남편으로 인한 속을 썩거나 이혼을 한두 번 해야 할 팔자로 그 시기가 54대운인 丁未대운이 될 것이다. 하여간 다루기 매우 힘든 여자임에 틀림없다. 관살혼잡(官殺混雜)된 탁한 사주지만 인수가 있어 통관지신으로 살인상생(殺印相生)된 경우로 살인상생 자는 부자가 될 수 없다 하였으나 그동안 동방 木운

으로 설기되고, 남방火운으로 조후하여 50대까지는 큰 어려움 없이 살아간다. 그러나 丁未대운은 문제의 소지가 크다. 일간이 丁壬 합으로 官합인 음란지합 이고, 관살이 丑戌未 삼형을 한다. 관성인 남편의 문제가 발생할 수 있는데 壬辰 癸巳년을 간명하자면 辰戌 충으로 官이 충을 먹고, 巳戌 원진이 붙는 군요, 남자로 인한 고초를 겪게 될 것이다. 일단 살인상생이 되어 이정도지 만약 庚 辛금이 없었다면 일간 壬수는 단명하지 않았으면 천명으로 천하게 살았을 것이다. 雙正官 雙七殺이 지지에 있다. 이는 정관도 칠살이 된다고 봐야 한다.

칠살과 비견(七殺과 比肩)

칠살은 호랑이이자 가파른 고갯길이요 비견은 군주의 똑같은 성능을 가진 제二군주이자 자동차다. 호랑이를 군주 혼자서 감당할 수 없을 때 제二군주가 합세한다면 능히 다스릴 수 있고 호랑이를 다루는 군주의 위풍은 천하를 호령할 수 있으니 대업을 성취할 수 있다. 그와 같이 차가 가파른 고개 길에 부딪쳐서 기진맥진 하는 터에 또 하나의 차가 뒤에서 밀고 합세한다면 능히 정상에 오를 수 있으니 권위 있는 벼슬을 할 수 있다. 이는 같은 형제와 동기간 그리고 친구와 겨레의 힘으로 자기능력 몇 배의 대사를 성취하는 인인성사이니 인덕과 후견인이 많다는 것을 암시한다. 칠살의 입장에선 두 종을 거느린 것이니 권위를 짐작할 수 있는 동시에 권좌의 측근 자리에 있는 일주와 비견은 권세 있는 고관의 비서 또는 심복임을 알 수 있다. 그러나 칠살이 허약하거나 무력하다면 새끼 호랑이를 둘이서 다루고 있는 격이니 권위가 없고 말단직마저 호사다마 격으로 쟁탈전이 벌어지기 쉽다. 재운이나 칠살운을 만나야 큰 호랑이가 되고 권세를 떨칠 수가 있으니 초년에는 출세 길이 없고 중년이 지나서야 벼슬길이 열린다.

칠살과 겁재(七殺과 劫財)

겁재는 대담하고 용감하며 모험과 호기심을 즐긴다. 칠살과는 음양이 배합함으로써 다정하고 한 가정을 이룬다. 누이와 결혼한 호랑이가 남매간인 일주를 공격할 수도 없다. 도리어 처남 된 일주를 성실히 돌봐주고 권위를 나누어 준다. 누이 덕분에 화난(禍難)을 면하고 도리어 호위(虎威)를 떨치니 남매간의 우애가 두터움을 짐작할 수 있다. 신약하고 칠살을 볼 때 겁재가 칠살을 합거(合去)하는 것은 구세주와 다를 바 없다. 그와 같이 주인공은 어떤 위기에 부딪치면 뜻밖의 귀인이 나타나서 도와준다. 그러나 신왕하고 칠살이 희신인 경우엔 겁재에게 소중한 권위와 명성을 도둑맞는 것이니 평생 자기권위와 명성을 뜻밖의 침범자와 방해자 때문에 여러 번 잃게 된다.

乾命	庚戌	戊子	壬午	癸卯

癸卯	壬子	戊子	庚戌	乾命

위 사주는 戊土 七殺이 戌土에 通根하여 강한데 겁재 癸수가 時干에 나타난 경우로 合去시키는 경우로 세운에서 겁재를 만나도 좋다고 봐야 한다. 사주 원국도 庚금 편인이 있어 통기 시키고 비겁이 왕성하여 감히 칠살을 다룰 수 있고 상관으로 설기시켜 좋다. 己卯년에 관재가 터졌으나 庚辰년에 승소했다고 한다. 편인의 덕이라고 봐야 한다.

칠살과 식상(七殺과 食傷)

칠살과 식신관계는 앞서 말한 바와 같다. 식신은 칠살의 칠살로 능히 칠살을 호령할 수 있다. 그러나 식신은 군주의 힘을 설기함으로써 칠살이 하나인 경우에만 가능할 뿐 칠살이 둘 이상인 경우엔 식신이 칠살을 감당할 수 없을뿐더러 군주 또한 설기가 심하여 식신을 감당할 수 없다. 이런 경우엔 칠살의 기운을 설기하고 군주를 생부(生扶)하는 인수를 써야 한다. 상관은 칠살의 정관으로서 음양이 배합된 부부다. 천하의 호랑이도 부부간엔 사랑할 뿐 싸우지 않듯이 상관과 칠살은 의좋고 다정하며 평화롭다. 남편이자 아버지요 상전인 상관의 뜻을 존중하고 순종한다. 식신과는 상극임으로써 무력을 쓰고 힘을 빼야하지만 상관은 손 하나 쓰지 않고 칠살을 다스릴 수 있다. 그 칠살은 상관의 요청대로 능력과 권위를 과시하고 군주에 충성함으로써 머리 하나로 대업을 이룩할 수 있다. 상관과 칠살은 본시 불충스러운 흉신에 속하는 두 흉신이 합심하여 개과천선하고 군주에 충성을 다하니 전화위복이요 뜻밖의 행운이라 하겠다. 상관이 칠살를 보면 사나운 호랑이가 꼬리를 치며 상관에 순응하는 것이니 이를 상관가살(傷官駕殺)이라고 한다. 호랑이에게 멍에(駕)를 씌운 것처럼 안전하게 칠살을 다스릴 수 있고 강제 아닌 애정과 법도로 칠살을 다스리니 법을 지키는 동시에 최대의 충성으로 최대의 공훈을 세우는 것이다. 그러나 칠살이 허약하거나 상관이 무력하면 새끼 호랑이에 어린 신랑으로서 권위와 공훈이 부실하다.

坤命	癸亥	乙卯	己亥	辛未

辛未	己亥	乙卯	癸亥	坤命

위 사주는 木旺節의 己土가 亥卯未 삼합 木局을 하고 乙木이 月上에 나타나고 印比의 기운이 약하므로 從殺格으로 봐야 할 명조이다. 食神 辛금이 時上에 나타났으나 힘이 달려서 관살의 칠살 역할이 잘 안 될 것이다. 女命이 從殺格이면 남편의덕이 있다는데 이 여인의 남편은 행시 사무관으로 공직에 입문한 사람이다.

칠살과 재성(七殺과 財星)

　칠살은 다루기 힘든 야생마로서 재치 있게 길들이거나 고삐를 묶는 것이 급선무다. 그 재치 있는 길들임을 인수라 하고 그 고삐를 식신이라고 한다. 인수는 재성을 보면 만신창이가 됨으로써 혼비백산 도망치고 식신은 재성을 보면 원기를 상실함으로써 무능해진다. 반면에 칠살은 재성을 보면 살이 찌고 힘이 용솟음치니 호랑이는 안하무인으로서 군주를 박해하고 탈권(奪權)한다. 사나운 말을 다루던 마부를 내쫓고 고삐마저 끊고는 힘을 극대화시키니 그것에 타고 있던 군주가 어찌될 것인가? <u>그와 같이 칠살이 재성을 만나면 재난이 뛰는 말처럼 빠르고 연속적으로 발생하며 마침내 수명을 잃기도 한다.</u> 본시 칠살은 험악한 고갯길이요 재는 돈 보따리인 화물이다. 칠살이 재성을 보면 험준한 산길에서 무거운 짐을 싣는 격이니 홀몸으로도 오르기 힘든 고개 길을 무거운 짐을 지고 오르려 하니 어찌 온전할 수 있고 또 오를 수 있겠는가? 하물며 뒤에선 칠살이 채찍을 치니 그대로 쓰러질 수밖에 없다. 그것은 돈 보따리가 아니고 죽음의 사약이다. 돈과 욕심에 눈이 어두워서 함정에 빠지고 호랑이를 만난 격이니 재물로 인해서 크나큰 재난을 당하고 사약을 받게 되는 것이다. 이때에 사는 길은 오직 돈 따리를 흩어버리듯 재물을 아끼지 말고 베풀고 의사와 귀인을 만나는 것이다. 병든 자에 약을 주고 힘을 주는 귀인은 바로 인수이니 욕심을 버리고 수양을 하면 원만히 수습이 된다는 뜻이다. 그렇다고 칠살은 덮어놓고 재성을 두려워하는 것은 아니다. 신왕하고 칠살이 허약한 경우엔 천하장사가 새끼 호랑이하고 씨름하는 격이니 권위가 없다. 호랑이가 빨리 커야만 장사의 체면을 세우고 권위를 되찾을 수 있다. 그 호랑이 속성으로 기르는 것은 재성이다. 재를 본 칠살은 기고만장하다. 그 용맹한 호랑이를 자유자재로 조종하니 천하의 장사로서 이름을 떨치고 권위가 치솟는다. 이는 높지 않은 절벽을 뛰어넘는 장사가 만근의 태산을 등에 지고 뛰어 넘으니 이제야 역발산의 힘을 과시하고도 남음이 있다.

乾	丁	癸	丁	戊
命	未	卯	丑	申

戊	丁	癸	丁	乾
申	丑	卯	未	命

위 명조는 오행을 다 갖추고 반듯한 사주같이 보이지만 뜯어보면 문제점이 많습니다. 丁丑백호에 일지 財庫를 놓아 배우자 인연이 적고 상관이 生財하는 사주라서 머리는 비상하여 이재(理財)에는 밝지만 여자관리가 잘 안 되는 팔자이며 七殺이 쌍으로 沖을 먹어 역할이 안 되고 힘 있는 재성을 만났으나(土生金 받은 申金) 卯未 木局으로 인수가 견제하여 金生水를 못하게 하고 칠살을 인수가 설기시켜 무력한 관살이 된 경우로 이재에는 밝지만 직업이나 자손의 덕은 없는 팔자로 보아야 한다.

칠살과 관살(七殺과 官殺)

칠살이 정관을 보면 관살혼잡이라고 한다. 이는 정관이 칠살을 보는 것과 똑같은 것이다. 나라의 文武百官이 군주의 신임을 독차지하고자 서로 시기 질투하고 중상모략 하여 아부하니 나라꼴은 엉망이요 정치적 파국과 경제적 파탄이 불가피하다. 그들은 저마다 있는 장기와 재능을 통틀어 싸움으로써 다재다능을 자랑하지만 군주는 중심을 잡을 수가 없고 체통과 질서와 평화를 지탱할 수가 없다. 군자와 소인이 한 덩어리가 되어서 국사는 돌보지 않고 감투싸움만 하고 있으니 이전투구(泥田鬪狗)격으로 청탁(淸濁)과 시비를 가릴 수 없다. 나라의 권위와 체통은 땅에 떨어지고 법도와 기강이 무너지니 어지럽기 쑥밭과 같다. 간신과 도적이 활개를 치고 술수(術數)와 궤변을 능사로 하니 진실 됨을 찾을 수 없고 갈피를 잡을 수 없으며 다예 다능하나 국고가 바닥이 났으니 가난과 궁핍을 면할 수가 없다. 간사한 자는 등용되고 군자는 밀려나니 소인은 출세하고 대인은 은거 한다. 소인은 칠살이요 대인은 정관이니 정관은 쓸모가 없고 칠살만이 활개를 친다. 나라의 법도를 다스리고 국고를 조달하는 정관이 짓밟히고 칼 잡은 무관만 활개를 치니 나라는 망하고 국고는 텅 비어있다. 망국의 병사들이 배고프고 천하면 도적으로 전락할 것은 불문가지다. <u>그래서 관살이 혼잡하면 가난하고 단명하다고 한다.</u> 이때에 성인군자 같은 인수가 나타나서 관살의 독기를 뿌리 뽑고 어질고 착한 덕성을 길러준다면 나라는 당장 평온하고 신하는 분수를 지키며 합심해서 군주를 섬기게 되니 전화위복이요 태평성세라 하겠다. 정관이 아닌 칠살이 칠살과 부딪치면 용맹한 칼과 칼이 맞붙어 싸우는 것이니 생사가 위급하다. 천하의 영웅호걸이 저마다 대권을 잡으려고 군웅할거하고 천지를 주름잡으니 국토는 싸움터로 폐허화되고 충신은 짓밟히니 군주의 목숨이 풍전등화 격이다. 언제 어느 칼에 목이 달아날지 모르며 노기충전하고 서릿발처럼 냉혹하고 호랑이처럼 성급하여 닥치는 대로 내리칠 것은 불문가지다. 그러나 천하의 장병이 군주에 칼을 돌리고 국고를 탕진하며 목을 노리고 어찌 온전할 수 있겠는가? 가난하고 배고프니 체면을 차릴 수 없고 쫓기고 도망치려니 기진맥진하여 숨이 가쁘고 잔병이 떠날 새가 없다. 분통과 악만이 남아 있으니 아량이나 관용은 생각조차 할 수 없다. 오직 뼈에 사무친 원한을 풀기위한 독기로 소 심줄처럼 악착같이 살고 싸우기에 여념이 없다. 칠전팔기 몸부림치지만 칼과 칼만이 난무하는 전쟁터에 부모 형제 처자의 육친이 있고 가정이 있고 평화가 있고 살림이 있을 리는 없다. 사고무친의 고독과 가난과 질병과 허무만이 휩쓸 뿐이다. 그러나 신왕하고 비견겁재가 태과하다면 군주가 장사요 현명한 데다 왕족이 왕성하니 군사가 난동이나 배반할 여지가 없다. 도리어 군주에 순종하고 충성을 다하니 백만 대군을 거느린 군주는 천하의 영웅이요 대왕으로서 명진 천하하고 대권을 잡는다. 그러나 칼로 흥 한자는 칼로 망하듯이 장병이 득세하는 재운이나 관살운에 이르면 충신이 역적으로 돌변하여 반란을 일으키니 평지풍파로 불의의 재난을 당하여 목숨이 풍전등화다. 천병만마가 부릴 땐 칼로 막기는 힘들다. 그들의 마음을 돌리고 다시 나라에 충성을 다하도록 설교하고 회개시킬 수 있는 비범한 덕과 슬기만이 난동을 수습할 수 있다. 식신은 칼이요 인수는 덕성이니 칠살이 하나일 땐 식신으로 능히 다스릴 수 있으나 칠살이 여럿일 경우엔 인수만이 다스릴 수 있다. 칼은 적이 있으나 덕은 적이 없기 때문이다.

坤命	壬子	癸丑	壬戌	甲辰
수	7	17	27	37	47	57	67
대운		壬子	辛亥	庚戌	己酉	戊申	丁未	丙午

甲辰	壬戌	癸丑	壬子	坤命

네 기둥(四柱)이 괴강살, 백호살 로만 구성 된 팔자가 드센 명조인데요, 이런 경우 도 아니면 모라해서 무관으로 대성하는 팔자일 수도 있고 나락으로 떨어져 형편없는 삶을 살 아 갈 수도 있습니다. 칠살이 둘이고 정관이 하나인데 비견겁재가 강해서 다스릴 수 있겠어요, 甲木 식신이 월상에 떠서 식신제살 하고 강왕한 일간을 설기하여 삶은 좋으나 인수가 없는 것이 문제다. 인수가 土의 기운을 설기시킴이 제일 좋은데 말이다. 여하튼 남자였다면 무관으로 성공할 수 있었을 터인데 여자라서 센 팔자로 일본인 현지처로 살아간다.

칠살과 인성(七殺과 印星)

　칠살은 용맹한 영웅이요 인수는 자비롭고 덕망이 높은 성현이다. 영웅은 칼을 보면 용기가 치솟고 맹호로 돌변하지만 칼 없는 성현의 미소와 덕망 앞엔 스스로 고개를 숙이고 마음의 독기가 태양에 눈 녹듯이 녹아 없어진다. 원만하고 자비로운 성현의 설교에 감화되고 대의명분과 덕성을 깨달은 영웅은 칼을 스스로 버리고 덕의 교리를 포교하는 설교자로서 성현의 수제자가 된다. 늠름하고 불퇴전의 용기와 의지를 가진 천하용장이 성현의 덕성과 법도를 갖추니 문무를 겸전한 장상(將相)이다. 칼을 잡으면 천하명장이요 붓을 들면 천하 명재상이니 군주의 신임과 명성이 천하일품이다. 칼을 치우지 않듯이 덕에도 치우침이 없이 강유를 겸하니 적은 떨고 백성은 환호한다. 예(禮)도 지나치면 비례(非禮)가 되듯이 인수도 지나치면 역효과가 난다. 칠살에 인수를 쓰는 것은 용장에 슬기와 덕성을 기르는 것이요 결코 용장에 기질을 없애는 것은 아니다. 때문에 칠살이 허약하거나 인수가 둘 이상이면 어린호랑이의 이빨을 빼는 격이니 호랑이를 길들이는 것이 아니고 아예 병신을 만드는 것이다. 이빨 없는 호랑이는 죽은 종이 호랑이니 권위와 출세는 바라볼 수가 없다. 칼을 잃은 영웅이 용감하고 승리할 수는 없다. 무엇이든 망설이고 주저하며 우유부단하고 유명무실하다. 이는 소뿔을 부러뜨린 교각살우(矯角殺牛)와 똑같다. 만일 인수와 식신이 겹친다면 어찌될 것인가? 한편에선 성현의 덕성을 기르고 한편에선 고삐를 코를 꿰고 칼과 채찍으로 호령하니 어느 쪽을 따를 것인가? 온순하고 슬기로우며 군주에 충성을 다하는 용장을 고삐로 묶어 놓으니 천하의 웃음꺼리가 될 수밖에 착하고 어진 용장을 투옥하고 칼을 씌운 형국이니 권위와 명성은 하루아침에 땅에 떨어지고 천하의 누명과 조소를 받는다. 그러나 칠살이 둘이면 인수나 식신이 다다익선이니 그럴 염려는 없다. 도리어 사나운 목장에 목동이 늘고 담을 높이 쌓은 격이니 안정과 번영을 누릴 수 있다. 같은 인수라 해도 편인의 경우는 다르다. 편인은 덕성 아닌 재치의 별로서 용장을 덕으로써 요리하는 것이 아니고 재치로써 멋지게 다루는 것이다. 호랑이에게 재치를 가르치는 것은 서커스단의 호랑이를 다루는 곡예사(曲藝師)와 같다. 기발한 재치로써 인기와 명성을 떨치고 관중의 갈채를 받는 편인의 뛰어난 솜씨로 군주에 대해서도 비범하다. 눈치 빠르고 재치가 넘치며 보비위 잘하고 민첩하니 군주의 신임은 쉽게 잡을 수 있다. 만사를 공명하고 진실하게 다루며 지성으로 군주를 섬기는 인수에 비하여 편인은 멋이 있고 인기가 있으며 매력이 있다. 그러나 만사를 임기응변으로 재치 있게 다룬다는 것은 결코 무게가 있거나 신중하고 오래갈 수는 없다. 쉽게 끓는 냄비처럼 가볍게 행동하고 쉽게 식으며 쉽게 탈색한다. 그래서 편인은 남달리 인기와 명성과 출세가 빠른 반면에 뿌리를 박고 시종일관하여 유종의 미를 거두기가 힘들다. 특히 편인은 재치는 있으나 아량과 관용이 부족하고 인내성이 약하며 성급하게 서둘고 의심이 많음으로써 주위와의 조화가 원만치 못하고 질투와 중상을 받는 나머지 군주의 신임이 두텁고 자리가 높아지면 적이 생기고 누명과 모함으로 억울한 실각(失脚)과 실의(失意)를 당한다. 때문에 편인으로써 칠살의 권위와 명성을 누리는 자는 독자적인 기반과 독보적인 분야를 선택하고 개척하는 것이 급선무요 대성의 요결이다. 무관 언론 교육계 적성이지만 종교, 철학, 문학, 의술, 학술, 역학 등 아무런 제약이 없는 독보적인 분야로 진출하는 것이 가장 안전 되고 영구적인 각광을 누릴 수 있다. 계모나 서모의 세계처럼 냉정하고 야박하며 질투와 중상과 모략이 따르기 쉬운 편인은 처음부터 경쟁이나 내립 노는 힘의 지배나 제약을 받는 직업은 적합하지 않다. 아무런 부자유도 제안도 경쟁도 받지 않는 자유롭고 독보적인 세계에서만인 자기 실력을 기르고 꽃피우며 영구적으로 열매를 맺을 수 있다. 용기와 재치를 겸한 살인상생은 비호처럼 출세하고 명진 하는 천부적인 재능과 소지와 운세를 지니고 있다. 어떠한 역경에서도 임기응변으로 재빠르게 탈출할 수 있는 기지가 풍부하고 어떠한 환경에서도 동화하고 극복할 수 있는 슬기를 가지고 있지만 의식주와 재복이 박함으로써 호의호식하고 여유 있게 세상을 즐기기란 어렵다. 그러나 용기와 슬기를 겸한 살인상생 자가 가난하고 천하게 살 리 없다.

坤命	乙未	壬午	己亥	乙亥
수	10	20	30	40	50	60	70
대운	癸未	甲申	乙酉	丙戌	丁亥	戊子	己丑
乙亥	己亥	壬午	乙未	坤命

午월은 火가 왕성한 계절인데 己土 라는 흙은 록지(祿地)로 강왕하다, 乙亥시를 만나니 乙木으로 소토(疎土)하고 亥水는 윤토(潤土)하여 己土를 도우므로 재살이 다시 있으면 부귀를 자유자행(自由自行)한다하였는데 다시 일지에 亥水 財를 놓고 年干에 乙인 殺이 투출하고 地支에 未土가 午未합하여 일주 己土가 강왕하여지므로 타고난 재물을 가히 내 것으로 만 들 수 있노라, 다만 운이 火土 운으로 흐르면 불길한데 金水 운으로 흘러서 대길하다.

이사주의 주인공은 일간이라는 자신의 힘이 흘러 넘쳐나며 재물도 많이 타고났는데 아주 조화를 잘 이루어서 財官을 내 마음대로 활용 할 수 있었다는 말이다.

아울러
"칠살은 용맹한 영웅이요 인수는 자비롭고 덕망이 높은 성현이다. 영웅은 칼을 보면 용기가 치솟고 맹호로 돌변하지만 칼 없는 성현의 미소와 덕망 앞엔 스스로 고개를 숙이고 마음의 독기가 태양에 눈 녹듯이 녹아 없어진다." 에 해당하는 사주로 乙목 칠살이 財生殺로 강왕하지만 午화 인수가 있어 殺印相生 된 사주로 財官을 내 마음대로 부릴 수 있다.

편관의 통변

1. 칠살이 무제(無制)하고 왕성하면 부자(父子)형제가 서로 흩어지고 고독하다.
2. 칠살이 제화(制化)되면 총명하고 영준(英俊)하며 문장이 뛰어나고 소년출세를 한다.
3. 칠살은 약한데 식신이나 인수가 태과하면 위인이 무기력하고 고독하며 만사가 막히고 가난하다.
4. 칠살이 약하고 재 또한 경하면 평생 벼슬길에 바쁘게 찾아다닌다.
5. 칠살이 무제하면 적의 복병이니 불의의 습격을 당하기 쉽다.
6. 칠살이 무인(無印)하면 출세하기 어렵고 유인(有印)하면 재성을 두려워한다.
7. 칠살과 편인이 강하면 평생을 타향에서 줄달음친다.
8. 칠살이 연월에 있고 식신이 일시에 있으면 자식 운이 부족하고 식신이 연월에 있고 칠살이 일시에 있으면 조실부모 한다.
9. 제살자(制殺者)는 병권(兵權)을 잡고 변방에서 공훈을 크게 세운다.
10. 칠살을 二중 三중으로 제압하면 아무리 문장이 이태백(李太白)이라 해도 끝내 출세하지 못하고 가난하다.
11. 제살자는 무관으로서 출세하고 화살자(化殺者)는 문관으로 출세한다. 단, 성급하고 심중이 독기를 품으면 모해(謀害)하고 월권하는 칠살의 본성은 그대로 지니고 있다. 12.신강하고 살강 하면 비범한 인물이다. 만일 재성과 인성이 있으면 재물과 녹이 진진하고 하늘에서 내린 대들보감이다.
13. 신약하고 살약 하면 남자는 뜬 구름처럼 떠돌아다니고 여자는 배우(俳優)에 능하다.
14. 신약하고 살강한데 재성을 보면 화귀(花鬼)하니 가난하지 않으면 단명하다.
15. 신약한데 칠살이 만발하면 극빈하거나 요절(夭折)한다. 16.신왕

하고 살강한데 무제하면 살운에서 귀(貴)를 감당치 못한다.
17. 칠살이 왕하고 유기(有氣)한데 비견겁재가 생왕하면 화살위권(化殺僞權)이라 해서 능히 권세를 누릴 수 있으며 인수에 이르면 크게 부귀 한다. 그러나 반대로 관살 운을 만나면 재난이 잇달아 소용돌이친다.
18. 신강하고 살약하면 가살위권(仮殺僞權)이라 해서 칠살이 정관노릇을 하고 재살 운에 발복한다.
19. 신약한데 살중(殺重)하면 평생 손재하고 고단하다.
20. 일지에 건록이 있고 칠살이 득령한 경우 사주에 식신 상관이 없고 三合하여 인수가 되면 살인상생이라 해서 크게 권귀(權貴)를 누린다.(甲寅日 庚申月生이 柱中 無火하고 申子辰 三合水局한 경우)
21. 칠살은 무관이요 양인(羊刃)은 병기(兵器)이니 군인은 칼을 차야 위험이 있고 칼은 군인을 만나야 쓸모가 있다. 유살무인(有殺無刃)하면 칼 없는 군인이니 권위가 없고 유인무살하면 무용지물로서 출세를 못하며 살인(殺刃)이 겸전하면 위엄이 천지에 떨어진다.
22. 일주가 득령하면 칠살을 애용하고 편관을 쓰면 상관을 기뻐한다.
23. 식신이 제살하는데 편인을 만나면 호랑이의 고삐가 끊어지니 도리어 쫓기는 몸이 되고 가난하지 않으면 단명하다.
24. 칠살은 무예(武藝)요 인수는 문화(文華)이니 살인상생하면 문무를 겸한다. 유살무인(有殺無印)하면 문채(文彩)가 부족하고 유인무살하면 위풍이 부족하다.
25. 편관은 삼공의 위세를 누르고 주색을 즐기면 투쟁을 좋아한다. 너그럽고 의기양양하며 인색하지 않는 동시에 억강부약하고 성미가 범처럼 강인하고 바람처럼 조급하다. 26. 살인상생자는 가난한 한문(寒門)출신으로 크게 출세하며 권귀를 누린다.
27. 칠살이 천간에서 식신제살 되고 지지가 합이 되면 자손이 만당(滿堂)하고 크고 높은 녹을 받는다.
28. 칠살을 권으로 삼는 자는 무관으로 공명을 떨치고 변방에서 대

업을 이룬다.

29. 신약하고 살강하면 재난이 많은데. 다시 관향(官旺地)으로가면 신액과 형액(刑厄)등이 잇달고 수명까지 잃는다.

30. 甲辰日 子月 申時生이면 회인국(會印局)이라 해서 귀인이 동서남북에서 돕는다. 만약 재성이 대운과 세운에서 무리를 만들어서 인수를 극하면 형륙(刑戮)등 대흉이 발생한다.

31. 연간에 편관 또는 칠살이 있으면 평생 최고권자로서 극제(剋制)하면 노발하여 재난을 내린다.

32. 연월에 칠살이 있고 살다(殺多)하면 관살운에 큰 변을 당한다.

33. 월주에 칠살이있고 신강하면 천하의 명장상(名將相)격이다.

34. 연월에 칠살이 제살되면 반드시 귀자(貴子)를 얻되 늦어진다.

35. 일지에 칠살이 있으면 천원좌살(天元座殺)이라고 한다. 제살함을 기뻐하고 신왕 또는 인수 비견 운에 발복한다. 36.칠살은 일시에 있는 것을 두려워한다. 시주에 있으면 반드시 자식이 귀하고 패륜아(悖倫兒)나 하극상(下剋上)하는 자를 낳는다. 그러나 제살되면 도리어 아들이 많고 귀자를 낳는다.

37. 시상에 칠살이 있고 월간에서 제살하면 시상일귀(時上一貴)라 해서 권세를 느리고 귀자를 낳는다. 그러나 칠살이또 있으면 재난이 발생하고 평생 고생이 많으며 성격이 강직하고 불굴하여 융통성이 없다.

38. 칠살이 절지에 있으면 남자는 평생 고단하고 자식의 인연이 박하며 생남해도 일찍 죽는다. 여자는 남편 덕이 없고 남편 또한 불운하다.

39. 시상식신이 제살하고 칠살의 지지가 합이 되면 자손이 많고 번창한다.

40. 식신제살하면 의식이 풍부하다.

41. 월지에 칠살이 있고 제화되면 평생정직하고 근심이 없으며 무사(無事)하고 직위가 천하일품으로서 만호(萬戶)의 높은 봉후(封侯)에

이르면 늦도록 영화롭다.
42. 칠살이 거듭 있고 겁재가 많으면 아버지가 외지에서 돌아간다.
43. 신약하고 살강하면 중도에서 갑자기 위기에 직면하거나 죽거나 한다.
44. 여자가 칠살이 동주(同柱)하고 비견 겁재가 있으면 자매(姉妹)간에 반드시 한 남편을 다툰다.
45. 여자가 칠살이 많고 재성이 있으면 반드시 비밀히 통정하는 밀부(密夫)가 있다.
46. 여자가 관살이 혼잡되면 정절(貞節)이 없고 색정으로 인한 재난이 있으며 무제자는 창부 또는 첩의 팔자다.
47. 여자가 편관이 있는데 정관을 만나면 정저를 잃기 쉽다. 48. 편관이 득령하고 유제(有制)하면 정처(正妻)로서 남편 덕이 크다.
49. 여자가 칠살이 장생을 타고 있으면 반드시 귀한 남편을 얻는다.
50. 여자가 칠살이 목욕과 동주하면 양귀비와 같으며 음란으로 죽는다.
51. 여자가 칠살이 관성과 동주하고 또 관성을 보거나 관성이 三합이 되면 음란하여 누가 남편인지 분간하기 어렵다. 52. 여자가 칠살이 다섯이면 창부의 팔자다.
53. 월지에 묘고(卯庫)가 있으면 관살이 혼잡해도 무방하다. 54. 관살이 중중하고 재성이 없으면 처가 능히 내조할 능력이 있으나 부부간에 불화하고 해로하기 어려우며 시부모를 공경하지 않고 예의가 없으며 부권(夫權)을 탈취한다. 55. 연월에 관살이 혼잡 되면 인품이 천격이다.
56. 관살이 형 극되면 단명하다.
57. 관살이 혼잡 되고 비견 겁제가 많을 경우 희신이 인수가 있고 식신이 없으면 문장에 능하고 희신이 식신이 있고 인수가 없으면 무예에 능하다.
58. 칠살이 편인을 보면 처의 혈기가 고르지 못하고 질병이 많으며 허약하고 다산(多産)이다.

59. 칠살은 양인으로 충 함을 기뻐한다.
60. 지지에 칠살이 숨어있으면 신왕해야 명리을 떨친다.
61. 칠살이 다근(多根)하면 거세함을 기뻐한다.

正印(印綬)篇
인수는 원동력이다

　사람이 사는 데는 의식주가 기본조건이요 원동력이다. 그 의식주를 인수라고 한다. 어려서는 그 원동력을 부모가 공급한다. 먹이고 입히고 잠재우는 보육(保育)은 어머니가 전담한다. 성인이 되면 자력으로 원동력을 생산해야 한다. 그러기 위해선 정신적 생산능력인 지식과 물질적 생산능력인 체력을 기르고 완성해야 한다. 그래서 의식주를 정성껏 보급하고 체력을 기르는 어머니를 비롯해서 지식을 기르고 체력을 단련시키는 교육과 스승 그리고 자립 생산할 수 있는 의식주의 공급처인 직장과 생산능률을 향상시키는 지혜와 명예를 인수라고 한다. 자연은 그 환경의 지배를 절대적으로 받듯이 인간의 의식주는 그 환경의 제약을 크게 받는다. 그와 같이 인간생활의 생산주수단인 인수는 환경을 비롯해서 후천적으로 얻는 모든 교양과 영향과 감화 내지 동화력까지도 포함한다. 때문에 인수가 왕성하고 상처가 없으면 부모덕이 두텁고 스승 덕이 크며 체력과 지력이 왕성하고 소화기능과 두뇌가 비범하며 직장과 상사의 신임이 두텁고 사회적 명성과 신망이 유다르며 환경과 주택이 좋고 의식(衣食)이 풍부하며 주위의 영향력과 동화력이 민감하고 비상하다. 생활의 기본조건을 고도로 양성하고 완성하는 기초 작업이 튼튼한 인생은 생활능력 또한 최고도로 발달함으로써 능소능대하고 부와 귀를 겸전할 수 있다. 풍부한 지식과 건전한 체력과 고도의 인격과 교양을 두루 갖춘 완전무결한 인생이 사회의 사표(師表)요 지도자로서 대중을 계몽하고 교화하며 동화시키는 위대한 덕망을 베풀 것은 불문가지다. 덕은 만인의 가슴을 사로잡고 순종시킨다. 거기엔 이해관계나 사심이 없다. 추호라도 돈을 따지거나 目物慾을 가지면 가짜 덕으로서 당장 멸시를 당한다. 행실이 바르고 슬기로우며 보름달처럼 원만하고 성숙한 도를 지니고 있는 대인격자는 곧 성현군자뿐이다. 그 성현과 덕성(德性)의 별이 곧 인수다. 그래서 인수는 군자의 도리요 사회의 기강 법도인 정관을 기뻐하고 즐길 뿐 소인이 즐기는 물욕이나 돈 그리고 색정의 별인 재성(財星)은 금물처럼 멀리한다. 만의 일이라도 재성에 속하는 물욕이나 여색을 가까이 하거나 탐하면 파계한 도승처럼 당장 규탄을 받고 비인격자로서 치명적인 타격을 받는다. 인수가 재성을 보면 파직하고 좌천 또는 발생한다는 것은 바로 그 생생한 실증이다.

아무리 좋은 인수라도 많으면 병이된다. 위 사주는 印綬方局으로 水木사주여서 식상이 없으므로 재성을 용신해야 하고 비겁도 희신으로 좋다.

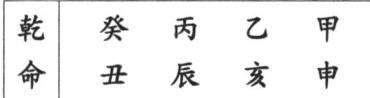 

위 사주는 늦은 봄철의 乙목이니 인수가 반드시 필요하다, 정관이 시지에 나타나서 관인상생으로 동력을 실어준다. 그뿐이 아니다. 병화가 월간에 나타나 키워주고 시간에 나타나 甲木은등라계갑(藤蘿繫甲)으로 보탬이 되는 사주이다. 상관성이 강하여 검사로 평생을 살아왔고 관인상생으로 직업복이 있으니 법무부장관으로 발탁되었으며 언변이 탁월하여 매사를 조리 있게 말함으로 대권까지 넘보는 유능한 인재이다.

인수는 후견인의 별이다.

　나를 낳고 먹이고 입히고 기르는 어머니는 나의 유일한 후견인이다. 나를 가르치고 인격을 만들어 주는 스승 또한 후견인이다. 사회에서 의식주를 마련해주는 직장과 상사 역시 더없는 후견인이다. 이는 十二운성상의 장생(長生)과 똑 같다. 어려서부터 일생동안 나를 보살펴주는 후견인이 언제나 내 곁에 있는 인수는 어딜 가나 생모처럼 자상하고 다정하며 현명하고 정성어린 후견인을 기다린 것처럼 만나게 된다. 세상천지에 후견인이 가득 찬 인수가 외롭거나 가난하거나 천할 리는 없다. 부모형제의 사랑이 지극하듯이 세상인심 또한 후하고 다정하다. 늙어서는 아들딸이 후견인으로서 정성껏 봉양하니 처자의 인연 또한 두텁고 현명한 아내와 자식을 맞는다. 인덕이 풍부하고 덕을 마음껏 누리다보니 나 또한 덕인이 되어서 세상 사람에게 덕을 베푸는 것이다. 인수가 그렇듯 도처에서 신임과 사랑을 받는 것은 그 자신이 훌륭하고 정직하며 유능하고 성실하며 너그럽고 원만한 성현군자의 인품을 지녔기 때문이다. 쓸모가 있고 귀염성이 있기 때문에 누구나 한 결 같이 기뻐하고 따르며 보살펴 주는 게 아닌가? 그러나 아무리 유능하고 군자의 인품을 지녔다 해도 임자를 만나지 못하면 무용지물이다. 그 유능한 인재를 등용하고 출세시키는 것은 곧 벼슬길이다. 벼슬을 해야만 능력을 발휘하고 덕을 베풀 수 있다. 현명하고 어질고 착한 성현이 벼슬길에 오르면 그 보름달 같은 광채는 휘황찬란하게 천하에 빛난다. 정신적 지력과 물질적 체력이 건전하고 의식주가 풍족한 인수의 주인공은 무병하고 장수하며 평화를 즐긴다. 물욕과 색정을 멀리하고 시비와 편견을 외면하며 만사에 덕과 슬기로써 중용을 지키니 불안이나 풍파가 있을 수 없고 과실이나 실패 또한 있을 수 없다. 덕은 외롭지 않다고 주위엔 언제나 봄바람과 더불어 만인이 따르고 동화한다. 어머니의 참사랑 속에 자라난 그는 만인이 모두가 어머니처럼 자신을 보살펴주는 동시에 자신 또한 만인의 어머니로서 참사랑을 베푸니 가는 곳마다 꿀과 젖 같은 인정이 포근히 흐름을 느낄 수 있다. 요순(堯舜)시대처럼 성현군자의 사회에서는 인수가 으뜸이요 진가를 발휘할 수 있다. 그러나 돈이면 인정도 도덕도 팔아먹는 속고 속이는 장사꾼의 사회에선 수단과 요령의 별인 재성(財星)만이 활개를 친다. 눈치와 속임수 그리고 수단과 요령과는 인연이 먼 인수는 만인을 자신과 같은 진실한 군자로만 생각하고 또 의심할 줄을 모름으로써 수단꾼인 재성을 만나면 눈뜨고 도둑을 당한다. 말 잘하고 눈치 빠르며 능소능대한 재성이 수단과 요령을 멋지게 쓰면 아무런 의심도 없이 그대로 보따리를 털어준다. 보증을 서 달라면 선뜻 도장을 찍어주고 돈을 빌려달라면 통째로 넘겨주며 뇌물이나 미인계를 쓰면 감사하게 받아들인다. 그리고 함정에 빠지면 꼼짝없이 그대로 당한다. 평생 남을 속여보지 못하고 의심할 줄 모르는 산부처님을 속이기란 식은 밥 먹기가 아닌가? 하물며 수단이라곤 터럭만큼도 없는 그가 함정에 빠졌을 때 손 한번 쓰지 못하고 고스란히 당해야 할 것은 의당 지사가 아닌가? 여기 인수의 현실적 약점과 무능성이 있다. 때문에 인수는 학문과 직장과 명예 외에는 거래를 하지 말아야 하고 현실에 냉정하고 철저해야 한다. 평생에 배(船)만 타고 수영을 모르는 행운아가 한 번 물에 빠지면 치명적인 상처를 받듯이 평생에 티를 모르는 인수는 돈과 여자의 올가미에 쉽게 걸리듯 한번 걸리면 빠져나가기 어렵다. 이점에 있어선 처음부터 물에 빠져서 평생을 자기 힘으로 수영해 건너는 편인(偏印)이 훨씬 더 강하고 유능한지도 모른다. 양이 있으면 음이 있듯이 정신적 장점이 있으면 물질적 단점이 있기 마련이다. 정신에는 완벽하고 물질에는 구멍투성이가 바로 인수다.

坤命	辛丑	丁酉	壬申	癸卯

癸卯	壬申	丁酉	辛丑	坤命

인수가 局을 이루고 관인상생으로 이어지면서 조화를 이룬 사주로 별명이 방배동 사모님인데 평생 일을 모르고 남편 덕에 부자로

살아간다, 남편은 젊어서 재벌계열사 사장을 지낼 정도로 유능한 사람으로 덕망가였고 재물욕심이 많아 돈을 희롱하면서 살아간다. "庚子年에 손재수 있다고 했더니 아들에게 수십억 증여로 내 몸에서 돈을 내 보낼 정도로 영리한 사람이다."

인수와 비견 겁재(印綬와 比肩 劫財)

　인수가 비견겁재를 보면 한 어머니에 두 아들 격이니 어머니는 과로하고 아들은 젖을 반분하니 의식주가 풍부할 수가 없다. 어머니와 아들이 다 같이 손해 보니 어머니는 과로하고 아들은 반숙 상태다. 그러나 인수를 본 일주는 비겁으로 인해서 얻는 것은 있어도 잃는 것은 적다. 인수 또한 아들이 둘이면 하나보다 더욱 기쁜 것이니 이로울 뿐 해가 될 수는 없다. 그 이유는 무엇인가? 첫째, 신왕자는 인수를 싫어한다. 신왕자는 성인이니 성인은 어머니의 젖꼭지를 떠나서 결혼하고 자립해야 한다. 자립하려면 재물이 있어야 하는데 생산하는 데는 같은 능률의 비견은 필요해도 인수는 도리어 방해가 된다. 어머니는 자식 사랑의 독차지하려는 것이 인지상정이다. 자식이 결혼하면 자식사랑은 자부(子婦)가 독차지 한다. 그래서 아들은 어머니의 사랑과 아내의 사랑 중 하나를 택해야 한다. 아내를 얻으려면 모정을 잊어버려야 하고 모정을 택하려면 아내를 버려야 한다. 미숙한자는 어머니의 의존하는 만큼 신약자는 모정을 떠날 수 있지만 미숙한 신왕자는 아내를 얻어 자립하는 것이 원칙이다. 그 모정에 얽혀 있을 경우 비견이 있으면 또 하나의 아들이 있는 만큼 일주는 쉽사리 자립할 수 있다. 그래서 인수로 인한 피해나 장애는 반으로 감소되고 홀가분하다. 둘째, 재다 신약한 경우다. 신약자는 인수에 의지해야 하는데 재성이 있으면 인수는 며느리 본 어머니처럼 자식 곁을 떠난다. 이때에 비견이 합심해서 재성을 누르면 인수는 안심하고 모자지간의 정을 나눌 수 있고 허약한 자식을 보살필 수 있다. 그와 같이 비겁은 병든 형제대신 재물을 조성하고 빈틈없이 관리하니 일주는 인수와 비겁의 두 힘을 모두 받을 수 있는 동시에 몸은 왕성해지고 재물 또한 부유해진다. <u>비겁은 무거운 짐을 같이 나누어지고 인수는 기름을 보급하니 재물이 다다익선이다. 그래서 인수는 재성을 두려워하지만 비겁이 있으면 도리어 재성을 기대하고 재운에 발복한다.</u> 그러나 신왕하고 재관이 없다면 비겁과 인수가 무용지물일 뿐 되레 무거운 부담이 되니 더욱 가난하고 천할 수밖에 없다. 비겁은 재성을 공격하고 인수는 관성의 정기(精氣)를 빼앗으니 재관이 모두 무기력하니 그림의 떡이 된다. 설상가상 격으로 인수나 비견운을 만난다면 처(財) 자(官)가 설 땅이 없이 만신창이가 되고 자신 또한 가난을 감당치 못하며 수명이 위험하다. 반대로 재운에 간다면 인수 비겁이 천금의 가치가 있음으로써 합심협력해서 부와 귀를 생산하고 처자 또한 왕성하고 번창한다.

인수와 식신상관(印綬와 食神傷官)

인수는 힘을 기르는 생기(生氣)인데 반해서 식신상관은 힘을 발휘하는 설기(洩氣)신으로서 정반대의 입장에 있다. 인수에 의지하는 미성년자 또는 병든 허약자는 힘을 소모하는 식신과 상관을 싫어한다. 힘을 길러야 할 성장기에 힘을 소모하는 것은 무리한 출혈이기 때문이다. 인수는 비단 주인공에게 힘을 공급할뿐더러 힘의 도둑을 방지함으로써 설기가 억제된다. 장사(壯士)가 힘을 발휘하는 것은 좋은 기회로서 출세의 시점이 되는데 반하여 병든 환자나 미숙한 유아가 힘을 쓰는 것은 무리한 출혈로서 힘을 도둑질 당하는 것이며 질병의 시점이 된다. 식신은 본시 힘의 순리적인 작용으로서 무리한 출혈을 요구하지 않는 성실한 수족이다. 인수와는 정재 정관의 부부관계로서 서로 아끼고 사랑한다. 인수는 남편이요 식신은 아내에 해당한다. 남편이 애써 생산하고 공급하고 소중한 생기를 아내가 낭비할 수는 없다. 그와 같이 알뜰한 아내가 주인공을 위한 성실한 수족활동을 남편이 의심하거나 억제하거나 간섭하지는 않는다. 양자는 서로 주인공을 위해서 최선의 공급과 소비를 하고 있는 것이다. 양자는 서로 아끼고 서로 도와주며 보호를 받는다. 이에 반해 상관은 냉정하고 과격한 소모자다. 주인공의 뜻과는 상관없이 제멋대로 활동하고 기름을 소모한다. 그래서 주인공은 골치를 앓고 지친다. 이 방약하고 안하무인인 상관을 고양이 앞에 쥐처럼 다루는 상관의 호랑이가 바로 인수다. 인수는 상관의 칠살로서 상관의 독기를 덕으로써 제거하고 온순하고 얌전한 식신으로 개조하니 상관의 기질과 폐단은 없어지고 무리하고 독선적인 힘의 낭비도 억제된다. 인수가 식신 상관을 만나면 인수의 본업은 힘의 생산과 공급에만 전념할 수가 없다. 애써 공급한 힘을 헛되이 소모하는 식신상관을 도둑 지키듯 철저히 지켜야 한다. 생산과 방위의 두 가지 작업을 하자니 생산 능력과 작업은 자연 크게 감퇴될 수밖에 없으며 주인공은 그 감량만큼 성장과 능력이 감소된다. 이는 국방과 생산의 양면에 국력을 분산하는 나라와 같다. 그만큼 주인공은 성장과 발달이 늦어지고 능력 또한 불충분한 채 자체 방위에 정력을 소모해야 한다. 그 식신과 상관이 자라나는 나무를 좀먹는 벌레처럼 인체를 괴롭히는 질병과 병균작용을 하고 있음은 말할 나위도 없다. 먹이고 입히고 기르랴 병을 치료하랴 인수는 눈코 뜰 새가 없다. 그와 같이 주인공은 아직 성숙도 하기 전에 유혹과 호기심에 정신을 쓰고 일찍부터 재능을 발휘함으로써 성숙을 기대할 수가 없다. 남달리 조숙하고 빠르게 진출하는 장점이 있는 반면에 미숙에서 시작하여 미숙으로 끝나는 경향이 많다. 그러나 신왕한 경우는 다르다. 신왕자는 독자적으로 자립할 수 있는 능력이 있음으로써 식신상관을 기뻐하고 인수를 멀리한다. 식신상관은 유일한 기회다. 그 기회를 인수가 견제하니 도리어 호사다마가 된다. 아직 운행할 수 없는 미숙자에겐 제동기(制動機)역할을 하는 인수가 생명선이지만 능히 운행할 수 있는 성인이 모처럼의 기회를 얻어서 움직이는데 이를 제지하는 인수는 크나큰 방해자다. 때문에 주인공은 몇 번이고 좋은 기회를 놓치게 된다. 한쪽에선 가자하고 한쪽에선 가지 말라 손을 붙드니 주인공은 갈피를 잡을 수 없듯이 만사에 우유부단하고 주저하다가 기회를 놓치게 된다. 이러한 미궁에서 박차고 나가는 길은 오직 인수를 억누르는 재성을 만나는 것이다. 재운에 들어가면 식신상관이 활기를 띄고 뚜렷한 지표를 찾아서 일로 전진하는 동시에 도리어 인수의 힘이 필요하게 된다. 야속한 인수가 반가운 지원자로 변하니 병이 약으로 둔갑한 것과 같다. 사주 상 인수나 식신상관은 똑같은 일주의 신하다. 군주는 신하의 어버이로서 하후하박이 있을 수 없고 미움과 차별이 없다. 다만 나라와 가정을 다스리기 위해서 이단적인 행동을 억누르는 것뿐이다. 나라가 흥하려면 모든 신하가 합심하고 총동원 되어야 한다. 인수가 밉다 해서 누르기보다는 인수도 충신으로 활용하는 것이 군주의 도리요 부흥의 길이다. 그 부질없는 인수가 생산 작업에 기름을 보급하는 황금의 별로 전향하였으니 이에 더 큰 경사가 어디 또 있겠는가? 돈을 보면 욕심이 생기고 욕심이 지나치면 분수를 벗어난다. 그와 같이 재성을 본 식신 상관은 과속도로 달리고 일주 또한 절호의 기회를 최대한 활용하려고 무리한 욕망과 작업을 한다. 이때에 미움만 받든 인수가 브레이크를 걸고 지치고 과로한 일주에게 생명수를 공급하니 전화위복이요 만사형통이다.

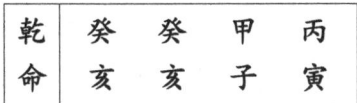

평생 시 하나는 끝내주게 잘 타고난 命이다. 印綬過多로 母子滅子인데 丙寅시를 만나서 寅木에 뿌리하고 丙火로 설기시키니 木火通明으로 좋아졌다. 甲木이 상류에서 둥둥 떠내려 오다가 하류에서 寅木에게 祿根하게 되고 안착하면서 멋지게 꽃피었다. 亥子丑인 밤과 어둠을 뒤로하고서 丙火로서써 희망과 광명만이 있다. 水生木 잘 받아서 木生火로 잘나가니 木火通明으로 월에 인수니까 교육자 집안에 학자다.

| 乾命 | 丙寅 | 甲午 | 丙申 | 壬辰 |

| 壬辰 | 丙申 | 甲午 | 丙寅 | 乾命 |

신왕관왕격이다. 午月丙火가 가뭄으로 찌들고 있는데 壬辰시를 만나서 壬수는 관살이요, 식신 辰土가 물 창고에 申子로 水局을 이루니 단비가 내리고 있다. 이 사주의 주인공은 어디를 가든 가뭄에 비오는 것처럼 대우받고 환영받는다.

火일주라서 시각이 발달 되어 배우지 않고도 박사고 언변이 좋아 청산유수다. 食財가 이사주의 핵이다. 처덕 있고 할 말 다하고 하고 싶은 대로 하며 살아가는 팔자이다.

인수와 재성(印綬와 財星)

인수는 생모요 재성은 아내다. 어려서는 생모에 의지하지만 성인이 되면 아내에게 의지한다. 아들이 결혼하면 어머니는 자식사랑을 며느리에게 물려주어야 한다. 사랑을 빼앗기는 어머니의 슬픔과 고통은 단장(斷腸)의 비애다. 그러기에 어머니와 며느리는 처음부터 상극이다. 여태까지 어머니에 의존하든 아들은 결혼과 더불어 독립해야 한다. 며느리에게 자식의 사랑을 빼앗긴 어머니가 다시 또 자식을 되찾을 수는 없다. 그 자식이 튼튼하게 자라난 성인이라면 문제는 간단하다. 아내와 독립하면 그만인 것이다. 그러나 아직 허약하고 미숙한 성인이 결혼을 하고 아내와 독립을 한다면 어찌될 것인가? 병든 환자가 결혼을 하면 그것은 독립이 아니고 죽음의 길이다. 인수가 재성을 보면 어머니와 아내가 서로 부딪친 것과 똑같다. 과연 자식은 어느 쪽을 택하고 따를 것인가? 어머니를 따르자니 아내가 울고 아내를 따르자니 어머니가 울고... 여기서 일주는 그 어느 것도 뿌리칠 수 없듯이 그 어느 것도 택할 수가 없다. 만사에 우유부단하고 주저하다가 모든 기회를 놓치게 된다. 이때에 일주가 어느 쪽을 택할 것인가는 일주의 능력에 달려 있다. 일주가 왕성하고 독립할 수 있다면 모름지기 재성을 택해야 하고 일주가 허약하고 자립능력이 없다면 당연히 인수를 따라야 한다. 재성을 따를 경우 인수는 허수아비가 된다. 놀고먹는 유한(有閑)의 별이니 이를 한신(閑神)이라고 한다. 일단 재성을 잡으면 재성이 왕성해야 한다. 그래서 식신상관을 기뻐한다. 식신상관은 재를 생산함으로써 크게 번창한다. 사업을 확대하면 자본 또한 크게 필요하다. 어머니는 유일한 원동력이자 돈 주머니다. 아내를 택할 때는 어머니가 혹처럼 부담이 되었지만 식신 상관을 만나서 사업이 일약 확대되니 어머니의 돈 주머니가 꿀처럼 생각난다. 자식은 어머니를 외면할 수 있지만 어머니는 자식을 버릴 수가 없다. 무거운 짐에 허덕이는 자식을 보면 어머니는 돈주머니를 당장 풀어서 송두리째 바친다. 그래서 일주는 식신 상관운에 도리어 어머니에 효도하고 돈을 번다. 반대로 인수를 택할 경우엔 재성이 골칫거리가 된다. 어리고 병든 환자는 어머니의 품속을 떠나지 말고 아직 더 젖을 먹고 힘을 길러야 하는데 젊은 아내는 청춘타령하면서 온갖 유혹 속에 독립을 강요하니 요부가 아니겠는가? 그 간사한 아내의 어지러운 유혹을 물리칠 수 있는 용기와 슬기를 어린 환자는 가지고 있지 않다. 인수는 재성 앞에 무기력하니 재성의 유혹을 물리칠 수 없다. 어리고 병든 몸이 아내의 유혹에 빠지니 병은 깊어가고 더욱 허약할 수밖에 없다. 그만큼 주인공은 미숙하고 무기력하며 주위의 유혹과 욕망에 쉽게 빠져들며 끝내는 몸과 재물을 잃는다. 그 무기력하고 지친상태에서 재성을 생부 하는 식신상관을 만나면 어찌될 것인가? 호랑이에게 날개를 단 격이니 신병과 파산은 급속도로 가속화 한다. 이 요부를 물리치고 어린환자를 구제하는 길은 인수를 생해주고 재성을 설기하는 관성뿐이다. 관성은 법도로서 재성의 어지러운 유혹을 제거하는 동시에 인수의 생모로서 허약한 인수를 대량생산하여 일주를 튼튼히 성인으로 만든다. 요사스러운 재성은 행실을 단정히 하고 관성은 인수와 합동해서 일주를 도우니 병들고 어린 왕자의 집에는 웃음꽃이 만발이요 경사가 잇단다. 인수는 직장이요 재성은 기업의 별이니 인수와 재성이 같이 있으면 처음엔 직장으로 진출하다가 멀지 않아서 자기가 업으로 전환한다. 신왕자는 빠르게 진출하고 성공하는데 반하여 신약자는 인수를 떠날 수 없듯이 직장을 떠나지 않는 것이 성공의 첩경이다. 인수와 재성이 나란히 대립하면 재성은 건전하고 인수는 보좌역할을 할 수 밖에 없다. 어머니는 미워나 고우나 자식을 사랑하고 지원하듯이 인수는 일주를 위해서 슬기와 체력을 공급한다. 그러나 일주는 어차피 그 하나를 택할 수 밖에 없다. 아내를 택할 경우 어머니에게 되돌아가는 인수를 보는 것은 금물이듯이 일단 인수를 택했으면 아내로 돌아가는 재성을 만나는 것은 금물이다. 때문에 인성을 쓰는 경우 재성을 보면 어머니의 젖줄이 끊어지듯이 여자의 재물관계로 직장에서 물러나거나 풍파가 생기고 재성을 쓰는 경우 인수를 보면 아내와 이별하는 격이니 직장을 떠나거나 좌천을 하게 된다. 그 상극된 인수와 재성을 같이 가지고 있는 경우 변화가 무상할 것은 필연적인 사실이다.

乾命	癸亥	甲寅	辛酉	己丑

己丑	辛酉	甲寅	癸亥	乾命

사주 네 기둥이 튼튼한 명조이다. 身旺하고 財旺하며 식상과 인수 역시 고르고 왕성한데 無官사주다. 그러나 甲寅목이 얼마든지 木生火 해 올 수 있으니까, 그리고 火가 필요 하니까 명예와 감투를 써야 좋다. 寅亥로 財局을 이루니 조상부모 음덕 있고, 이처럼 身旺財旺하면 巨富팔자요, 영웅호걸이다.

乾命	甲子	丙寅	癸酉	癸丑

癸丑	癸酉	丙寅	甲子	乾命

인수로 신강하고 재성 역시 유력하며 상관성이 강하므로 얄미울 정도로 영리하고 한수가 아닌 두 수 앞을 내다보고 살아가는 사람이다. 無에서 有를 창조하고 움직이고 말만 하면 돈 생기고 부하 수하가 돈 벌어다 주고 아이디어뱅크다. 월에 상관이지만 印綬局을

이룬 사주라서 뼈 없이 착한사람이며 정월은 아직 추운데 丑시에 태어나서 차가운 기운이 강하므로 재성인 火가 조후용신이므로 돈을 좋아하고 돈 떨어지면 어깨가 축 처진다. 경제부처 차관으로 있던 사람의 팔자인데 신왕재왕 사주는 業則 巨富요, 官則 장차관이다. 사업하면 부자가 되고 관료로 진출하면 고관이 되는 팔자인데 벤처기업 하면 좋다 아이디어가 풍부하니까,

인수와 관살(印綬와 官殺)

　인수는 자비로운 어머니요 관성은 엄격한 아버지의 별이다. 어머니는 아버지가 있어야 생기가 나고 활기를 띄듯이 아버지는 어머니가 있어야 다정하고 의욕이 발랄하다. 아내는 남편을 보살피고 남편은 아내를 가호(加護)하듯이 인수와 관살은 서로 지켜주고 보살펴준다. 우선 관살은 인수를 생해 준다. 생해준다는 것은 생기를 공급하고 도둑을 지키며 모든 침해자를 물리침으로써 아무런 장애 없이 건전하게 성장하고 생활토록 안전을 보장하는 것이다. 남편을 의지하는 아내가 남편을 보면 생기가 용솟음칠 것은 당연하다. 여자는 욕심이 강하고 금전의 유혹에 약하다. 그래서 인수는 재성을 가장 두려워한다. 그러나 남편이 있으면 누구도 아내를 근접하거나 유혹하지 못하며 도리어 아버지의 위력에 눌려서 아내의 시종을 한다. 아내를 해치려는 호랑이가 양으로 둔갑해서 도리어 고기를 받치고 아내를 살찌우는 것이다. 이를 통관(通關)이라고 한다. 재성과 인성이 대립할 경우 관성이 개입하면 재성은 관성으로 변하여 인성에게 충실히 봉사하는 것이다. 이렇듯 자상하고 늠름한 남편이 존재하는 한 인성은 아무런 불안도 불행도 있을 수 없지만 막상 관성이 사라지면 인수는 과부처럼 의지가 없다. 그 외로운 인수를 돈과 향락으로 유인하기는 식은 밥 먹기가 아닌가? 그래서 재성은 관성이 없는 인수를 보면 독수리가 병아리를 나꿔채듯이 유혹하고 점유한다. 무방비 상태의 인수가 황금의 유혹과 힘의 겁탈에 순순히 굴

복할 것은 불문가지다. 남편 없는 서러움이 얼마나 복받치겠는가? 그래서 인수는 관성을 가장 기뻐하는 동시에 가장 소중하게 지키고 보살피며 정성을 다하는 것이다. 관성을 해치는 상관을 얼씬도 못하게 내쫓는가 하면 관성과 맞서는 관살을 설기하여 무능력자로 전락시킨다. 일부일처(一夫一妻)는 인륜(人倫)이기에 앞서 하늘이 정한 천륜이요 건강과 평화와 부귀의 기본이기도 하다. 인수가 하나인데 관성이 둘이거나 관살이 혼잡하면 (一妻二夫)부가 되듯이 관성이 하나인데 인수가 둘이면 一夫二妻로서 불륜과 불화와 낭비와 허약을 조성한다. 一夫二妻인 경우엔 남편이 부정(不貞)하고 불성실하며 경제와 체력의 낭비로 손재하고 허약해진다. 그에 대해서 아내가 신경질적으로 반발하고 성적불만에 몸부림칠 것은 당연하다. 가정이 시끄럽고 아내의 바가지가 심하며 정력과 돈의 소모가 점점 과대해 감에 따라서 의욕은 감퇴되고 사회적 진출 또한 둔화되며 수명 역시 감퇴될 수밖에 없다. 반대로 一妻二夫인 경우에 아내가 부정하고 돈과 정력의 소모가 과대하며 남편의 유혹과 질투가 심하고 가정이 시끄러워진다. 홧김에 뭐하는 식으로 남편이 외도하며 아내도 그본을 따르고 아내가 부정하며 남편도 바람피우기 마련이다. 그래서 남편은 아내에게 불성실하고 아내는 남편에게 불순하고 불온하다. 서로가 의심하고 불신하며 가정을 외면하고 딴전을 피우니 어찌 평화와 웃음을 기대할 수 있겠는가? 오행과 육신 상으로는 인수하나가 여러 관살을 능히 소화하여 인수로 화인(化印)시킬 수 있지만 그 실은 풍파를 면치 못한다. 어느 남편이 아내의 부정을 보고 잠자코 있겠는가? 남편이 아내에게 화를 내고 신경질 적이며 냉정하고 불신할 것은 자명지사다. 그렇다고 아내가 반성하고 자중하기는 어렵다. 이미 그는 선천적으로 여러 남성을 거느리고 있다. 그만큼 그는 남성을 매혹하고 유혹시킬 수 있는 아름다움과 교태(嬌態)와 음성(淫性)을 풍부히 지니고 있다. 그것이 두 관성이 아닌 관살혼잡인 경우엔 더욱 그러하다. 관성이 둘이면 정식 남편이 둘이니 두 번 결혼함을 암시하는데 반하여 관살이 혼잡인 경우엔 정부(情夫)를 동시에 거느리고 있는 형국이니 부정하고 음란함을 암시한다. 칠살이 둘인 경우엔 처음부터 자유여성으로 정식결혼을 하지 않고 여러 남성을 편력(遍歷)하는 형국이니 자유부인의 표본 격이다. 물론 이는 부모의 별로서 부모의 운세를 암시한다. 그 영향이 자식에게 미칠 것은 필연적 사실이다. 부전자전이요 모전여전이라고 부성(夫星)의 .작용은 아들에게 크게 미치고 모성(母性)의 영향은 딸에게 더욱 깊이 미친다. 관성과 인수 또는 칠살과 인수의 관계는 관살 론에서 이미 자세히 설명한 바와 같이 군자와 영웅 또는 문관과 무관을 상대하는 자비로운 여성의 정성과 참사랑의 반영하는 것이니 재삼풀이는 하지 않겠다.

인성과 인성(印星과 印星)

인성은 다정한 모성이다. 같은 모성이 둘이 부딪칠 때 모성은 경합이 붙는다. 누가 참다운 모성인가를 경쟁하는 것이 아니고 누가 어머니의 자리를 차지하는 야의 시합이다. 적 앞에 관대할 수는 없다. 서로 시기하고 질투하며 중상하고 모략한다. 어머니의 참사랑과 자비로운 웃음은 차디찬 얼음덩이와 날카로운 신경질로 변한다. 아량이 겹손이란 생각조차 할 수 없다. 오직 나 혼자 독점하겠다는 집념과 편협한 고집뿐이다. 그것은 따사로운 생모가 아니고 가시 돋친 계모나 서모와 같다. 그 중에 하나는 분명히 생모에 해당한다. 생모가 현명하고 남편을 만족히 공경했다면 아버지는 생모를 두고 또 하나의 어머니를 맞아들이지 않았을 것이다. 무엇인가 생모에게 부족함이 있고 무기력한 때문이 아닌가? 동시에 설사 그렇다 해도 아버지가 너그러운 군자였던들 그러한 풍파는 일어나지 않았을 것이다. 어머니도 부족하지만 아버지도 부족한 것이 분명하다. 서모를 본 생모가 아버지에 충실하고 자식에게 다정할 수가 없다. 신경질적이고 시기와 질투에 이성을 잃을 정도다. 그 괴로운 어머니 슬하에서 호의호식할 수는 없다. 생모든 서모든 눈치를 봐야하고 재치 있게 움직여야 한다. 그러나 인수가 둘인 것은 반드시 서모를 뜻하는 것은 아니다. 어머니가 작고해서 계모를 얻을 수도 있다. 아버지의 행실이 단정하지 못한 것이 아니고 어머니가 무력한 때문이다. 그 어느 쪽이든 생모가 무력하고 불행한 것만은 사실이다. 어머니가 둘이면 서로 자식을 미룬다. 남편이 생모를 외면하는데 자식을 알뜰히 보살필 수는 없다. 하물며 내 자식도 아닌 서모의 입장에 있어서야 두 어머니의 경합 통에 자식은 외면되고 의식주의 공급 또한 부실하다. 호의호식 아닌 악의악식을 하기 때문에 소화기능이 건전하지 못할뿐더러 체력과 지력 또한 부실하다. 먹고 입고 배우는 것이 부실하고 편식과 편견에 치우치니 아량과 관용과 덕성을 기르기는 어렵다. 이와는 정반대의 경우도 있다. 미운자식 밥 많이 준다고 억지로 먹이고 또 먹이는 수도 있다. 그래서 소화불량이 되고 권태를 느끼며 정상을 잃게 된다. 이미 무력해진 생모와 차가운 서모의 눈칫밥을 먹고사는 인생의 갈 길은 독자적으로 자립하는 것 뿐이다. 그러기 위해선 수단과 재치를 배워야 한다. 그것은 천하의 돈을 주름잡는 재성이다. 인수가 양립할 때 재성을 보면 서모 밑에서 구박받던 인생이 현명한 아내를 만나서 자립하는 것이니 암야의 등불처럼 새로운 계기를 얻게 된다. 돈과 수완을 얻으니 서로의 눈치도 일변하거니와 서모를 섬기는 재치도 비범하다. 자식이 출세하니 생모가 활기를 되찾을 것은 물론이다. 인수가 여럿이면 인성이 극성스럽다. 아버지의 지배를 받지 않고 멋대로 행동한다. 재성은 극성스러운 인수를 누르고 허약해진 관성을 생부 하여 비로소 관성이 회생(回生)하고 관인이 정상화되니 아버지가 정상이고 어머니가 모성의 도리를 지키어 부모는 화목을 되찾고 자식 또한 모자의 정을 누리게 된다. 인수가 인수를 보면 아버지가 두 번 결혼한 것이니 생모와 계모 격으로서 생모와의 인연은 없고 계모 또는 유모의 손에 자라나게 된다. 생모와의 생리사별을 암시하니 어려서부터 생모를 잃게 되고 제三의 모성과 후견인에 의해서 성장하게 된다. 생모를 잃은 아기가 어머니의 덕을 보기는 어렵다. 아버지가 재혼하기 따라서 부정(夫情)은 새어머니에 독점되니 부모의 정을 누리기는 힘들다. 인수는 생모(生母)요 편인은 서모(庶母)다. 인수와 편인이 같이 있으면 생모와 서모가 같이 사는 격이니 서로 싸움이 벌어질 수밖에 없다. 아버지는 생모가 싫어서 서모를 얻은 것이니 아버지의 사랑은 자연 서모에게 가고 어머니는 버림을 받는 격이다. 생모와 서모가 서로 질투하고 중상하며 싸울 것은 필연지사다. 아버지로부터 버림받은 생모가 자식을 올바로 보살피고 기를 수는 없다. 남편을 빼앗긴 아내는 이별을 고하는 것이 원칙이다. 그러나 아직은 결판이 나지 않았으니 그대로 물러 갈수는 없다. 누가 물러가느냐는 인수와 편인의 근기(根氣)로써 결정된다. 인수가 왕성하고 편인이 쇠약하면 서모가 물러가고 그 반대인 경우엔 생모가 물러가야 한다. 두 아내를 거느리는 아버지가 군자 아닌 소인이요 정력과 재력의 낭비로 쉽게 무력화(無力化)할 것은 불문가지다. 이럴 때 재성을 보면 기사회생하고 만사가 원만히 정상화 된다. 인수는 체력과 지력의 별이다. <u>인수가 많으면 도리어 소화불량이 되고 올바른 섭취를 하지 못하니 체력과 지력은 도리어 악화될 수밖에 없다.</u> 가령 乙木은 壬水가 인성인데 壬水가 여럿이면 乙木은 도리어 浮木으로서 떠내려간다. 그와 같이 인성이 많으면 공부를 해도 어느 한 가지를 전념하지 않고 이것저것 변동하게 되고 이상은 높으나 현실에 어두움으로써 실용적인 지식을 얻지 못하고 고루한 지식에 사로잡히게 된다. 그와 같이 성품도 편견적이고 고루한 경향이 있으며 어느 한 가지도 성사하기가 어려운 동시에 뜬구름처럼 뿌리를 박고 정착하기가 어렵다. 배움은 많으나 깊이가 없고 열매가 없으며 재능은 많으나 발휘할 기회를 잡지 못한다. 인성은 활동의 별인 식신 상관을 공격하고 용납하지 않기 때문이다. 생산은 과잉상태요 판로의 시장은 봉쇄되니 만사가 침체되고 무용지물로서 헛되이 정력과 자본을 소모할 뿐이다. 주위에서 새로운 개발을 권유하지만 편견과 고집 때문에 받아들이지 않는다. 넘치는 홍수와 강물에 휩쓸려 떠내려가는 乙木처럼 주위의 유혹을 뿌리칠 능력이 없음으로써 타의

적이고 피동적으로 움직이다가 언제나 손실을 당하고 정착과 안정을 이룩할 수 없다. 그 유혹 중엔 이성문제가 도사리고 있음은 말할 나위도 없다. 주위의 온갖 유혹에 사로잡혀서 본업과 본분을 망각하는가 하면 언제나 우유부단하고 갈팡질팡하다가 기회를 놓치게 된다. 능력은 풍족하나 사회경험과 수단이 없어서 훌륭한 재능을 발휘하지 못하고 다람쥐 쳇바퀴 돌듯 제자리걸음을 하는 경우가 많다.

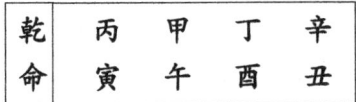 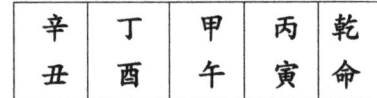

위 사주는 午月의 丁화가 甲寅 兩印綬가 돕고 辛酉금에 酉丑합까지 하여 身旺財旺 하면서도 상생이 잘 되어 멋지게 결실 하였으므로 인품 좋고 성격이 불같이 급하면서도 시각발달로 눈썰미가 좋다. 대법관을 지낸 분의 사주이다.

인수의 통변

1. 인성이 왕하고 신강자는 호주(好酒)하고 고독하며 가난하고 극형을 받기 쉽다.
2. 신왕한데 인성이 많으면 가난하고 고독하다. 그러나 관살과 재성을 보면 귀인의 도움으로 출세한다.
3. 인수에 의지하는데 재왕하고 다시 재운을 만나면 절벽강산이요 숨이 통하지 않음으로써 슬기를 잃고 투신자살이나 목매어 죽거나 벼락에 죽는 등 악사를 하게 된다.
4. 인성을 극하거나 파하면 조실모(早失母)한다.
5. 인수가 건전하고 유력하면 기르기 쉽고 장수하며 반대로 형 충 파 해 되면 기르기가 어렵다.
6. 신약하고 인성 또한 쇠약한데 재운을 만나면 반드시 실직 또는 실업 하게 된다.
7. 신왕하고 인다(印多)하면 재운에서 발복하며 신왕지로 가면 큰

재난을 겪는다.
8. 인수가 희신 인데 정재가 여럿이면 재난이 많고 만사가 막히며 출세할 수 없다. 만일 다시금 재운을 만나면 파산하고 나그네 신세가 된다.
9. 인성이 과다하면 극처하고 자식이 적으며 있어도 어리석거나 불효하다. 여자는 극모 한다.
10. 인수가 여럿이면 어머니가 많거나 남의 젖을 많이 먹게 되며 신왕자는 자식을 얻기가 힘들다.
11. 인성이 태왕하면 소자(少子)하고 재성을 보면 득자 한다.
12. 인다자는 위인이 준수(俊秀)하고 칠살을 보면 발복한다.
13. 신왕하고 인왕자는 어려서부터 시정(市井)에서 살기를 즐기고 재운에서 자연히 발복하여 가산이 윤택하다.
14. 인왕하고 신강자는 평생 질병이 적다.
15. 인성이 재성을 보지 않으면 죽음이 없고 인수와 재성은 다 같이 신왕지를 싫어한다.
16. 인수가 형 충 파 해 되면 마음이 어지럽고 갈피를 잡지 못하며 자칫하면 몸이 상한다.
17. 인수가 칠살을 보면 발신하고 합이 되면 마음이 어두워지며 합이 깨지면 발복한다.
18. 인수와 비견이 있으면 재성을 두려워하지 않는다.
19. 인수가 관성을 보지 못하면 청렴하나 출세가 어렵다.
20. 연간에 인수가 있으면 부귀한 집에서 출생한다. 그러나 인성이 또 있으면 반드시 어려서 남의 젖을 먹거나 남의 손에 길러진다.
21. 연간에 인성이 있고 월간에 겁재가 있으면 상속에 이변이 있고 동생이나 누이가 가산을 계승하게 된다.
22. 월간에 인수가 있으면 가장 묘미가 있고 슬기와 자부심이 풍부하며 일생 질병이 적고 건전하다.
23. 월간 인성은 연이나 시에서 재성을 보는 것을 가장 싫어 하며 만일 재성을 본다면 자기위치를 지키지 못하고 물러서야만 화를 피

할 수 있다.
24. 월주의 인성이 형 충 되면 외가(外家)가 무력하고 반드시 허물어진다.
25. 월주의 인성은 비견으로서 재성을 방위하는 것을 기뻐하고 재성을 생해주는 식신 상관을 미워한다.
26. 월주에 인수가 있고 재성이 없으면 성품이 순수하고 문장으로 이름을 떨친다.
27. 시상에 인수가 있고 근기가 왕상(旺相)하면 득자 하고 효도를 다하여 행복하다.
28. 시지에 인수가 있으면 모사가 비범하고 식록이 풍부하다.
29. 월상에 인수가 있고 관성을 보면 관운에 반드시 발복한다. 그러나 재성이 있고 시에서 인성을 충하며 관성이 사 절(死 絶)되면 백사가 불성이다.
30. 인수가 비견과 동주(同柱)하면 만사가 원만하고 다행 하며 형제와 친구를 위해서 힘써 노력하고 화목하다.
31. 인수와 겁재가 동주하면 업무는 번창하나 형제와 친지를 때문에 많은 손실을 당한다.
32. 인수와 식신이 동주하면 신용이 두텁고 존경을 받으며 업무가 창성한다.
33. 인수와 상관이 동주하면 명리(名利)가 허무하고 흉함이 많으며 어머니와 충돌이 많다.
34. 인수와 편재가 동주하면 가정이 원만하고 업무가 번창하며 이득이 크다.
35. 인수와 정재가 동주하면 질병으로 악사하거나 노고가 많으며 금전상 고통이 끝이지 않는다. 여자는 고부지간에 불화하고 남자는 아내가 온전하지 못하다.
36. 인수와 칠살이 동주하면 성실하고 부지런하며 신용이 두텁고 이득이 크며 가정이 화목하다. 여자는 훌륭한 남편을 얻고 자식 덕이 크다. 칠살을 덕으로써 교화시키기 때문이다.

37. 인수가 정관이 있으면 크게 발복하고 출세한다. 사교가 넓고 동서에서 이득을 보며 한 집안을 계승하여 취미 분야에서 성공한다.
38. 인수가 편인과 동주하면 결단력이 부족하고 많은 손실을 입으며 직업상 불만이 많다. 여자는 가정이 원만치 못하고 자녀의 인연도 박하다.
39. 인수가 인수와 동주하면 자기능력을 과시한 나머지 좋은 기회를 놓치거나 실패하기 쉽다. 직업과 사업의 변동이 빈번하고 노고가 끊어지지 않으며 여자는 자녀의 인연이 박하다.
40. 인수가 장생과 같이 있으면 부모가 단정하고 자비심이 많으며 부정(不正)이 추호도 없고 세상의 존경을 받는다. 특히 어머니가 현량(賢良)하고 인자하며 장수하고 평생 중병을 앓지 않고 스승의 덕과 공을 크게 누린다.
41. 인수가 목욕과 같이 있으면 직업상 과실이 많고 어머니가 일찍 남편을 잃는다.
42. 인수가 관대와 같이 있으면 상당한 명문집안에서 출생하고 장래 또한 크게 영달할 수 있다.
43. 인수가 건록과 같이 있으면 부운(父運)이 왕성하고 어머니 또한 현명하며 일생을 안락하게 즐긴다.
44. 인수가 제왕과 같이 있으면 아버지가 입서(入婿)로 출세하는 경우가 많고 자신은 반드시 자력으로 출세하며 만인의 윗사람이 된다.
45. 인수가 쇠와 같이 있으면 일생 평범하고 내가 출생하면서 집안이 점차 기울어지고 침체된다.
46. 인수가 병, 사, 묘, 절과 같이 있으면 부모와의 인연이 박하고 유산이 없으며 만사가 여의치 못하고 수명 또한 짧다. 기술계나 의사, 학자로서 적합하다.
47. 인수가 양인과 같이 있으면 몸과 마음의 상처가 크다. 48. 인수와 식신이 온전하고 신강하면 관록을 크게 받는다.

偏人篇
편인은 기구한 별이다.

　인간에 있어서 가장 소중한 것은 의식주다. 의식주를 생산하는 식록의 별을 정면으로 공격하는 편인은 스스로 삶의 대로를 버리고 험난한 수난의 길을 택한 기구한 별이다. 식신은 천부적으로 타고난 자연의 천연과실(天然果實)이다. 그 꿀 같은 과실은 부모를 비롯해서 스승과 직장과 귀인을 통해서 한평생 공급된다. 그래서 식신은 불안과 초조와 가난과 역정을 모르고 태평성세를 즐기고 누구에게나 다정하고 원만하며 너그럽고 친절하다. 살이 찌고 병이 없으니 장수하고 부와 귀를 누릴 수 있다. 이모든 것은 천부적이고 자연적이다. 편인은 그 천부적인 자연과실을 정면으로 거절함으로써 스스로 의식주를 생산하고 자급자족해야 한다. 하늘을 외면한 편인에게 하늘이 은공을 베풀 리 없다. 그래서 하늘은 하늘의 은공을 전달하는 부모와 스승과 직장과 상사 등 모든 천덕의 인연을 송두리째 거둬 버리고 천애의 고아로서 자라나게 한다. 인덕이라곤 추호도 없는 편인은 이 세상에 나면서부터 배고프고 외롭고 괴로운 황무지다. 어머니의 젖줄을 끊어 놓았으니 계모나 유모의 젖줄을 먹어야 하고 악의악식(惡衣惡食)을 하자니 소화기능이 온전하고 체력이 건전할 수는 없다. 하늘로부터 버림받은 편인은 세상 모두가 차디찬 이국땅의 이국인과 다름없는 서모 격이다. 의식이 넉넉하면 가난이 휩쓸어서 먹지를 못한다. 배고픈 인생에게 호의호식은 금물이다. 그래서 하늘은 그에게 호의호식을 베푸는 부모를 무능자 1로 만들고 그래도 베풀면 몸을 괴롭혀서 그림의 떡으로 만든다. 가난하지 않으면 질병이 덮쳐서라도 배고픈 인생을 연출케 한다. 어쩌면 하늘의 저주를 받았는지도 모른다. 하늘은 그를 미워한 나머지 그에게 베푸는 모든 손발을 묶어놓고 접근을 막아 스스로 땅을 파고 먹이를 생산케 한다. 처음부터 하늘을 등지고 살아가는 편인은 처음부터 인생이란 창해바다를 알몸으로 뛰어들어서 헤엄쳐가는 것이다. 부모라는 배와 스승이란 등불과 직장이란 안식처를 모르고 홀로서 배를 만들고 등불을 켜고 안식처를 만들어야 한다. 나면서부터 버림받은 인생의 살길은 문자 그대로 가시밭길이다. 머리를 쓰고 눈치와 재치가 민첩하여 가난과 궁핍을 식은 밥 먹듯 참고 견뎌야 하고 구걸을 천직으로 삼아야 한다. 나면서부터 젖을 구걸하고 옷과 잠자리도 구걸해야 하듯이 공부도 구걸하고 직장도 구걸해 하고 사랑까지도 구걸해야 한다. 모든 것이 순리적이고 뜻대로 되는 것이란 하나도 없다. 역경에서 역경으로 헤엄쳐가는 역류(逆流)의 인생이 바로 편인이다. 물은 아래로 흐르는 것이 순리요 상식이다. 그와 같이 어린이는 부모덕으로 자라나고 공부하고 출세하는 것이 천리요 상식이다. 편인에겐 그 순리와 상식이 통하지 않는다. 모든 것은 비정상적이고 비상식적이며 비논리적이다. 그가 순천하고 순응할 리는 없다. 그는 하늘이 버렸듯이 하늘을 믿지 않는다. 하늘을 저주하고 원망하며 역천한다. 그것은 비단 하늘뿐 아니다. 모든 것을 거꾸로 보고 비뚤게 본다. 사실은 사실로 인정하지 않고 부인하고 의심하고 캐묻는다. 무엇인가 세상은 잘못된 것이고 인생 또한 잘못된 것이다. 그 잘못을 밝혀야 하고 고쳐야만 만인은 정상적이고 영원히 살 수 있다. 그 무엇을 찾기 위해서 편인은 종교와 철학을 밑바닥부터 파헤친다. 이대로는 살 수 없듯이 이대로는 방치할 수 없기 때문이다. 그가 개척하고 발견한 철학이 무엇인가는 쉽게 점칠 수 있다. 현실을 부인하고 평범을 뛰어넘은 이단적이고 기발한 보다 높은 차원에서 세상과 인생을 바라보는 눈과 슬기가 담겨있는 새로운 종교 새로운 철학임이 분명하다. 그것이 평범한 사회와 인생에서 비상식적인 편견으로 배척되고 외면될 것은 불문가지다. 정상적인 교육이나 인생과정을 밟지 않고 독보적인 인생을 개발해 온 편인이 자칫 편견에 치우치기 쉬운 것은 사실이다. 세상을 비뚤게 보는 편인이 비뚤어진 편견에 사로잡히고 그 편견을 진리인 양 고집할 것은 의당 지사다. 그러나 현실을 부인하는 철학은 그러한 편견과 이단과 역천을 일삼는 편인형의 인간에 의해서 거의 개발되고 진행되어 온 것이 아닌가? 그만큼 편인은 현실에 불만과 원한과 슬픔과 역겨움이 많은 인생이다. 현실에서 도피하고 마음의 안식처를 찾기 위해서 그는 물질보다 정신세계를 추구하고 개조(改造)와 변화를 간절히 희구하고 있는 것이다. 무엇보다도 그에겐 따스한 정과 손길이 메말라 있다. 부모의 정, 스승의 정, 상사의 정, 이성의 정을 모르고 사는 무정한 인생에겐 돈보다도 벼슬보다도 정이 그립고 의지할 곳이 애타도록 아쉽다. 그 피맺힌 사랑의 손길과 보금자리를 찾기 위해선 그는 인생의 밑바닥부터 시작하여 세상과 인생의 구석구석을 파헤치고 새로운 빛과 길과 세계와 인생과 진리와 철학을 목메어 찾고 있는 것이다. 그의 머리가 철저하고 정밀하게 개발되고 슬기와 재치가 극대화하여 비범할 것은 필연적이다. 그래서 편인은 눈치 빠르고 재치가 넘치며 임기응변에 능통하고 척하면 三천리를 줄달음친다는 것이다. 천륜과 혈육을 등지고 스스로 먹고 배우고 산다는 것은 그만큼 생활력이 강하고 타고난 체력과 지력이 비범함을 암시한다. 그러기에 편인은 벌판에 버려진 천애의 고아이면서 자신을 보존하고 개발을 멈추지 않는다. 어떠한 역경에도 굴하지 않고 끝까지 버티고 이겨내는 저력을 가지고 있다. 때문에 편인은 어려서는 고생이 많아도 나이를 먹으면서 점차 운이 열리고 이름을 날린다. 그러나 어딜 가든 정다운 사람 의지할 곳이 없는지라 고독과 괴로움을 벗어날 수가 없고 언제나 사랑에 굶주린 허탈한 상태에 있다. 그 편인을 울리고 웃기는 것은 오직 따뜻한 참사랑이다. 사랑을 위해선 무엇이든 할 수 있는 사랑의 시종이 바로 편인이다. 그래서 편인은 참사랑을 만나면 대성할 수 있는 반면에 사랑 때문에 속고 울고 실패하는 여난(女難)이 허다하다. 불우한 운명을 달래기 위해서 술을 즐기고 노래를 즐기며 향락을 즐기고 이성을 즐긴다. 무엇을 하든 만족할 수 없는 텅 빈 가슴을 메우기 위해서 그는 평생을 몸부림치지만 버림받은 운명의 고어에겐 언제나 괴롭고 박절한 시련과 궁핍이 파도처럼 밀려올 따름이다. 그 빗나간 인생을 바로잡는 길은 오직 마음의 등불인 정신적 안식처를 찾아서 물질과 현실의 고통을 탈피하는 것뿐이다. 타고난 물질은 알몸뿐이고 뛰어난 정신만으로 살아가야 할 편인은 머리가 자본의 전부다. 그 머리를 바르고 풍부히 개발할 수 있는 것은 관살이다. 관살은 아버지요 인수는 어머니다. 비록 정이 없는 계모이긴 하나 아버지가 살아 있으면 아양을 떨고 성실하게 자식을 보살펴준다. 같은 인수이면서 편인은 재치가 있고 눈치가 빠른지라 아버지를 흡족히 사랑하고 즐겁게 한다. 그 아버지가 그 아내와 자식에게 더 많은 정과 물질과 벼슬을 베풀 것은 의당 지사다. 그래서 정관과 편인이 있으면 인수보다도 더 많은 공을 세울 수 있고 빠르게 출세를 할 수 있다. 칠살을 보면 편인은 병을 고치고 호랑이를 교화시키는 의사이자 스승으로 둔갑한다. 매정한 편인이 아니고 다정하고 인자한 인술로서 자식을 보살핀다. 이 재치덩어리인 편인을 무기력화 하고 꼼짝 못하게 묶어 놓는 것은 편재와 정재다. 편재는 편인의 칠살로서 편인이 편재를 보면 고양이 앞에 생쥐처럼 움츠리고 아무런 작용을 하지 않으니 편인은 유명무실한 허수아비로 전락하고 정재는 편인의 남편별로서 편인이 정재를 보면 품행이 단정하고 조심하며 부지런하고 진실하다. 아버지가 똑똑하면 서모나 계모도 품행이 단정하고 전실 자식에게 인자한 현모양처가 되듯이 정재가 있으면 편인은 인수로서 체질개선을 한다. 계모의 간사하고 악독한 기질은 물질을 보면 나타난다. 견물생심으로 욕심을 부리고 독점하며 전실 자식에겐 한 푼도 주지 않으려한다. 그와 같이 편인은 물질의 별인 식신을 보면 발작을 하고 식신을 만신창이로 만든다. 편인이 식신을 보면 밥그릇을 뒤엎는 도식(倒食)이라 해서 평지풍파를 일으키는 까닭은 바로 여기에 있다. 그러나 상관은 편인의 아내에 해당함으로써 그러한 행패는 부리지 않는다. 도리어 상관을 아끼고 보살피며 정을 나누기에 서로가 정신이 없음으로써 두 개의 흉신이 스스로 승화하듯이 막히고 애먹던 일이 하루아침에 스스로 해결되고 만사가 전화위복으로 형통한다. 그것은 서모처럼 무정하고 애를 먹이든 편인이 가장 기뻐하는 아내를 보니 삽시간에 기쁨이 넘치고 온갖 불만이 해소됨으로써 성실한 남편으로서 군주인 일주에게 충성을 다하게 되는 것이다. 그와 같이 모든 육신은 자신의 올바른 배우자나 혈육을 만나면 양처럼 순하고 개미처럼 부지런한 데 반하여 외롭거나 할 일이 없으면 군주에게 불평하고 심술을 부리며 온갖 반발과 사고를 일삼는 것이다. 가뜩이나 할 일이 없어서 화를 내고 있던 편인이 또 하나의 편인을 본다면 어찌되겠는가? 첩이 첩 꼴을 못 본다고 서모가 서모의 꼴을 볼 수가 없다. 그래서 편인이 편인을 보면 의식주를 공격하는 화살이 빗발치고 간사한 독기를 거침없이 내뿜음으로써 신세는 더욱 궁지에 빠진 채 평생을 몸부림치게 된다. 아첨과 재치를 떨어도 한번으로는 통하지 않고 두 번 세 번을 해야 겨우 통하니 아첨과 재치로도 먹기가 어려운 가난한 고아 라 하겠다. 이런 경우에도 편인을 필요로 하는 별이 나타나면 도리어 유용한 가치를 발휘할 수 있음은 말할 나위도 없다.

편인과 비겁(偏印과 比劫)

편인이 비겁을 보면 설기되어서 비겁으로 변한다. 비겁은 왕성해지는데 반해서 편인은 무력화된다.

편인과 식신(偏印과 食神)

편인이 식신을 보면 도식(倒食)이 된다. 소원성취 하는 식신을 난도질함으로써 만신창이가 되고 만사불성으로 곤두박질한다. 밥상을 뒤엎는 격이다. 호사다마다.

편인과 상관(偏印과 傷官)

상관은 하극상하고 안하무인이다. 편인은 상관을 극하는 정관으로서 상관을 지배하고 통제한다. 상관의 나쁜 버릇을 고침으로써 전화위복을 한다.

편인과 재성(偏印과 財星)]

재성은 편인을 다스리는 관살이다. 편인이 재성을 만나면 고양이 앞의 생쥐처럼 꼼짝을 못하고 재성에 굴복한다. 잔꾀를 부리지 않고 부지런하고 성실해진다.

편인과 관살(偏印과 官殺)

관살은 편인의 인수로서 편인을 생해주고 도와준다. 편인이 왕성해짐으로써 더욱 기성을 부린다. 하지만 관살은 법도를 지키고 분발하는 의지의 별로서 관살을 보면 편인은 평소의 숙원을 이룩하려고 분발한다.

편인의 통변

1. 편인은 표면상으로는 친절하고 청수하지만 가슴속은 헤아릴 수 없으며 만사에 재치 있고 임기응변의 기지가 뛰어 나다.
2. 편인은 재성이 있으면 편인이라고 하고 식신이 있으면도식(倒食)이라 하며 재성이나 식신이 없으면 효신(梟神)라한다.
3. 효신은 계모의 채찍과 같으니 피부가 온전할 수 없다. 반드시 몸에 흉터가 있거나 살결이 거칠어진다. 그러나 신약자를 생부 하는 경우엔 인수보다도 아름답다.
4. 지지에 희신의 편인이 있으면 장생으로서 더욱 묘미가 있다.
5. 효신이면 만사가 그릇되고 파재(破財)하며 실권(失權)하고 질병이 생기며 혈육과 이별하고 고독하며 박절하고 색난이 있다.
6. 편인은 학자 예술가 의사로서 성공하고 승려로는 대성한다.
7. 효신을 생해주는 관살을 보면 흉신이 날개를 치니 재난이 더욱 크다.
8. 편인은 처음부터 부지런하나 종내는 권태를 느껴서 유두무미하고 겁이 많으며 강자 앞엔 비겁 하리 만큼 약하다.
9. 편인은 도량이 크고 작은 일을 돌보지 않으며 변화가 무상하다.

천덕이나 월덕(月德)과 같이 있으면 성품이 온순하다.
10. 편인이 많으면 조실부모하고 배우자를 극하며 자녀의 인연도 박하고 질병이 있으며 명예손상이 많고 설사 처음엔 무사해도 종내는 화를 초래한다.
11. 편인이 많으면 부모 복이 박하고 양자로 입양하는 경우가 많으며 남의 집에서 자라나기도 한다.
12. 도식은 박복하고 단명하면 자유가 없고 만사가 진퇴양난의 궁지에서 그르치고 후회됨이 많다. 재물 또한 성패가 무상하여 의식주가 불안정하다.
13. 편인 자는 신왕함을 기뻐한다. 신왕하면 재물이 풍부하고 형 충과 칠살이 있으면 가난하지 않으면 단명하다.
14. 신약하면 편인을 얻어도 장수하기 힘들며 신약자가 편인을 거듭 만나면 재난이 많다. 용모가 단정하지 못하고 인격 또한 부실하다.
15. 인수와 편인이 혼잡 되면 반드시 본업 외에 부업을 갖는 등 두 가지 직업을 갖게 된다.
16. 편인이 편재를 보면 능소능대하여 모든 재난을 무난히 넘길 수 있다.
17. 사주에 편인이 만반(滿盤)이면 처연이 박하고 자녀를 잃게 된다.
18. 신약하고 편인이 많으면 노고가 심하고 끊어지지 않는다.
19. 신약하고 편인이 관살을 보면 다성다패(多成多敗)하고 다집다산(多集多散)하다.
20. 도식자는 반드시 윗사람의 간섭과 제약을 받음으로써 부자유하고 성패가 무상하며 신체 또한 부자유하다.
21. 편인자가 신왕하고 재성을 보면 행복한 팔자요 재관이겸전하면 귀격(貴格)이다.
22. 신약하고 효신이 왕성하면 평생 고생이 많다.
23. 편인자는 식신운에 반드시 재난을 겪는다.
24. 효신이 흥성하면 어려서 요절하고 효신이 거듭 있으면 가난하고 어지러운 가정에서 출생한다.

25. 효신이 지나치게 태과하면 자식을 잃고 의지가 없다.
26. 신왕하고 재성이 있으면 편인이 희신으로서 기뻐한다. 27. 여자가 도식이 있거나 효신이 많으면 자식이 없거나 있어도 사별 또는 분리하게 된다.
28. 여자가 효신이 많으면 유산(流産) 또는 산액을 겪고 간지에 모두 효신이 있으면 남편을 극하고 수명과 돈복이 적다.
29. 여자가 효신과 상관을 같이 보면 자식을 극하고 남편을 (波)한다. 재성을 보면 재액을 면할 수 있다.
30. 여자가 도식이 있으면 산액이 있고 효신이 거듭 있으면 독신팔자다.
31. 연상에 편인이 있으면 효신이 조상자리에 있다 해서 조상의 업과 기틀을 파하고 상속권을 잃거나 가문이 끊어지기 쉽다.
32. 연간에 편인이 있으면 계모에 의해서 양육되는 경우가 많다.
33. 월지에 편인이 있으면 예술, 의학, 연기, 전성학, 이발, 인기업 등 편업(偏業)에 적합하다.
34. 일지에 편인이 있으면 남자는 좋은 아내를 얻지 못하고 여자는 좋은 남편을 얻지 못하니 부부가 원만하지 못하다.
35. 시지에 편인이 있고 식신이 있으면 어려서 젖이 부족하고 음식을 탐하고 몸을 돌보지 않는다.
36. 연월일에 효신이 모두 있으면 의사나 점성가 배우에 적합하고 실업(實業)에는 부적당하다.
37. 편인이 비견과 동주하면 입양(入養)하거나 계모가 있으며 남의 귀염을 받기기 어렵고 혼담에 애로가 많은 등 일생에 노고가 끊이지 않는다.
38. 일지에 효신 또는 도식이 있으면 반드시 질병이 있거나 곤궁하며 형 충이 겹치면 재난이 발생한다.
39. 효신이 장생과 동주하면 생모와 인연이 없고 계모 손에 자라나며 양 일생은 계모가 착하고 현명하며 덕이 있고 음 일생은 계모가 부실하고 덕이 없다. 왜냐하면 계모는 본시 음에 속하는데 양 일생

은 음양이 중화됨으로써 길하고 음 일생은 음으로 편중되어서 흉하다.

40. 편인이 목욕과 동주하면 고생이 많고 남의 손에 자라나며 계모가 정숙하지 못하다(不貞).

41. 편인이 관대와 같이 있으면 의모(義母)에 의해서 양육되고 음 일생은 반드시 행복을 잡을 수 있는데 반하여 양 일생은 어려서 아버지와 생이별한다.

42. 편인이 건록과 같이 있으면 비록 부귀한 집에서 출생했다 해도 점차 기운이 기울어지고 十三세 때에 아버지와 생리사별을 한다. 의사나 학자가 적합하다.

43. 편인이 제왕과 같이 있으면 어려서 계모의 설움을 받게된다.

44. 편인이 쇠 병 사 절에 해당하면 아버지 또는 어머니와 인연이 없고 일생 고생이 많으니 기술이나 예능을 열심히 닦는 것이 급선무다.

45. 편인이 병이나 묘와 같이 있으면 어머니의 젖이 귀하고 만사가 용두사미(龍頭蛇尾)격이다.

46. 편인이 태와 같이 있으면 나면서부터 어머니와 떨어지는 경우도 있다.

47. 도식이 건록과 같이 있으면 벼슬과 녹을 탐한다.

48. 편인은 육친 상으로 남자는 계모, 유모, 첩의 아버지, 어머니의 형제에 해당하고 여자는 어머니의 형제에 해당한다.

六神通變의 實例
(육신통변의 실례)

 육신은 군왕에 딸린 신하요 권속이다. 군왕은 자고로 신하에 의해서 나라와 주권과 생명과 재산을 유지하고 부귀영화를 누린다. 신하는 모두 일곱이다. 그 타고난 신하들이 현명하고 충실하며 쓸모가 있으면 군왕은 가만히 앉아서 호의호식하고 부귀 하는데 반하여 그 신하가 어리석고 불충(不忠)하며 쓸모가 없으면 평생 고생문이 훤하고 가난과 질병과 풍파 속에 몸부림쳐야한다. 그 타고난 신하는 이 세상에서 단 하나도 고치거나 바꿀 수가 없다. 평생 조물주가 만들어준 여덟팔자(四柱干支는 四干四支이니 八字다) 그대로 살아가야 한다. 그것은 일곱 아들딸로 생각하면 된다. 천간은 양이니 아들이요 지지는 음이니 딸에 해당한다. 일간을 제외하면 三干四支이니 사람은 누구나 三남四녀를 거느리고 있다. 그 아들딸들에 전적으로 의지하는 군왕은 아들딸의 능력과 성격과 효성(孝誠)에 따라서 잘살 수도 있고 못살 수도 있다. 효자효녀를 원하고 탐하는 것은 인지상전이다. 그러나 하늘은 냉혹하리만큼 인정과 소망을 외면하고 있다. 효자보다도 불효자가 효녀보다도 불효녀가 더욱 많은 것이 일반적 경향이다. 때로는 효자효녀가 꽁보리밥에 쌀알 섞이듯 하나 둘 섞이는 수도 있지만 호사다마로 충극(冲剋)에 의해서 짓밟혀 무용지물이 되기가 태반이다. 그렇다고 모두가 그런 것은 아니다. 어쩌다가 조물주는 후한 인심을 쓰기도 한다. 三남녀가 모두 효자효녀로 일색인 깃이다. 물론 그런 것은 만에 하나가 있을까 말까다. 대부분은 흑백이 뒤범벅이고 백보다는 흑이 훨씬 더 많다. 옛날엔 효자의 별이라는 것은 식신, 정관, 인수, 정재, 편재를 말하고 불효자의 별이라는 비견, 겁재, 상관, 편인, 편관, 칠살을 가리켰다. 그러나 이제까지 분석한 육신론을 통해서 구체적으로 해설한 바와 같이 육신은 활용하는 용도에 따라서 길하고 흉할 뿐 그 자체는 길도 흉도 아닌 백지와 같은 것이다. 문제는 그별이 쓸모가 있는 희신(喜神)이냐 또는 쓸모가 없고 도리어 해를 끼치는 기신(忌神)이냐의 필요성과 가치성에 있다. 군왕에 쓸모가 있고 충성을 다하는 희신의 어버이를 정성껏 공경하는 효자요 군왕에 거역하고 근심덩어리인 기신은 어버이를 괴롭히는 불효자다. 그 희기신(喜忌神)은 절대적이 아니고 선천과 후천에 따라서 달라지고 바꿔진다. 사주의 구성상 분별되는 희신과 기신은 선천적인 것이요 대운과 세운(歲運)에 따라서 분별되는 희신과 기신은 후천적인 것이다. 타고난 희신과 기신이 후천적으로 달라지고 바꿔진다는 것은 무엇을 의미하는 것인가? 그것은 육신의 길흉이란 절대적이 아니고 상대적이라는 희기신의 상대성을 명백히 밝히는 것이다. 그와 같이 육신이란 그 자체는 흑도 아니요 백도 아닌 것이다. 경우에 따라서 흑도 되고 백도 될 수 있는 상대적이고 가변적(可變的)인 변천 무상한 것이 육신이다. 때문에 육신에 대한 희기(喜忌)와 길흉을 속단하거나 못을 박는 것은 금물이며 어떠한 선입감도 가져서는 안 된다. 가령 甲의 사주에 편인이나 상관 또는 칠살이나 겁재가 있다 해서 덮어놓고 나쁘다는 속단을 해서는 안 되듯이 식신이나 인수 정관이 있다 해서 좋은 사주라고 선입감을 갖는 것은 언어도단인 것이다. 왜냐하면 편인이나 상관, 겁재, 칠살도 사주구조에 따라선 천금의 가치가 있듯이 식신, 정관, 인수도 무용지물이자 도리어 기신이 되는 수가 얼마든지 있기 때문이다. 그러한 희기신의 판단은 전체를 통한 종합적인 판단에서만이 비록 결정될 수 있는 것이다.

육신은 사회 환경이다

흔히 육신은 육친의 별이라 해서 부모 형제 처자에 국한시키려는 경향이 많다. 가령 인성이 길하면 부모덕이 두텁고 比劫이 凶星이면 형제 덕이 없으며 官星이 吉하면 남편 덕이 있고 財星이 凶하면 처덕이 없다는 식으로 판에 박은 것처럼 직역(直譯)을 하기를 서슴지 않는다. 그러나 육신은 내 일생을 통해서 상대하고 거래해야 할 생활주변의 인물이자 사회적 환경이다. 年柱는 소녀시절의 환경을 관장하는 운명의 별이듯이 月柱와 日柱는 청년과 중년의 환경이요 時柱는 만년의 환경을 점치는 별이다. 환경은 가정과 사회로 나누어진다. 부모 형제 처자의 육친은 가정환경의 별이요 상사와 부하, 동창과 친구, 동료, 은사와 제자. 동업자와 대립자. 적과 동지 등은 사회 환경의 별이다. 육신은 가정보다도 사회적 작용과 통변이 더욱 중요하고 광범위한 것이다. 사회적 대인관계와 경제거래가 핵심을 이루고 있는 현실에서 운명의 길흉을 판단하는 사주감정도 사회적 환경으로서의 육신통변을 위주로 해야 할 것은 너무도 빤한 것이다. 그 사회적 환경은 가정환경과 비유해서 확대해석하는 비교육신 론을 적용해야한다. 가령 인수는 나를 먹이고 입히고 가르치고 기르는 양육과 교육의 후견인이니 사회적으로 나를 먹이고 입히고 가르치고 인도하는 직장이나 은사나 상사 또는 의식주 관계는 모두 印星으로 간주해야 하듯이 나와 유사한 동업자 창생 동료 동향인을 비롯해서 나와 경주하고 대립하는 경쟁자 대립자 또는 나와 대결하는 직업이나 기업자 등은 비견 겁재에 해당한다. 나를 시기 질투하는 삼각관계나 나의 생명과 재산을 노리고 박해하는 고소인, 도적, 밀고자 등도 비견 겁재의 일부다. 그와 같이 나를 지배하고 명령하며 보호하는 상사나 법칙을 비롯해서 나의 재능과 의욕을 분발시키는 출세와 명성의 기회나 직위는 관살의 별에 해당하고 나를 공경하고 섬기는 부하나 나에게 의지하는 종업원을 비롯해서 내가 보살피고 부담하고 관리하고 지배해야 할 책임과 의무관리 대상은 모두가 財星에 해당한다. 나의 관심을 끄는 사물이나 욕심을 발동시키는 이해관계 또한 財星에 속한다. 나의 기분과 감정을 동하게 하고 호감을 사거나 유혹을 하는 등 나의 재능과 자본과 의욕을 움직이게 하는 직업이나 기업 또는 권고자나 유혹자를 비롯해서 나의 출세 길을 열어주는 고시(考試)나 취직 또는 나의투자를 권유하는 증권, 보험, 계(契) 그리고 실력을 발휘하는 선발대회, 콩쿨대회, 기능대회, 체육경기 등은 모두가 나의 피와 땀을 발산시키고 꽃을 피우는 식신과 상관의 별에 해당한다. 이렇듯 육신의 사회적 적용은 다양한 것이다. 그 사회적 작용을 광범하고 종횡무진으로 통변할 때 비로소 육신의 진미는 맛볼 수 있고 그 진가를 과시할 수 있다. 이제 그 육신의 사회적 통변을 구체적으로 살펴보는 실례를 들어보기로 한다.

<육신활용 사례 1>

乾命	戊午	丁巳	甲戌	己巳
수	3	13	23	33	43	53	63
대운	戊午	己未	庚申	辛酉	壬戌	癸亥	甲子

| 己巳 | 甲戌 | 丁巳 | 戊午 | 乾命 |

<1918년04월18일사시생>

大運이 西方金運에서 北方水運에 흐르니 一代의 好機다 印星이 得氣하니 도처에서 貴人과 信任과 資本과 支援과 生氣를 얻는다. 그러나 丁巳年엔 傷官이 겹치니 지나친 욕심과 過速 때문에 平地風波를 일으키고 特히 丙午 丁未月엔 虛慾에 들떠서 甘言利說하는 유혹에 빠지며 과대한 投資를 하니 마침내 不渡를 내고 不信을 당하여 함정에 빠지고 만다.

[명조해설]

위 사주는 甲木이 午년 巳월 戌일 巳시에 태어나고 천간에 戊己丁이 나타나서 매우 조열하다. 다행인 것은 대운의 흐름이 서방금운에서 북방수운으로 흘러 좋은 편이지만 명조가 근본적으로 편고되고 인수가 없고 식상이 많아 무계획적이고 재성이 많아 욕심덩어리가 꽉 차있어 문제성이 항상 뒤를 따르게 되어 있는데 세운이 나쁠 때 항상 문제가 발생하게 된다. 丁巳년은 상관 운이라서 브레이크 없는 자동차처럼 질주 과속했고 丙午 丁未년은 午戌合 戌未刑으로 火氣衝天에 財星이 刑殺로 관재에 휩싸이게 된 것이다.

[간명후기]

本命은 사주에 비해 大運이 좋아 일대 호기라는 말을 하였지만 이렇게 원국이 부실하면 세운이 안 좋을 때 사정없이 무너진다는 것을 보여준 사례이다. 감언이설의 유혹에 빠지는 것은 식상이 과다하여 단순하고 천방지축이라 이런 경우 돌다리도 두들겨가듯 심사숙고 하며 살아야 한다.

<육신활용 사례 2>

乾命	丁巳	丙午	丙午	乙未

수	9	19	29	39	49	59	69
대운	乙巳	甲辰	癸卯	壬寅	辛丑	庚子	己亥

乙未	丙午	丙午	丁巳	乾命

<1917년 05월 15일 미시생>

本命은 木火土 3神이 相生하지만 火土一色으로 격으로 말하자면 炎上格이지만 양인을 둘이나 놓아 羊刃格 이라고도 할 수 있으나 매우 燥渴하고 偏枯하여 土金水가 아쉬운 命造이다 庚子運에 이르러 陰陽이 中和될 것 같지만 워낙 火盛한 데다가 死金이 三火에 쫓기니 財로 因해서 是非가 분분하고 風波가 심한 터에 丁巳年앤 忌神인 劫財가 加担하니 四方에서 도적이 날뛰고 사기꾼 협잡꾼이 모여든다. 더욱이 丙午 丁未月엔 比劫이 亂舞하니 주변에 시기질투와 중상모략이 만발하고 고소와 대결이 격화하여 致命的인 損財와 名譽損傷을 당하였다.

[명조해설]

위 사주는 外格으로 보아야 한다. 사주에는 일반격인 內格이 있고 특별격인 外格으로 크게 두 가지로 나뉘지만 일반적인 보통사주가 내격이고 종격이 외격 이다. 일단 특별한 사주로 보아야 하기에 운의 흐름을 잘 살펴야 한다.

대운이 청년기에는 東方木운으로 무난하게 살았지만 北方 水운에 좋을 것 같지만 문제 발생 가능성이 크다 이유는 庚子대운으로 旺神인 午火를 子午沖으로 건드려서 旺神沖發 이라 하여 발동이 걸리는 것이다. 위에서 土金水가 아쉽다는 말은 원국 배열에서의 말이고 운에서는 金水가 결코 좋다고 볼 수 없다. 왕신은 건드리는 것보다 달래는 것이 좋아 土는 큰 문제가 없지만 金이나 水는 문제 발생 가능성이 크다. 金은 火가 많아 死金이라 하여 맥을 못 추기에 金의 본분을 다하지 못하고 수는 水剋火로 제지 할 것 같지만 반항하여 억제하지 못하는 원인이다. 우리가 사주를 볼 때 애는 명조분석을 잘 해야만 오판을 하지 않는다는 점 명심하기 바라며 종격인 외격을 볼 때는 더욱 세심하게 살펴야 할 것들이 많다. 丁巳년은 세운으로 볼 때 나쁘지 않은데 왜 문제가 발생 하였을까? 대운 때문이라고 봐야 할 것이다. 대운이 子나 亥를 만나면 子午沖 巳亥沖으로 발동이 걸리게 되면 丁巳는 기신 역할로 겁재 역할로 변하게 된다. 만약 南方火大運에 丁巳歲運이었다면 문제는 달라졌을 것이다.

<육신활용 사례 3>

坤命	癸未	甲寅	甲辰	甲子
수	6	16	26	36	46	56	66
대운	乙卯	丙辰	丁巳	戊午	己未	庚申	辛酉

甲子	甲辰	甲寅	癸未	坤命

<1943년01월11일자시생>

女命에 比肩이 重重하니 萬事반분이다. 男便은 小室과 同居하고 돌아보지 않는다. 比肩이 凶神이니 괴롭히는 사람뿐이고 左右에 도적이 가로막으니 가슴이 답답하다. 對人체세가 서툴고 시기질투가

심하여 소견이 좁고 인색한지라 不和가 잇달고 夫婦間은 犬猿之間이다. 비견이 吉神이면 기쁜지라 사람만 봐도 기뻐서 반기는데 反하여 比肩이 忌神 이면 미운지라 얼굴만 봐도 짜증나고 역겹다. 그와 같이 忌神인 比肩이 여럿이면 東西南北 어딜 가나 한 平生 역겹고 원수 같은 미운 사람만 만나게 된다.

[명조해설]

위 사주는 비견이 重重하고 인수태왕한데 식상이 없고 無官사주인 것이 흠인 명조이다. 비견이 많으면 나누며 살아야 하고 무관사주이니 남편은 소실과 살게 되고 火가 식상인데 식상이 있었다면 木火通明 시켜 답답하지도 않고 처세도 좋았으련만 앞뒤가 꽉 막힌 형상이라 소견도 좁고 인색 하였을 것이다. 밥을 배불리 먹고 소화 안 되는 형상이다.

<육신활용 사례 4>

<1922년12월16일오시생>

財는 하나인데 比肩이 둘이다. 三辛이 一甲을 다투니 甲의 자세는 女王으로 君臨한다. 女人을 다루는 솜씨가 극히 서툴고 인색 하며 시기질투가 甚한 터에 멋지고 수완 있는 男性이 유혹하니 女人의 마음은 흔들리고 마침내 變心하여 第三者와 通情한다. 그러나 一女가 三男을 거느리니 어찌 온전하고 長壽할 수 있는가? 더욱이 四方絶地로 行運하니 女人은 死別이 不可避하다. 比肩이 많으면 一女多男으로서 女人에게 선택과 變心을 권장하는 것이니 女人으로 因해서 風波가 많다.

[명조해설]

　위 사주 巳酉丑 金局을 이루어 비겁이 태왕한 경우로 財를 쓸 水가 없다. 설기 신으로 水를 쓰면 좋겠는데 원국에 水가 없으니 火로 제금해야 하므로 午화를 용신한다. 대운이 청년기에는 북방水운이라서 좋았는데 서방金운 비겁 기신의 역할로 財難이 발생하게 되는데 財는 재물과 여자이므로 분명은 여자로 인한 풍파로 본다.

<육신활용 사례 5>

坤命	己酉	己巳	戊戌	戊午
수	5	15	25	35	45	55	65
대운	庚午	辛未	壬申	癸酉	甲戌	乙亥	丙子

| 戊午 | 戊戌 | 己巳 | 己酉 | 坤命 |

<1969년04월08일오시생>

　女人이 比劫이 많으니 경쟁과 대립자를 물리치고 先取得權하려는 욕망이 대담하다. 다행히 傷官運을 만나니 才能을 발휘할 好機를 얻었다. 서로 美와 예능을 다투는 藝能界 進出하여 才技를 滿發한다. 甲寅 乙卯年엔 官殺이 比劫을 억누르니 獨也靑靑하듯 人氣가 旭日昇天하였으나 丙辰年부터는 比劫이 得勢하니 연예계에서 치열한 각축전에 침체를 면치 못한다. 丁巳년엔 喜神인 辛金傷官을 害치고 제압하니 多事多魔요 丙午 丁未月엔 萬事가 막히고 心中이 亂麻와 같다.

[명조해설]

　위 사주 巳월 午시생 戊土가 火土가 중탁(重濁)되었으나 대운이 金水운으로 흘러 운이 끝내주게 좋다고 보아야 한다. 편인성이 강하고 도화가 만발하여 예체능에 능한데 대운이 좋아 무난하게 살아가지만 항상 편고 되거나 이와 같이 화토중탁(火土重濁) 된 경우는 세운이 불리한 년 월운에 고전을 면치 못하는데 丁巳나 丙辰 같은 火土 년에는 불길하고 丁未월 역시 火土重濁이 가중되므로 대기(大

륜)하게 된다.

[간명후기]

本命은 비겁인 土가 병이다. 약인 관살인 木이 된다. 甲寅 乙卯년은 약신으로 크게 발전 하였던 것이고 상관을 써야하는 사주여서 예체능계에서 두각을 나타낸 것이며 丙辰년부터 내리 3년은 火운이라 흉신 운이었기에 활동에 어려움을 겪게 된 것이다.

<육신활용 사례 6>

乾命	戊辰	乙卯	乙丑	丙戌
수	3	13	23	33	43	53	63
대운	丙辰	丁巳	戊午	己未	庚申	辛酉	壬戌

丙戌	乙丑	乙卯	戊辰	乾命

<1928년윤2월05일술시생>

傷官生財하니 比肩이 도리어 喜神이다. 土로써 成財하니 농장을 경영하여 크게 치부(致富)할 수 있었다. 그러나 庚申運부터는 傷官이 生財보다도 剋官을 貪하니 是非가 분분하다. 主人이 엉뚱한 데 머리를 쓰고 있는 틈을 타서 比肩이 貪財할 것은 必然的이다. 甲寅年에 劫財가 뛰어드니 財物로 因한 是非가 재판으로 확대 하여 平地風波를 일으키고 있다. 官이 忌神이니 法의 보호(保護)를 받기는 어렵고 더욱이 傷官으로 大運의 官을 剋하니 出血이 낭자하고 致命的 타격(打擊)을 받는다. 財(재)를 다투는 比劫이 있을 경우엔 官殺運에서 比 劫을 제거(除去)하고 獨占하니 大吉하지만 傷官生財할 경우엔 比肩이 도리어 喜神으로서 官殺을 싫어한다. 官殺運을 만나면 傷官이 生財 아닌 剋官에만 몰두하고 財와 比肩을 外面하는지라 여태껏 主君에게 忠實했던 比肩은 主君의 財를 貪하고 대결(對決)을 감행한다.

[명조해설]

위 사주 身旺 財旺하고 시상 丙화 상관이 生財로 통기(通氣)시켜 좋은 사주인데 남방火운에는 발신(發身)하여 부자가 되었지만 서방 金운에 들어서면서 시비가 분분했던 것은 상관인 火가 金운을 만나서 상극(相剋)으로 서로 싸우기만 하는 관계로 官을 건드리니 殺로 변해서 문제발생이 된 것이다. 甲寅년은 상하로 겁재성이 강하게 들어서였지만 壬戌대운으로 넘어가면 순풍에 돛 단 듯 상관생재로 좋은 일만 있게 된다.

<육신활용 사례 7>

乾命	癸亥	壬戌	戊午	壬戌

수	1	11	21	31	41	51	61
대운	辛酉	庚申	己未	戊午	丁巳	丙辰	乙卯

壬戌	戊午	壬戌	癸亥	乾命

<1923년09월03일술시생>

身旺한데 三財가 나란히 나타났다. 三女가 一男을 쟁탈하기에 요염을 토하고 온갖 아양을 떨고 있으니 丈夫의 마음이 어찌 가만히 있을 수 있겠는가? 뭇 여인이 男便(남편)에게 찰싹 달라붙는 것은 本妻가 男便을 獨占할 수 있는 能力이 不足하거나 싫증이 난 때문이요. 그 틈을 타서 접근하는 여인이 男便의 눈을 끌 수 있는 美와 요령을 갖춘 요염한 妖花임은 不問可知다. 그 妖花에 홀린 男便이 變心하고 第三 女人과 同居할 것은 必然的 事實이다. 이는 비단 異性關係뿐이 아니고 職場과 企業 또한 마찬가지다. 財는 돈을 벌어들이는 市場이니 職場과 企業에 해당한다. 市場이 여럿이라는 것은 여기저기서 유혹하고 거래하는 것이니 한 職場 한 企業으로서는 맘이 찰 수가 없다. 그래서 轉職과 轉業이 쉴 새 없이 되풀이 된다.

[명조해설]

위 사주 戌月의 戊土가 戌時를 만나고 午戌合 火局을 이루니 신강한데 식상이 있어 土生金 으로 설기시키면 좋으련만 원국에 금이 없다 고로 財인 水를 쏠 수밖에 별 도리가 없다. 운에서 초년 잠시 金운으로 흘러 좋았을 것이나 청년기인 21대운부터 남방火운이라서 부조화로 인하여 財難 즉 재물이나 여자문제로 어려움을 겪게 되는 팔자와 운세였다.

이와 같이 편고 된 사주는 운이 나쁠 때 반듯이 문제가 발생 하게 된다. 항상 많은 것 도 문제요, 적은 것도 문제이니 돈과 여자문제도 있을 수 있는 사주이고 木인 관성이 없으니 직장이나 직업을 자주 바꾸거나 옮겨 다닐 가능성도 보이고 식상인 金이 없으니 결실인 결과가 없거나 소견이 좁은 사람 또는 활동성이 약할 수도 있을 것이니 이런 부분을 보충하면서 살아야 한다. 財가 많은 사람은 욕심꾸러기 일 수도 있는데 식상이 없으면 과욕으로 문제를 일으키기도 한다.

<육신활용 사례 8>

乾命	戊寅	辛酉	己巳	戊辰

수	2	12	22	32	42	52	62
대운	壬戌	癸亥	甲子	乙丑	丙寅	丁卯	戊辰

戊戌	己巳	辛酉	戊寅	乾命

<1938년 08월 11일 진시생>

身旺하고 比劫이 滿盤이니 妻가 붙을 곳이 없다. 나타나면 크나큰 風波가 일어나니 남 몰래 非公式的인 同居生活을 하고 있으며 아직도 未婚中이다. 辰中癸水의 妻星이 時支에 숨어 있으니 比劫의 亂動을 막을 수 있고 財星이 支藏 되었기 때문에 財를 벌 수 있었다. 이젠 財旺運에 있으니 比劫이 도리어 喜神이며 다음 甲子運에서 財旺透官하니 比劫을 能히 호령하고 財를 보호할 수 있으며 크게 富貴를 누릴 수 있다. 妻星이 比劫 몰래 감쪽같이 숨어서 메마른 땅에 물과 비옥(肥沃)한 거름을 공급하고 있으니 賢明하고 有能하며 아름다운 女人임을 알 수 있다. 比劫이 많을 땐 財가 나타나는 것은 금물이지만 지장된 것은 無難하다. 大運에서 壬癸水가 나타난 것은 風波와 起伏을 암시한다.

[명조해설]

위 사주 1火 4土로 비겁이 중중하고 火土重濁인데 다행이도 상관성이 강하여 土生金으로 설기시키어 삶을 윤택하지만 無財라서 이성인연이 박하다고 보아야 하기에 붙을 곳이 없다고 표현한 것이고 나타나면 풍파가 일어난다는 것은 역술용어로 군겁쟁재(群劫

爭財)라 하여 무리지은 비견겁재가 재를 놓고 싸운다하여 풍파로 보는데 본명의 경우 10대 대운부터 北方水운으로 흘러 반드시 여자의 문제나 재물로 인한 고통을 받을 수 있었을 것이다. 다만 비겁을 누를 수 있는 약신 인 官星 木운을 만나면 발복하게 되는데 甲子대운에 크게 발복했다함은 甲木이 소토(疎土)하고 子水를 월주 상관이 傷官生財로 부자가 된 것이다. 여자가 붙을 곳이 없어서 문제이지 붙기만 하면 물로 潤土하여 문전옥답으로 만들 수 있어 여자의 덕 즉 처덕은 있는 것이다. 여기서 중요한 것을 알고 넘어가야 한다. 운에서 財가 나타나면 문제가 발생 할 수 있는데 그 대신 甲子나 壬寅 같은 운은 木이 소토(疎土)하므로 군겁(群劫)이 꼼짝 못하지만 己亥나 戊子 같은 경우 비겁이 財를 달고 오는 운은 반드시 쟁재(爭財) 할 가능성이 크므로 조심해야 한다.

<육신활용 사례 9>

坤命	壬辰	戊申	丁酉	己酉
수	4	14	24	34	44	54	64
대운	丁未	丙午	乙巳	甲辰	癸卯	壬寅	辛丑

己酉	丁酉	戊申	壬辰	坤命

<1952년06월29일유시생>

女命에 傷官과 正官이 맞보고 있으니 正官이 온전할 수 없다. 더욱이 時上의 食神이 傷官을 도우니 지나치게 조숙하고 速度違反이 不可避하다. 財旺身弱한데 食傷이 迸出하면 걷잡을 수 없이 過速으로 疾走하며 브레이크가 없으니 失手와 事故는 어쩔 수 없는 宿命이다. 食傷은 꽃이다. 꽃이 滿發하니 얼굴이 예쁘고 月支에 沐浴이 있으니 多情하고 好色하다. 癸丑年엔 七殺이 나타나고 官殺이 混雜하니 늑대 같은 有夫男에 홀딱 빠져서 모든 것을 바치고 많은 돈까지 提供하면서 同居해 왔다. 그러다가 本妻가 나타나자 큰 망신을

당하고 失意에 빠지게 되었다. 乙卯年에 日支를 沖하고 偏印이 動하니 夫星에 異變이 생기고 시기질투 하는 本妻가 나타난 것이다.

[명조해설]

위 사주는 상관생재로 이어지는 팔자인데 허약하다는 것이 흠이고 상관견관(傷官見官)이라 하여 상관이 정관 남편을 보면 박살내는 형상인데 戊토 상관이 壬수를 바로 본 경우에 시상 己토 까지 합세 하므로 壬수는 죽을 지경인 것으로 남자인연이 적은 팔자에 소실팔자임이 틀림없으므로 유부남을 만난 것이다. 식상 또한 태왕한 경우로 식상이 많으면 브레이크 없는 자동차와 같은데 이런 때는 인수인 木이 브레이크 작용을 해 주어야 하는데 인수가 없으니 질주한다고 표현 한 것이다. 질주는 병 질자에 달릴 주자임으로 병적으로 달려간다는 의미이다. 그러나 말년 운은 기대해도 좋다. 壬寅대운이 되면 힘이 있는 寅목이 상관 土를 누르고 壬水 정관이 좋은 역할을 하게 될 것이므로 말년은 좋은 남자 만나 잘 살 수 있으나 사주명조가 매우 불리하여 젊어서는 파란 만장한 삶을 살아가라는 운명이었으므로 운명으로 받아드려야 한다.

[간명후기]

本命은 食財官이 극성한 팔자이다.
다행이도 비겁 운과 인수 운으로 60년간 흘러 다행이기는 하지만 그래도 원국이 부실해서 살아가면서 우여곡절이 많은 것이다. 이 사주에서는 인수도 비겁도 다 좋지만 비겁보다는 인수 운이 더 좋은 이유는 토가 많아 병든 사주라서 약인 인수 목이 우선이어서 한 말이다. 隔合이기는 하지만 丁壬合을 한다. 官合이다. 그런데 그 관을 처다 보면 죽을 지경이니 좋은 남자아니고 불륜으로 만난 유부남이었던 것이다. 四柱不如大運이라고 사주에 비해 운이 좋아 그런대로 살아갈 수 있었고 젊어서 癸卯대운 같은 경우는 산전수전 공중전까지 다 겪으면서 살지만 임인대운에 접어들면 좋은 남자와 인연이 되어 노후는 즐겁게 살게 될 것이다.

<육신활용 사례10>

坤命	丙戌	甲午	壬申	乙巳
수	7	17	27	37	47	57	67
대운	癸巳	壬辰	辛卯	庚寅	己丑	戊子	丁亥

乙巳	壬申	甲午	丙戌	坤命

<1946년04월28일사시생>

[육신활용]

　財旺身弱한 女命에 食神傷官이 亂舞하고 財가 透天하니 무거운 짐을 싣고 화살처럼 달린다. 乙卯年엔 다시 傷官이 겹치고 食傷이 得地하니 左右에서 유혹의 손이 뻗친다. 食傷은 生財하니 돈벌이를 미끼로 투자(投資)를 하라는 것이다. 財가 忌神이요 食神이 凶神이니 투자는 곧 虛慾에 찬 妄動이요 사기협잡에 속아 넘어가는 投身自殺과 다를 바 없다. 年上에 偏財가 得令하니 공돈을 벌려다가 목돈을 크게 날린다. 女人도박단의 감언리설(甘言利設)에 넘어가 乙卯年에 巨財를 날리고 부부간에 파국일보직전(破局一步直前)까지 몰고 왔다. 丙辰年엔 偏財가 쌍출(雙出:年上 丙과 같이) 하니 일확천금(一獲千金)의 유혹과 허욕이 再發하였다. 壬辰月에 比肩이 食傷을 희롱하니 악우(惡友)에 끌려서 또 노름을 하여 대패(大敗)하였다. 比劫은 食傷을 生해주니 도리어 亡身만 당하는 것이다.

[명조해설]

　위 사주는 오행을 모두 다 갖춘 팔자로 좋아 보이지만 신왕 하다고는 하나 식상이 난무하고(甲乙木이 月 時干에 나타나고)재성이 태왕 하며 財局을 형성하니(午月巳時生이 丙화가 年干에 투출되고 午戌火局) 이런 사주를 가진 사람은 귀가 얇고 마음이 여리어서 남의 말을 잘 듣게 되고 아차 하는 순간에 후회 할 일을 잘 저지르게 되니 살아가면서 항상 신중하게 생각하고 천천히 결정하면서 살아야 큰 액을 면할 수 있다. 壬수가 자신이 강한 걸로 착각하지만 뿌리가 약하고 운이 동방木운으로 흐를 때는 허약해 져서 더욱 감언이설에 빠져들게 되고 과욕을 부리게 된다. 다행이도 戊子 己丑대운에 발복하면 말년은 裕福하게 살아갈 것이다.

<육신활용 사례11>

坤命	丁亥	癸卯	辛丑	壬辰
수	4	14	24	34	44	54	64
대운	甲辰	乙巳	丙午	丁未	戊申	己酉	庚戌

壬辰	辛丑	癸卯	丁亥	坤命

<1947년윤2월01일진시생>

女命에 食傷이 並出하고 夫星인 殺星이 邊地에서 쫓기는 刑局이다. 食傷이 亂舞하니 머리가 非凡하고 기술(技術)로서 生財하며 남성을 보는 눈이 무척 높은데 夫星이 허약하니 마음이 不足함이 많다. 乙卯年에 傷官生財하여 갑자기 결혼(結婚)했으나 外地에 근무하는 통에 서로 멀리 떨어져 있었다. 夫星이 邊地에 머물러 있기 때문이다. 丙辰年 辛卯月에 歸國해보니 夫君의 品位가 不足할뿐더러 品行이 단정치 못한지라 不平不滿이 極甚하고 離婚을 決心하기에 이르렀다. 왜냐? 夫星의 丁火를 위주로 하면 食傷의 壬癸水는 官殺混雜이 된다. 官殺이 混雜되면 好色하고 낭비가 심하며 女色으로 散財하고 辛苦하니 本妻와는 인연이 박할 수밖에 없다. 人物도 변변치 않은데다가 貪色까지 하니 어찌 마음이 내키겠는가?

[명조해설]

위 사주는 남편 덕이 없는 팔자지만 초년대운이 관운이라 일찍 결혼 하게 된 것이지만 배우자의 별이 가에 있고 沖을 먹고(年干 丁火가 丁癸沖)식상이 태왕하며 배우자궁에 丑土가 丑辰 파살 이면서 亥卯로 木局을 이룬 卯木 재가 강하게 극하므로 붙어 살 수 없는 사주라서 이런 사주를 가진 사람은 주말부부가 좋다고 하는데 외지근무도 다 팔자였고 식상이 태왕하여 관살이 파멸 되니 이혼하고 외롭게 살아야 하며 식상은 기술게이어서 기술로 벌어먹고 사는 팔자라고 한 것이다.

<육신활용 사례12>

乾命	壬戌	戊申	乙卯	壬午
수	8	18	28	38	48	58	68
대운	己酉	庚戌	辛亥	壬子	癸丑	甲寅	乙卯

| 壬午 | 乙卯 | 戊申 | 壬戌 | 乾命 |

<1922년06월23일오시생>

官旺하고 身弱하니 印星에 의지하나 壬水가 거듭 나타나니 浮木이 될 수밖에 없다. 兩 江의 물결에 휩쓸리어 떠내려가니 걷잡을 수가 없다. 戊土 正財는 화분이자 태산이니 유일한 안식처요 喜神이다. 그러나 兩江의 유혹(誘惑)을 어찌 독산으로서 막을 수 있는가? 辛亥運부터는 北方水地에 들고 辛金과 壬癸水가 兩壬을 生扶하고 合黨하는 동시에 戊土를 설기하고 밀어내니 本妻(본처)는 붙을 곳이 없다. 壬癸는 현무(玄武)요 陰이니 女色으로 둔갑한다. 辛亥運부터 好色에 빠지고 家産을 탕진하였다. 喜神인 本妻는 不動産業으로 많은 돈을 벌고 물에 빠진 男便을 구하고 안정시키려 하나 돈만 벌면 갖다가 탕진하는 통에 거의 체념상태다. 戊土야말로 千金의 명백이요 금맥인 것이다.

[명소해설]

위 사주는 乙卯木이라서 약하지는 않지만 그래도 월에 정관이요 시에 午화가 극설하여 인수에 의지 할 수밖에 없는데 兩壬水가 천간에 떠서 浮木 될까 염려 되는데 월간 戊土 財가 막아주니 처덕은 있는 사주다. 그런데 대운에서 亥子丑운을 만나서 乙木은 浮木 되어 허매이게 된 것이다. 그러니 방탕하고 방활 할 수밖에 별 도리가 없었던 것이다. 그래도 동방목운에 제자리로 돌아올 것이다..

<육신활용 사례13>

| 乾命 | 乙卯 | 乙酉 | 癸卯 | 癸丑 |

수	10	20	30	40	50	60	70
대운	甲申	癸未	壬午	辛巳	庚辰	己卯	戊寅

| 癸丑 | 癸卯 | 乙酉 | 乙卯 | 乾命 |

<1915년08월01일축시생>

中秋의 양로(兩路-물길 水生木)가 생물을 양육(養育)하니 양생은 천생연분이다. 양돈(養豚)을 主業으로 하고 있다. 그러나 食神이 거듭 있으니 傷官으로 變質한다. 무엇을 해도 作事는 能하나 결실(結實)이 어렵다. 더욱이 食神이 絶地에 있으니 양생을 하는 데도 失敗와 기복(起伏)이 많다. 食神은 꽃이요 財는 열매인데 傷官無財하니 제주는 있으나 소득이 적다. 乙卯年에 식신이 三會하니 虛慾과 誘惑이 심(甚)하다. 그 헛꽃이 滿發했으니 어찌 온전할 수 있는가? 身旺地인 子丑月에 화초인 乙木이 凍死하듯 돼지새끼가 떼죽음을 당했다. 어찌 우연한 事實인가? 傷官이 會合해서 極盛을 부리는데 戊子己丑月의 戊己土가 나타나니 일격에 내리친다. 月運을 주관하는 戊己土가 버릇없이 亂動한 乙未를 엄벌하여 생물인 豚兒을 처형할 것을 너무도 당연한 것이다.

[명조해설]

위 사주는 酉월의 癸수라도 食神木이 태강하여 印比를 쓰는 命인데 편인 酉金은 雙卯木에 卯酉沖당하고 시간 癸水 비견은 절지라서 힘이 없다. 식신도 많으면 상관 역할을 하게 된다는데 이 사주에서 식신은 상관이나 다름없다. 브레이크 없는 자동차 같이 질주하는 스타일이라 많이 턱없이 잘 벌리고 일을 잘 저질러서 낭패를 볼 수 있는 사주이다. 생각 없이 실행한 일 들이 용두사미로 끝나기 때문에 항상 매사 심사숙고해야 하는 팔자라고 충고해야 한다. 대운의 흐름이 안 좋아 역경의 연속인 팔자로 기대 하기 어렵겠다.

<육신활용 사례14>

坤命	己未	己巳	丁丑	甲辰

수	4	14	24	34	44	54	64
대운	庚午	辛未	壬申	癸酉	甲戌	乙亥	丙子

甲辰	丁丑	己巳	己未	乾命

<1919년04월26일진시생>

身旺한데 食神이 雙出하여 傷官으로 變하니 夫德이 없고 콧대가 높은 自由夫人이다. 多幸히 印星이 있어서 傷官을 制壓하나 巳月의 病든 甲木이 强한 二己土를 억누를 수는 없다. 꽃이 滿發하니 요염하지 않을 수 없고 不德이 없으니 色情을 더욱 그리워한다. 그러나 傷官無財이니 애는 쓰나 成事가 어렵다. 투자(投資)를 해도 소득이 없고 도리어 말썽만 부리니 善無功德이다. 癸酉運에 七殺이 動하니 年下美男이 접근하여 盜財를 한다. 六歲年下者와 교제(交際)하여 정열(情熱)을 쏟았다. 家財를 아낌없이 베풀어서 丈夫의 뜻을 이루게 하니 第三 女人과 結婚하고 돌아보지 않는다. 夫星인 壬水가 絶地(巳)에 있고 傷官이 得勢하니 어찌 낭군이 안태하고 해로할 수 있겠는가?

[명조해설]

위 사주는 巳月의 丁화가 甲辰시를 만나서 약하지 않으나 식신 상관이 4土나 되고 雙己土가 투출하여 상관작용이 크다. 여명에서 상관성이 강하면 남편 덕이 적다하였는데 無財 無官이어서 상관생재로 이어지지 않아 노력 활동 생각은 많으나 실행해도 결과 결실이 없으니 노력은 하나 소득이 적은 것이고 상관성이 강하면 관살을 제압하는 기운이 강하여 남편이 붙어있기 힘겨운 것이고 덕이 적다. 無官이라도 官運이 들면 이성을 만나게 되는데 무덕하니 좋은 남자가 아닐 것이고 백호가 배우자궁에 있으면서 강하고 丑辰 파살 까지 먹어서 차라리 독신으로 살아가야하는 사주이다.

<육신활용 사례15>

坤命	戊寅	己未	戊申	癸亥

수	2	12	22	32	42	52	62
대운	戊午	丁巳	丙辰	乙卯	甲寅	癸丑	壬子

癸亥	戊申	己未	戊寅	坤命

<1938년06월18일해시생>

女命에 比劫이 重重하고 得令하는 동시에 一財를 다투니 모든 것이 三分타작이다. 財物이나 夫君이 나타나기만 하면 같은 女性이 번개처럼 나 꿔 채가니 온전할 수가 없다. 수완이 없고 아량이 없으니 그 도적을 물릴 칠 수도 없고 눈뜨고 볼 수도 없다. 日支에 食神이 있고 財가 있으니 得子는 하되 夫君과는 해로 할 수가 없다. 夫君 木星이 申에서 絶地이니 子息을 낳으면 夫君과는 멀어진다. 초혼(初婚)에 得子하면서 夫君과 갈라지니 자식을 食神(金)의 本山인 酉歐佛)로 入養시키고 재혼(再婚)했지만 역시 婦君이 變心하여 失敗하였으며 지금(只今)은 하숙업(下宿業)을 하고 있으나 신통치가 못하다. 比劫이 忌神이면 시기질투하고 가로채니 나 또한 시기질투심이 대단하고 겁탈에도 能하다.

[명조해설]

위 사주는 未月의 戊土가 년 월간에 戊己土가 透出 되어 비겁이 태강한 형상으로 군겁쟁재(群劫爭財)하여 항상 독식은 못하는 팔자이다. 관살이 약신 이긴 한데 배우자궁에 식신이 앉아 버티고 土多木折로 관살이 무력하여 해로하기 어렵고 더욱이 이런 사주를 가지면 자손 놓고 이별하게 된다. 본명도 초혼에서 얻은 자손 입양시키고 재혼하였으나 역시 실패하고 독신으로 살아간다니 이것이 다 팔자소관이다. 다만 食神生財하는 사주이면서 식신이 희신이라 手下 또는 식솔을 많이 거느리면 부자가 되는 팔자이므로 하숙집이 천직이라 하겠다.

<육신활용 사례16>

乾命	戊寅	己未	癸卯	癸亥
수	10	20	30	40	50	60	70
대운	庚申	辛酉	壬戌	癸亥	甲子	乙丑	丙寅

癸亥	癸卯	己未	戊寅	乾命

<1938년06월13일해시생>

殺旺身弱한데 官殺이 混雜하여 호재(護財)아닌 도재(盜財)를 일삼는 官殺의 등살에 散財가 심하다. 七殺은 예쁜 도적이니 情婦를 의미한다. 好色에 빠져서 本妻는 거들떠보지도 않으니 어찌 가만히 있겠는가? 더욱이 殺旺身弱한 터에 傷官이 三合成局을 하였으니 自己 分數를 모르고 漏氣에 熱中하며 子息은 낳아도 감당을 못하여 生母에 맡기는 隨母之子가 나온다. 乙卯年엔 食傷合局이 得令하고 透天하니 虛花에 눈이 어두워서 本妻와 離婚을 하였다. 盜氣가 得地하니 慰藉料(위자료)를 支出하니 子多 할 것 같지만 身弱殺盛 하여 氣不足으로 生男은 하지 못하고 있으며 몸 또한 不貝하다. 印星이 없으니 中和나 妥協의 길이 없으며 殺地로 줄달음치듯 疾病과 散在를 自招하기에 정신이 없다.

[명조해설]

위 사주는 未月癸水가 지지에 三合木局을 형성하여 지지전국이 食傷局이 되어 허약하다. 관살과 식상이 판을 치어 주관이 없고 분수를 지키지 못하는 팔자다.

癸亥3수라도 인성이 없고 식상과 관살이 극성하여 몸 둘 바를 모르는 사주로 파격이지만 그래도 대운o; 印比 운으로 60년간 흘러 살아가는 모습은 좋아 보이나 세운의 적용을 잘 받아 기복이 심한 팔자이다.

<육신활용 사례17>

乾命	辛巳	戊戌	乙未	丁丑
수	2	12	22	32	42	52	62
대운	丁酉	丙申	乙未	甲午	癸巳	壬辰	辛卯

丁丑	乙未	戊戌	辛巳	乾命

<1941년08월24일축시생>

財旺身弱하니 財를 生하는 食神이 忌神이요 기진맥진하는 主君에 反抗하는 偏官은 더욱 凶神이다. 天干地支에 忌神이 만반(滿盤)이니 사고무친(四顧無親)이요 누구하나도 도와줄 사람 하나도 없다. 正當하고 떳떳하게는 살 수가 없는 몸인지라 위장과 妖術이 못내 아쉽다. 泰山같은 財를 自己能力으로는 감당할 수 없으니 虛慾을 채우기 위해선 詐欺 협잡이 不可避한 것이다. 壬子, 癸丑, 甲寅, 乙卯年은 印星과 比劫이 生扶하니 뭔가 도와주는 손길이 잡힌다. 그는 妙齡의 女人을 낚고 結婚을 한다는 미끼로 同居하면서 많은 금품을 뽑아냈다. 꿩 먹고 알 먹자는 배짱으로 가난한 주제에 本妻와 더불어 두 女人을 거느리자는 것이다. 丙辰年엔 食傷이 겹치고 脫氣하니 正體가 밝혀지고 問題가 發生했지만 그는 눈 하나 까딱하지 않고 교묘히 꼬리를 뺐다.

[명조해설]

위 사주는 財多身弱의 命이다. 천지사방을 둘러봐도 나를 도와줄 印比는 보이지 않고 무력하지만 辛金칠살이 기신의 기운을 설기할 뿐이다. 대운역시 불길하나 세운에서 印比 운을 만나면 생기를 얻어 좋아지기도 하지만 역시 원국이 부실하여 큰 도움은 안 된다. 이렇게 財가 많은 사람은 욕심이 많아 허욕을 부리기도 하고 여자로 인한 구설에 휘말린다.

官殺이 混雜하면 好色多淫하다.

官은 정도(正道)요 七殺은 사도(邪道)다. 정도는 무미건조(無味乾燥)하지만 사도는 흥미진진(興味津津)하고 매혹적이다. 천하군자(天下君子)도 요염(妖艶)한 유혹(誘惑)엔 갈피를 잡을 수가 없다. 요화(妖花)에 도취하면 체면(體面)이고 체통(體統)이고가 없다. 황홀한 요지경속에 홀딱 빠져서 몸과 마음을 맡기고 바람 부는 대로 실버들처럼 움직일 따름이다. 요화가 원하는 것은 돈과 주권(主權)이다. 본처를 쫓아내고 나만을 사랑하는 동시에 호화로운 주택에서 호의호식(好衣好食)하며 향락(享樂)을 마음껏 즐기자는 것이다. 그 妖花의 手作에 사로잡힌 사나이는 하루 밤 사이에 탕아(湯兒)로 전락(轉落)하여 무엇이든 아낌없이 쓰고 바치고 낭비하고 탕진한다. 이제 그 실증(實證)으로 몇 가지 사례(實例)를 들어 보기로 한다.

<육신활용 사례18>

坤命	丁亥	壬寅	庚申	丙戌
수	8	18	28	38	48	58	68
대운	癸卯	甲辰	乙巳	丙午	丁未	戊申	己酉

丙戌	庚申	壬寅	丁亥	坤命

<1947년01월20일술시생>

官殺이 混雜하고 寅申冲 하니 두 남자와 사랑을 희롱한다. 결혼 후 甲寅年에 天地冲하고 寅申冲하며 絶地에 臨하니 마음이 허공에 뜬 흰 구름처럼 방황하는 터에 年下의 男性과 通情을 하면서 유혹邪慾에 빠지고 男便에 對해선 變心을 노골화하였다. 丙辰年엔 七殺이 亂舞하니 激情을 억누르지 못하고 情夫로 줄달음쳤다. 大運에서 天地合을 하니 더욱 얽매이고 사로잡히는 것이다.

[명조해설]

　위 사주는 寅월 생이라도 庚申일주에 戌시를 만나서 약하지 않다. 식신과 관살 또한 강하면서 관살이 혼잡 된 경우에 배우자궁이 충살을 먹어 남편과는 인연이 적다 드센 팔자라서 일부종사가 어렵고 호색(好色)하는 팔자이다. 庚申금은 正偏官을 가리지 않고 관살을 요구한다. 그러기에 한 남자가지고는 량이 안찬다고 하는 것이다. 젊은 시절의 운이 관살운인 남방火운이라 더욱 남자를 원했을 것이다.

<육신활용 사례19>

乾命	戊戌	己未	壬戌	甲辰
수	1	11	21	31	41	51	61
대운	庚申	辛酉	壬戌	癸亥	甲子	乙丑	丙寅

甲辰	壬辰	己未	戊子	乾命

<1948년07월01일진시생>

　官殺이 混雜하니 方向感覺 混迷속에 빠져 있고 邪道에 일찍 눈을 뜬다. 好色多淫하여 女色에 빠진 나머지 大學 三年에 中退하여 愛人과 同居中에 있다. 뜻이 구름처럼 흐렸다. 갰다 뭉쳤다하니 어느 것 하나 뚜렷하게 바로잡을 수가 없다. 大運이 天地同하니 주위에 나를 유혹하고 괴롭히는 忌人이 주름을 잡는 것이다.

[명조해설]

　위 사주는 관살이 태왕하니 식신이 내편인 경우로 甲목이 용신이다. 그러나 초년 운에서 청년기까지 30년간 서방金운이라서 용신이 맥을 못 추어 방향 감각 혼미 속에 빠져 허덕이게 된 경우이다.<신약하기에 인수인 金운이 좋을 것 같짐만 사실은 水木운에 발복하는 사주이다. 왜냐 하면 관살이 기신이기에 甲목으로 소토(疏土)해야 하는 팔자라서 木이 약신으로 작용하여서이다>

<육신활용 사례20>

乾命	丙辰	丁酉	庚午	丙子

수	3	13	23	33	43	53	63
대운	戊戌	己亥	庚子	辛丑	壬寅	癸卯	甲辰

丙子	庚午	丁酉	丙辰	乾命

<1916년09월04일자시생>

官殺이 重重하고 身旺하니 酒色을 탐하고 浪費性이 甚하여 家産을 탕진 하였다. 好色이 過色으로 轉落하니 腎氣가 脫盡하여 早老하고 이질(㿉疾)하여 廢人이 되다시피 버림과 가난 속에 신음하다가 丙辰年엔 四面楚歌이니 불속에 뛰어든 나비처럼 더 이상 헤쳐날 수가 없게 되었다.

[명조해설]

위 사주는 酉月 庚금으로 羊刃殺을 놓아 身旺하지만 4火로 官殺이 극성하며 도화가 沖破되어 바람기가 다분하여 호색이 지나쳤던 것이고 그로인하여 일찍 늙고 건강이 안 좋아 폐인으로 살다시피 하다가 丙辰년에 다시 丙화 七殺을 만나서 회생불가였다는 것이니 대운 역시 동방木운에 도달하면 관살이 요동쳐서 죽을 수밖에 별 도리가 없다.

<육신활용 사례21>

坤命	庚辰	丁亥	庚辰	丁亥

수	9	19	29	39	49	59	69
대운	丙戌	乙酉	甲申	癸未	壬午	辛巳	庚辰

乾命	庚辰	丁亥	庚辰	丁亥

<1940년11월05일해시생>

　　二庚二丁이니 陰陽이 中和되었다. 그러나 主君은 日主이니 어찌 二丁이 主君을 탐하지 않겠는가? 左右에서 뭇 男性이 따르는 것을 보면 美人임이 自明하다. 正官의 法度를 지키어 主婦로서 떳떳이 살고 싶지만 뭇 男性이 서로 貪하고 물밀듯 몰려드니 어찌 마음의 中心을 잡을 수 있겠는가? 그 뭇 男性의 사랑을 고루 받기 위해서 인지 그는 마침내 料亭을 차리고 人氣를 독차지하고 있다.

　　　　　　　　　명조해설]

　　위 사주는 火土金水가 고르게 두 개씩 으로 구성 된 명조이다. 비록 無財사주지만 식신성이 발달 되어 食神生財 원하는 팔자라서 요정을 차린 것도 팔자려니와 정관이 쌍으로 나타남도 묘하려니와 가히 남자를 희롱할 여유도 힘도 구비한 명조이다.

<육신활용 사례22>

乾命	甲午	丁丑	辛卯	丙申

수	2	12	22	32	42	52	62
대운	戊寅	己卯	庚辰	辛巳	壬午	癸未	甲申

丙申	辛卯	丁丑	甲午	乾命

<1955년01월07일신시생>

　官殺이 混雜하고 財生殺하여 財殺이 合黨하니 감당할 도리가 없다. 文字그대로 사면초가의 窮地에 빠진 것이다. 더욱이 大運이 絶地에 이르니 絶壁江山이다. 丙辰年엔 官殺이 會集하고 四顧無親이니 白虎가 四面에서 一時에 攻擊하는 形局이다. 어찌 타고난 虛弱者가 群殺을 물리칠 수 있겠는가? 마침내 鬼殺의 祭物이 되고 말았다.

[명조해설]

　위 사주는 관살이 태왕한데 재성까지 합세하여 財生殺 하니 일주가 허약하다. 비록 土 金이 扶助한다 해도 신약하다. 대운의 흐름까지 木火운이어서 설상가상이다. 이런 사주를 타고나면 단명하거나 신체장애가 있거나 삶이 고달프게 된다. 관살이 왕성하면 식상운으로 흐르든가 식상이 사주원국에 있으면 약신이 되어 발복할 수 있고 식상을 도와주는 비겁운도 희신으로 좋은데 이 사주와 같이 財殺運으로 흐른다면 방법이 없다.

<육신활용 사례23>

乾命	戊寅	庚申	乙亥	丙子
수	9	19	29	39	49	59	69
대운	辛酉	壬戌	癸亥	甲子	乙丑	丙寅	丁卯

| 丙子 | 乙亥 | 庚申 | 戊寅 | 乾命 |

<1938년07월16일자시생>

官旺身弱한데 傷官이 生財하고 財生官하니 머리가 高速버스처럼 빠르고 쉴 새 없이 回轉한다. 머리가 非凡하듯 돈버는 理財力도 卓越하여 머리하나로 巨金을 戲弄한다. 모든 것은 官星으로 集約하고 있듯이 唯一한 꿈은 富아닌 貴의 벼슬이다. 그래서 돈을 벌면 그것으로 만족하는 것이 아니고 벼슬을 하려다가 巨財를 散失한다. 本是 官旺者는 貴格이요 富格은 아니다. 벼슬은 堂上에 있으니 힘이 장사요 식견이 탁월해야 한다. 힘은 得令해야 壯土요 識見은 印星의 産物이다. 官旺하면 印星을 얻는 것이 急先務요 身旺地로 갈 때 大發한다. 多幸히 大運이 印旺地로 行하지만 財官이 워낙 旺盛한지라 감당하기에는 力不足이다. 차라리 官을 버리고 傷官을 택하면 以術成財할 수도 있지만 어찌 旺官을 外面할 수 있겠는가?

[명조해설]

위 사주는 失令은 하였으나 허약하지 않다. 官을 쓰는 사주라서 이런 경우 富보다는 명예인 官으로 살아야 한다고 말해야 하는 사주인데 관을 무시하고 재에 탐을 내면 손재로 이어 진다.

<육신활용 사례24>

坤命	甲午	壬申	癸亥	壬戌
수	9	19	29	39	49	59	69
대운	辛酉	壬戌	癸亥	甲子	乙丑	丙寅	丁卯

壬戌	癸亥	壬申	甲午	坤命

<1954년08월08일술시생>

　때늦은 秋雨가 合勢하니 天地가 물난리다. 三面이 海洋이니 父星인 土(官)와 母性인 金(印)은 발붙일 곳이 없다. 더욱이 年上에 剋官하는 傷官이 高透하니 父星은 滿身瘡痍다 母性은 水沈했다. 하나 旺地에 있으니 健全하다. 生後一年만에 剋父하여 母女가 父와 떨어져 別居하고 있다. 比劫이 凶神이니 兄弟姉妹 亦是 因祿이 박하고 獨地靑靑한 孤獨之命이다.

[명조해설]

　위 사주는 金水태왕한 사주로 木火가 길신이다. 그러므로 관성인 土가 水多土流로 발붙일 수 없으니 남편인연도 박하고 印比가 忌神이니 부모형제의 덕도 없는 팔자여서 독야청청 고독지상이라 말 한 것이다. 더욱이 대운이 金水 운으로 흘러 더욱더 삶이 고달프고 외롭게 살아야 한다. 말년 운이 다행이도 식상관 희신 운이라서 좋다.

<육신활용 사례25>

坤命	戊申	庚申	庚戌	戊寅
수	5	15	25	35	45	55	65
대운	己未	戊午	丁巳	丙辰	乙卯	甲寅	癸丑

戊寅	庚戌	庚申	戊申	坤命

<1908년07월27일인시생>

女命이 身旺하고 比肩이 있으며 偏印이 重重하다. 身旺者에 比劫 印星은 禁物이니 모두가 忌神뿐이다. 比肩의 支가 建綠인데 反하여 日支는 衰하니 比肩이 越等히 强하다. 하나의 財와 남편을 둘이서 다투는 競爭에서 强者가 이기고 占有할 것은 富然之事다. 日主와 天地沖하는 丙辰大運에서 波瀾萬丈의 風波를 겪었다. 夫君은 第三 女人과 別居하면서 四男妹를 두었다. 子女를 剋하는 偏印이 많아 겨우 딸 하나놓고 斷産해야 했으니 아들딸을 四男妹나 낳아준 妾은 마침내 家産까지도 獨占하고 本妻를 迫害하는데 서슴지 않았다. 이에 화가 치민 本妻는 天地沖하는 丙辰年에 財産上 訴訟을 提起했지만 天地가 무너지는 厄年에 成事가 될 까닭이 있겠는가?

[명조해설]

위 사주는 양팔통에 印比一色이고 외로운 財가 하나 있으니 群比 爭財도 할 수 있고 無官사주여서 남편복은 없으나 일찍이 운에서 들어와서 결혼은 하였지만 夫星이 맥을 못 추는 사주여서 夫德이 없는 것이고 丙辰년 같은 해는 天剋地沖이라 하여 丙화는 무력한 칠살이고 辰토는 기신 편인에 沖을 먹어 되는 일이 없었을 것이다.

<육신활용 사례26>

乾命	癸丑	甲寅	庚辰	己卯
수	3	13	23	33	43	53	63
대운	癸丑	壬子	辛亥	庚戌	己酉	戊申	丁未

己卯	庚辰	甲寅	癸丑	乾命

<1913년01월23일묘시생>

　　神旺身弱한데 傷官이 설기하니 氣盡脈盡이다. 더욱이 寅卯辰 東方木局이 旺財를 극대화하니 絶地에 있는 弱金이 萬斤의 무거운 짐을 지고 있다. 唯一한 命脈은 時上己土인데 木旺節에 木局을 이루었으니 발붙일 곳이 없고 四方에서 설기하고 剋하니 만신창이다. 만근의 짐을 타고난 弱體小兒가 온전할 수는 없다, 네 살이 되도록 다리를 못 쓰고 고개하나를 감당하지 못하고 있다. 목이 부러진 것처럼 고개를 들지 못하고 있는 형편이다. 丁巳年에 이르러서야 겨우 고개를 들기 시작하였다. 庚金은 丁火에 의해서 鍊金되니 도리어 强해지고 巳에서 長生하니 이제야 絶處逢生하는 것이다. 이는 10屯 車輛에 100屯 貨物을 적재한 것과 똑같은 形局이다.

[명조해설]

　　위 사주는 財多身弱한 팔자이다. 3土가 돕기는 하지만 庚금이 뿌리가 없어 旺財를 내 것으로 만들기 쉽지 않는 팔자로 대운까지 北方水운이라 불리하고 33 대운에 이르러서 庚금이 빛을 보기 시작할 것이다. 丁巳년에 좋았다는 말은 官印相生으로 돕고 庚금은 완금장철로 火인 관살을 좋아한다.

<육신활용 사례27>

坤命	丙寅	甲午	丁卯	壬寅

수	1	11	21	31	41	51	61
대운		癸巳	壬辰	辛卯	庚寅	己丑	戊子	丁亥

壬寅	丁卯	甲午	丙寅	坤命

<1926년04월27일인시생>

女命이 身旺한데 印星과 劫財가 合세하고 地支 또한 木水가 極盛을 떨고 있으니 唯一한 命脈이자 夫星인 壬水는 발붙일 곳이 없을 뿐 아니라 炎天熱火에 쇳물처럼 펄펄 끓고 있다. 命이 偏枯하니 性格과 氣質 또한 偏枯할 수밖에 없다. 身旺하고 極盛하니 眼下無人이요 눈이 하늘처럼 높다. 그 女人에게 보잘것없는 夫星이 無地하니 東奔西走하고 氣高萬丈하니 여간 한 것은 거들떠보지도 않는다. 고르다가 때를 잃으니 배우자를 求하기는 더욱 어렵기만 한다. 戊子運에 官星이 得地하지만 傷官이 妨害하니 神經이 過敏하여 中和되기가 어렵다. 아직도 未婚女로서 孤獨을 달래고 있으니 어느 歲月에 成婚을 할 것인가?

[명조해설]

위 사주는 한마디로 독신의 팔자이다. 사주가 木火로 편고 되니 배불리 먹고 소화가 안 되서 기우뚱거리는 것과 같은 삶을 살아가게 된다. 잘못하면 남에게 선의의 피해도 줄 수 있고 배려심도 없고 공주 과라고나 할까 자기밖에 모르는 사람이다. 대운이라도 金水 운으로 흘렀으면 좋겠는데 인수 운으로 흘러 안 좋다. 金운에 발복하고 水운에 안정 된 삶을 살게 된다.

<육신활용 사례28>

坤命	乙	辛	辛	辛
	酉	巳	丑	卯

수	2	12	22	32	42	52	62
대운	壬午	癸未	甲申	乙酉	丙戌	丁亥	戊子

辛	辛	辛	乙	坤命
卯	丑	巳	酉	

<1945년04월21일묘시생>

　女命에 比肩이 重重한데 官星이 得令하니 大好命이다. 왜냐? 官旺하거나 財旺하면 身弱하고 혼자서는 旺한 財官을 도저히 감당할 수 없으니 比劫이 多多益善이기 때문이다. 그러나 不幸히도 巳酉丑 金局을 이루어 夫星이 比肩으로 合黨하고 둔갑하였으니 늠름했던 夫君이 같은 同性의 誘惑으로 變心하고 외면한다. 天地가 比劫투성이요 極盛하니 財官이 발붙일 곳이 없고 年上 偏財와 時支 財星은 群殺 앞에 와들와들 떨고 있다. 多幸히 三合成局을 이루어서 主君의 財를 劫奪하지는 않지만 財氣가 無力한 데다가 身旺地로 行運하니 어찌 平坦하겠는가? 官이 無地하고 食傷이 無根하니 아직도 無子로서 괴로워하고 있다. 子星은 水인데 金多則水塞하여 水門이 꽉 막혔기 때문이다.

[명조해설]

　위 사주는 원래구성은 좋았으나 三合金局을 이루면서 金木相戰의 사주로 변했다. 사주원국에 水가 있었더라면 통기시켜 좋았을 터인데 水가 보이지 않는다. 꽉 막힌 사주로 50대 北方水운에나 숨통이 트일 것 같다.

<육신활용 사례29>

坤命	壬辰	壬子	丙申	甲午
수	3	13	23	33	43	53	63
대운	辛亥	庚戌	己酉	戊申	丁未	丙午	乙巳

甲午	丙申	壬子	壬辰	坤命

<1952년10월30일오시생>

　　女命에 官이 得令하고 得局하며 雙出하니 壬子 官星이 極盛하다. 겨울의 太陽이 寒谷을 따사로이 보살피니 어딜 가나 人氣요 好感을 산다. 그러나 夫星이 雙立하니 어느 男性을 택할 것인가? 男性이 서로 따르고 競爭할 만큼 美貌이고 총명하나 한 男性에 執着하거나 一片丹心일 수는 없다. 天地에 郎君의 꽃이 滿發하였는데 어찌 한 꽃만을 貪할 수 있는가? 男性에게 콧대가 높고 여간한 것은 눈에 띄지도 않을뿐더러 권태가 심하여 아무리 美男일지라도 얼마 안가서 싫증과 권태를 느낀다. 쉽게 끓고 변덕 많은 女心을 사로잡는 男性이란 女性交際에 뛰어난 才致와 풍부한 體驗을 가진 老鍊한 멋쟁이 일진대 여간해서 定配하기가 어렵다.

　　　　　　　　[명조해설]
　　위 사주는 三合官局을 이룬 여자의 사주로 조후도 잘 되어 있고 官印相生으로 도우니 막힘없는 삶 살 것이나 다자무자로 남자는 많아도 눈에 차는 내 남자가 없으니 성혼이 잘 안 될 수도 있다.

<육신활용 사례30>

乾命	丙子	丙申	庚辰	戊寅
수	4	14	21	34	44	54	64
대운	丁酉	戊戌	己亥	庚子	辛丑	壬寅	癸卯

戊寅	庚辰	丙申	丙子	乾命

<1936년07월10일인시생>

身旺하나 七殺이 重重하고 地支에 食傷이 成局하니 一面戰鬪하고 一面 出血하기에 餘念이 없다. 白虎가 亂舞하여 氣盡脈盡한 터에 밤낮으로 설기하기에 눈코 뜰 새가 없으니 제 정신을 가지고 바로 살 겨를이 없다. 殺星은 돈과 몸을 强要하는 冷血動物이면서 多才多能한 妖花이니 일찍부터 色情에 눈을 뜨고 貪花한다. 유혹에 약하고 好色하니 浪費가 심하고 性急하며 本妻는 아랑곳없이 妖花와 享樂을 즐기기에 바쁘다. 어떠한 女人도 오래갈 수는 없다. 貪하면 꺾고 꺾으면 권태를 느낀다. 그러나 水盛火盛하니 陽氣가 부족하여 子女의 因緣은 薄하다. 過色이 早老와 虛脫을 몰고 올 것은 必然的이다. 時上의 偏印이 唯一한 命脈이지만 滄波에 떠 있는 浮土이니 어찌 의지할 수 있겠는가?

[명조해설]

위 사주는 申월의 庚금으로 신왕하며 戊辰토가 도우니 신강 했었는데 申子辰 水局을 이루면서 식상이 강해졌으나 **食傷生財**로 이어지고 財生官까지 하므로 기의 흐름이 아주 좋아 삶은 순탄 하게 살아 갈 것이다. 다만 위에서 말한 것은 육친의 활용법이니 참고만 하시기 바란다. 우리가 명리를 배우면서 알아야 할 것이 너무 많다. 申子辰 水局三合 하면 영원한 합으로만 보는데 영원한 합도 영원한 沖도 없다는 말이 있다. 합沖은 사정에 따라 해소 될 수도 있기 때문이다. 위 三合은 成局은 하였지만 월에 申금이라 다 가지는 않았다고 봐야 하고 허약한 庚금으로 봐서도 안 된다.

<육신활용 사례31>

乾命	乙亥	癸未	辛亥	乙未

수	9	19	29	39	49	59	69
대운	壬午	辛巳	庚辰	己卯	戊寅	丁丑	丙子

乙未	辛亥	癸未	乙亥	乾命

<1935년07월05일미시생>

[육신활용]

　食神이 生財하니 衣食 걱정은 없지만 偏財가 쌍출(雙出)하니 妻星이 不定하다. 二女가 경합(競合)하니 욕심(慾心)이 많고 女色을 즐긴다. 日支에 沐浴이 있으니 아무리 아름다운 꽃이라도 얼마 안 가서 권태를 느낀다. 身弱財多하니 욕심은 많으나 能力이 不足하며 그 때문에 女心을 사로잡기가 어렵다. 女人의 욕구불만(慾求不滿)이 대단(大端)하다. 그래서 누구도 밀착(密着)하기는 어렵다. 本是 偏財는 나의 所有가 아니니 占有하기가 힘들다. 초혼(初婚)한지 九年째 되는 乙卯年에 三女가 난무(亂舞)하고 財旺한데 絶地에 몸이 이르니 財를 감당할 수 없다. 허욕(虛慾)에 몸부림치는 男便을 보다 못해 아내가 이혼(離婚)하고 떠나버리니 세 마리 羊을 쫓다가 모든 것을 잃은 것이다.

[명조해설]

　위 사주는 식신생재도 하지만 亥未가 반합 木局하여 천지사방이 여자다. 財難이 염려 되는 팔자였는데 乙卯년에 이혼 했다니 배우자궁이 亥卯未로 변했다. 이런 때 떠난다.

<육신활용 사례 32>

坤命	戊寅	戊午	乙亥	丙戌

수	2	12	22	32	42	52	62
대운	丁巳	丙辰	乙卯	甲寅	癸丑	壬子	辛亥

丙戌	乙亥	戊午	戊寅	坤命

<1938년05월15일술시생>

財多身弱한데 傷官이 설기하니 조숙하고 총명하며 화사하다. 身弱財多하면 虛榮心이 많고 虛慾과 유혹(誘惑)에 빠지기 쉽다. 傷官이 三合成局하니 夫星인 官이 설 땅이 없다. 百花가 滿發하니 도화(桃花)가 滿堂이나 水氣가 극쇠(極衰)하니 虛花에 지나지 않는다. 甲寅運에 官星(金)이 絶地에 이르니 뿌리가 뽑히고 身旺地에 이르니 眼下無人이다. 乙卯年에 日支三合을 하고 木局을 이루니 아(我)는 極盛하고 夫星은 極虛하니 마침내 離婚하고 새 出發을 하였다. 夫旺하면 처 쇠(妻衰)하여 妻宮에 이변(異變)이 생기듯 妻 旺하면 夫 衰하여 夫의 설 땅이 없게 된다. 印星이 있어서 교양과 自制를 하면 비록 夫星이 囚地에 빠지기는 하나 힘써 夫君을 돕지만 食傷이 旺盛하고 財多한데 印星이 없으니 자제하고 순종(順從)할 수가 없다.

[명조해설]

위 사주는 身虛한데 식상과 재성이 극성한 命으로 항상 배우자궁이 도화와 합을 하거나 도화가 배우자궁과 합할 때 이혼하는 경우가 많다. 아울러서 여명에 식상이 왕성하면 관성이 맥을 못 추므로 하여 남편 덕이 없거나 일부종사가 매우 어렵게 된다.

<1938년윤7월01일미시생>

　傷官이 得令한데 食神이 나타나니 설기가 심하다. 年上 劫財가 食傷을 도우니 食傷이 極盛이다. 食傷은 行運이요 투자(投資)며 기회(機會)다. 食傷이 喜神이면 생산적(生産的)인 機會요 投資며 行運인데 反하여 忌神이니 비생산적(非生産的)이고 消耗的인 기회요 投資며 行運이다. 더욱이 35세부터는 甲子運엔 이르고 天地合하며 傷官이 見官하니 화약을 지고 불로 뛰어드는 格이다. 본시(本是)가 무절제(無節制)하고 낭비성(浪費性)이 많으며 作事는 즐기나 成事가 어려운 유시무종(有始無終)한 身弱者가 財官運을 만나니 虛慾에 들떠 輕擧妄動 하다가 大敗하고 궁지(窮地)에 빠져 있다. 印星이 없이 설기뿐이니 好色多淫하고 고지식하며 眼下無人인지라 동기간에도 外面하고 있다.

[명조해설]

　위 사주는 비겁이 과다하니 자기위주요, 식상 또한 왕성하니 자기 맘대로 살아가는 사람이다. 인수가 없어 브레이크 없는 자동차요, 비겁 과다하니 동기간도 도움 안 되고 고독한 팔자다. 아울러 無財사주에 배우자궁이 丑未 沖하여 배우자 인연 또한 박하다.

<육신활용 사례 34>

| 坤命 | 戊寅 | 丁巳 | 戊戌 | 甲寅 |

수	3	13	23	33	43	53	63
대운	丙辰	乙卯	甲寅	癸丑	壬子	辛亥	庚戌

| 甲寅 | 戊戌 | 丁巳 | 戊寅 | 坤命 |

<1938년 04월 07일 인시생>

　女命이 得旺하고 比肩과 印星이 득세(得勢)하며 殺星이 病地에 生하니 사고무친(四顧無親)이요 自由夫人이다. 多幸히 殺旺地로 行하니 夫星이 得地하나 四柱에 水가 一占도 없는 열화(烈火)의 염(炎地)이니 林木이 고사(枯死)하고 목이 타는 形局이다. 신혈(腎血)이 고갈(枯渴)하니 만사가 허탈상태에 있고 比肩이든 印星이든 폭염(暴炎)의 불길 속에 있고 生氣가 하나도 없다. 癸丑運에 이르러 갈증(渴症)은 면(面)하나 甲寅 乙卯年에 木氣가 極盛하니 水氣가 메마르고 다시 枯渴狀態에 이른다. 精神異狀이 발생하여 神들린 무당으로 행세하고 있으나 己未年 南方 歲運에서 기진맥진(氣盡脈盡)하여 命마저 위기(危機)에 직면한다.

[명조해설]

　위 사주는 木火土 3신의 사주로 조열한 팔자에 金水가 보이지 않으니 편고 된 命으로 탁한 사주이다. 운마저 관살지로 흘러 정상적인 삶을 살아가기 매우 어렵겠다. 癸丑대운은 水기가 다시 火기로 변하고(戊癸合火) 비겁이 요동치니 대단히 불리한데 甲寅 乙卯년은 다시 殺旺地로 돌아 같은 행동을 해야 하니 무당행세는 하나 무당의 길로 들어서지 못한다. 己未년은 겁재가 丑戌刑殺 까지 만드니 살아남기 어려운 운이다.

<육신활용 사례 35>

坤命	壬戌	丙午	壬戌	庚戌
수	6	16	26	36	46	56	66
대운	乙巳	甲辰	癸卯	壬寅	辛丑	庚子	己亥

庚戌	壬戌	丙午	壬戌	坤命

<1922년05월28일술시생>

[

　女命이 財旺身弱한데 比肩과 印星을 보니 무거운 짐을 지고 몸부림치는 터에 車와 기름을 얻은 格이다. 東西에 도와주는 喜神뿐이니 환경이 아늑하고 多情하다. 비록 아집(我執)은 강하나 수양(修養)이 높고 好人인지라 自制하고 겸손하며 현모양처(賢母良妻)로서 婦德이 크다. 身弱財盛하며 平生 무거운 짐을 지고 있으니 비록 比肩이 도와주기는 하나 신역이 고되고 하는 일 없이 몸이 고단하고 건강(健康)이 좋지 않다. 多幸히 北方水運에 이르러 陰陽이 中和를 이루니 多福하나 寅卯辰 巳午未運에선 건강에 신경을 많이 써야 한다. 年上과 時上에 喜神의 印比가 있으니 父德과 家門이 좋고 子女의 공양을 후(厚)하게 받는다. 偏印은 剋子하나 喜神이면 正印으로서 도리어 기쁨을 가져온다.

[명조해설]

　위 사주는 午월의 壬수라서 印比가 희용신이다. 관살이 극성해도 편인 庚금이 있어 관인상생으로 도우니 사주가 순 하다. 식상이 원국에 있었더라면 좋았을 터인데 대운에서 만나면 財를 도와 조열하지 않을까 염려 된다. 중년이후 북방수운에 발복할 것이니 말년 복은 있다고 봐야 한다.

<1953년11월01일사시생>

[육신활용]

　傷官이 得令하고 食神이 三重하니 傷官이 만발(滿發)이다. 金水傷官이니 얼굴이 玉처럼 다듬어지고 머리가 총명하나 겨울철에 눈비가 쉴 새 없이 내리니 중생이 추위에 움츠린 채 生氣를 잃고 있다. 그와 같이 육친덕(肉親德)이 없고 가난 속에 살아왔다. 丙寅運부터 寒谷에 回春하니 직업 전선에서 一家의 생계(生計)를 유지한다. 차디찬 성품과 날카로운 비판력 때문에 여간한 남성은 거들 떠 보지도 않지만 女命이 水盛하고 沐浴과 絶에 자리하고 있으니 好色하고 다음(多淫)하다. 그러나 四方에서 夫星을 치는 傷官이 亂舞하고 있으니 어찌 낭군(郎君)을 만나기가 쉬우며 또한 인연을 맺는다 해도 해로할 수 있겠는가? 女命에 食神이 많으면 紅燈街의 女人처럼 유혹이 많고 夫星의 變化가 많다.

[명조해설]

　위 사주는 금수쌍정으로 상관성이 강하여 남편 덕도 없고 천지사방을 둘러봐도 나 홀로이니 광야에 한자로 초불 같이 언제 꺼질지 모르겠다. 그러나 인기는 있어 오너거나 찾는 이가 많아 화류계라도 인류는 될 것이다.

<육신활용 사례 37>

<1944년10월02일해시생>

冬生乙木이 寒冷에 떨고 있는데 群木이 成林하고 촛불로서 추위를 막으려 하니 애만 쓸 뿐 功이 없다. 財官이 無力하고 無根한데 比劫이 설치고 있으니 주위환경(周圍環境)에 골치 아픈 일이 허다(許多)하고 一入三出하는 形局이다. 印星이 得旺하니 배우는 것은 많으나 無財하니 手腕이 不足하고 기회를 얻기가 어려우며 萬事가 그림의 떡이다. 絶地에 君臨하니 심경(心境)과 事物의 변동(變動)이 많고 一喜二忌로 마음의 安定이 어렵다. 戊寅 己卯運엔 食神生財할 것 같지만 忌神인 比劫이 旺盛한데 反하여 財가 無氣하며 無根의 食神으론 生財하기가 어려우니 마치 불이 붙을 것 같으면서 붙지 않듯이 만사가 될듯하면서 지체되고 成事가 어렵다. 財官地에서 比劫이 好轉하니 發身할 수 있다.

[명조해설]

위 사주는 亥월 亥시 생이라서 火용신해야 하고 식상과 재운에 발목 하고 관운역시 비겁을 다듬으니 좋다. 일단 좋은 사주는 못된다.

<육신활용 사례 38>

乾命	丙戌	庚寅	辛亥	己丑

수	9	19	29	39	49	59	69
대운	辛卯	壬辰	癸巳	甲午	乙未	丙申	丁酉

己丑	辛亥	庚寅	丙戌	乾命

<1946년04월05일축시생>

　　財旺 身弱한데 劫財를 보니 病으로 고생하는 터에 名醫를 얻음과 같다. 그러나 官星이 劫財를 제압(制壓)하니 명의(名醫)가 良藥을 가지고 오다가 얄미운 官의 檢問에 걸려서 돌아가는 形局이다. 모두가 好事多魔로 장애가 많고 속수무책(束手無策)이며 그림의 떡이다. 時上의 印星을 通해서 힘을 기르고 學業을 닦으며 그에 依支하려 하나 春土인지라 너무나 薄弱하고 官印相生할 것 같지만 萬里異城에 상거(相距)하니 어찌 소식이 쉽게 전달되겠는가? 설상가상(雪上加霜)으로 官旺地로 行運하고 食神이 설기하니 좌불안석(坐不安席)으로 心亂하기가 뜬구름 같다. 財官運에 이르면 山넘어 山을 넘어야 하고 東奔西走해야 하니 偏印에 밀착(密着)하여 衣食의 터전을 개척(開拓)하는 것이 急先務다.

　　　　　　　[명조해설]
　　위 사주는 三土一金이 도우지만 食財官이 강하여 일단 신약하므로 印比운에 발복하는 사주이다. 40대 후반 乙未운부터 발신하여 丙申 丁酉운에 크게 좋아질 것이다.

<육신활용 사례 39>

<1916년10월06일축시생>

　　七殺이 得令하고 身弱한데 財가 生殺하니 雪上加霜이다. 多幸히 時上印星을 얻어서 殺印相生하니 子女가(官殺)로 因해서 虎口를 면하고 子女가 成長함에 따라서 生氣가 늘어가며 安泰하다. 그러나 偏財가 動하고 誘惑하니 사행심(射倖心)이 간절하다. 財를 貪하면 命脈인 印星이 外面하고 財殺이 合黨하여 攻身하니 射倖이나 투기(投機)에 손을 대면 破財하고 身厄을 겪는다. 오직 수양(修養)하고 德性을 길러서 적선(積善)에 힘쓰고 子女에 정성을 기울어야 한다. 運이 忌神인 財旺地에 이르고 傷官이 誘惑하니 부질없는 일에 시간과 精力과 돈을 낭비하며 作事는 즐기나 한 가지도 成事가 되기는 어렵다. 巳運 絶地를 조심스럽게 넘어야 하고 丙午 財旺運에 수신제가(修身齊家)에 힘써야 한다.

　　　　　　　　[명조해설]
　위 사주는 칠살이 득세하는 팔자여서 만약 辛금 정인이 없었다면 문제성이 많다. 그러나 허약하여 기복이 심 할 수 있으니 이런 명조는 살얼음판을 걸어가듯 살아야 한다.

<육신활용 사례 40>

乾命	甲辰	甲戌	甲寅	丁卯

수	2	12	22	32	42	52	62
대운	乙亥	丙子	丁丑	戊寅	己卯	庚辰	辛巳

丁卯	甲寅	甲戌	甲辰	乾命

<1964년09월27일묘시생>

　財旺하고 身弱한데 比肩이 重重하니 大富之命이다. 그러나 時上 傷官이 比肩을 헛되이 설기하여 財에 對한 作用을 멀리하니 김빠진 麥酒처럼 활동할 興味가 없다. 움직이면 움직일수록 김만 빠지고 헛수고를 하니 어찌 意慾이 있겠는가? 傷官은 힘의 낭비(浪費)이듯이 공부는 하지 않고 놀기에만 열중(熱中)한다. 丙辰 丁巳年엔 食傷이 겹치고 得勢하니 부질없는 장난과 낭비에 몰두하여 父母의 속을 썩인다. 印星이 와서 傷官을 제거(除去)하면 生氣가 발랄해서 힘써 노력(努力)하고 분발한다. 大運이 印旺地로 行하나 食傷이 가로막으니 好事多意로 周圍環境의 유혹과 惡友 때문에 오염(汚染)되어서 빛을 보기가 힘들다.

[명조해설]

　위 사주는 失令 해서 신약한 것 같지만 寅卯辰 木方局을 하고 三甲이 투출하여 신강 하므로 丁火로 통기시켜야 하는 식상생재의 명이다. 일명 木火通明의 사주인데 운이 印比 운으로 흘러 운이 매우 나쁘다.

新四柱講義錄 全3卷 完刊

독학으로 공부하는 명강의록

역술계의 巨星 변만리 선생님의 力作인 新四柱 강의록은 필경사를 동원하여 직접 手記로 쓴 책으로 후학지도 용 교재로만 오랫동안 사용 되었으나 선생님께서 타계하신 후 학인들의 열화와 같은 요청에의해 서점판매를 결정하게 되었으며 초등반 고등반 대학반 전3권으로 완성되었습니다. 지금부터 전국대형서점에서 만나보실 수 있습니다. 신사주학강의록 전3권만 정독하시면 최고의 도사요 달변술사로 성장 할 것입니다.

이 책의 4대 장점
1. 이론이 간단해서 쉽게 배울 수 있다.
2. 개성 적성 지능을 척척 알 수 있다.
3. 누구나 쉽게 이해 할 수 있도록 엮었다.
4. 실례 위주로 흥미진진하게 풀이하였다.

본 강의록으로 공부하시는 학인들은 학습지도교수가 궁금증이나 의문사항을 문의하시면 직접지도 해드립니다.
지도교수 김동환 070-4103-2367(변만리역리연구회장)
 초등반:4/6배판 540쪽 내외 정가38,000원 변만리 지음
 고등반:4/6배판 520쪽 내외 정가38,000원 변만리 지음
 대학반:4/6배판 504쪽 내외 정가38,000원 변만리 지음
  03197 서울시 종로구 종로 258, 덕성빌딩233호
 전화02)926-3248 도서출판 資文閣 팩스02)928-8122
 공급처 여산서숙 주문전화02)928-8123.팩스02)928-8122

邊萬里著 六神大典

육신은 사주의 꽃이다.

역술계의 巨星 변만리 선생님께서 수년간에 걸쳐서 독자적으로 개발한 감정의 최고 原理書인 六神大典은 수십 번을 재발간해서 문하생들의 절찬을 받았던 책으로 후학지도용 교재로만 오랫동안 사용되었으나 선생님께서 他界하신후 學人들의 열화와 같은 요청에의해 서점판매를 결정하게 되었습니다. 사주는 六神으로서 인간만사를 판단하게 되는데 財星이 用이고 喜神이면 得財 致富하고 출세하듯이 六神의 喜神과 忌神은 운명을 판단하는 열쇠가 됩니다. 운명과 인간만사는 陰陽五行의 相生相剋으로 판단하지만 父母 兄弟 妻 夫 子孫의 富貴貧賤과 興亡盛衰는 하나같이 육신위주로 판단합니다.

변만리 선생님은 육신대전이야말로 사주의 꽃이라 했습니다. 육신대전은 사주의 백과사전으로서 사주와 운세의 분석과 감정에 만능교사가 될 것입니다.

본 六神大典으로 공부하시는 학인들은 학습지도교수가 궁금증이나 의문사항을 문의하시면 직접지도 해드립니다.

지도교수 김동환 070-4103-2367(변만리역리연구회장)

六神大典 : 4 / 6배판 356쪽 내외 정가 25,000원

03197 서울시 종로구 종로 258, 덕성빌딩233호

전화02)926-3248 도서출판 資文閣 팩스02)928-8122

공급처 **여산서숙** 주문전화02)928-8123.팩스02)928-8122

邊萬里著 通變大學

통변은 사주의 꽃이다.

역술계의 巨星 변만리 선생님께서 수년간에 걸쳐서 독자적으로 개발한 감정의 最高書인 통변대학은 수십 번을 재발간해서 문하생들의 절찬을 받았던 책으로 후학지도용 교재로만 오랫동안 사용되었으나 선생님께서 他界하신후 學人들의 열화와 같은 요청에 의해 서점판매를 결정하게 되었습니다.
사주는 감정이 기본이고 감정은 통변이 으뜸입니다.

五行을 正五行 化五行 納音五行別로 나누고 운명과 인간만사를 세 가지 오행별로 판단하는 원리와 요령을 상세히 밝힌 통변대학(백과사전)에서는 무엇이 正五行이고 化五行이며 納音 五行인지를 구체적으로 설명하였습니다.

통변대학은 동양고전점술의 금자탑이요 溫故知新으로서 만리天命과 더불어 동양점술의 쌍벽을 이루며 陰陽五行의 眞理를 연구하는데 金科玉條가 될 것입니다.

통변대학은 사주의 백과사전으로서 사주와 운세의 분석과 감정에 만능교사가 될 것이라고 확신합니다. 본 通變大學으로 공부하시는 학인들은 학습지도교수가 궁금중이나 의문사항을 문의하시면 직접지도 해드립니다.

지도교수 김동환 070-4103-2367 (변만리역리연구회장)

　　通變大學 : 4 / 6배판 390쪽 내외 정가 25,000원
　　03197 서울시 종로구 종로 258, 덕성빌딩233호
　　전화02)926-3248 도서출판 資 文 閣 팩스02)928-8122
　　공급처 여산서숙 주문전화02)928-8123.팩스02)928-8122

萬里天命

天命은 四柱八字를 말한다.

역술계의 巨星 변만리 선생님께서 20여년동안에 열심히 연구하고 개발한 만리천명은 음양오행설을 비롯하여 중국의 점성술을 뿌리채 파헤치고 새로운 오행과 법도를 독창적으로 개발하고 정립한 명실상부한 독창이요 혁명이며 신기원의 역술서적입니다. 수십 번을 재발간해서 문하생들의 절찬을 받았던 萬里天命은 변만리 선생님께서 후학지도용 교재로만 오랫동안 사용되었으나 선생님께서 타계하신 후 학인들의 열화와 같은 요청에의해 서점판매를 결정하게 되었습니다. 지금까지의 음양오행은 강자가 약자를 지배하는 상극 위주의 자연오행을 신주처럼 섬기는 동시에 格局用神과 神殺을 감정의 대법으로 삼아왔지만 지금부터는 金剋木 木극土 土극水 水극火 火극金의 相剋을 절대화해서 金은木을 이기고 지배하며 水는火를 이기고 지배하는 것을 법도화해서 태양오행과 體와 用의 감정원리를 확실히 밝힌 역술혁명서적입니다.

본 萬里天命으로 공부하시는 학인들은 학습지도교수가 궁금증이나 의문사항을 문의하시면 직접지도 해드립니다.

지도교수 김동환 070-4103-2367 (변만리역리연구회장)

　만리천명 : 4 / 6배판 520쪽 내외 정가 50,000원
　03197 서울시 종로구 종로 258, 덕성빌딩233호
　전화02)926-3248 도서출판 資文閣 팩스02)928-8122
　공급처 **여산서숙** 주문전화02)928-8123.팩스02)928-8122

萬里醫學

만병을 뿌리채 뽑을 수 있다

만성병은 난치 불치병일까? 天命으로 體質을 분석하고 체질로서 병의 원인을 밝혀내며 만병을 뿌리채 다스리는 새로운 病理와 藥理와 診斷과 治病을 상세히 밝힌 治病의百科事典입니다. 환자를 상대로 병을 진단하는 東西醫學과는 달리 天命을 상대로 인체를 해부하고 오장육부의 旺衰强弱을 분석해서 어느 장부가 虛하고 病이며 藥이고 處方인지를 논리적이고 상식적으로 알기 쉽게 구체적으로 풀이함으로서 실감있게 무난히 공부함과 동시에 내 자신의병을 정확히 판단 할 수 있습니다. 역술계의 巨星 변만리 선생님께서 수년간에 걸쳐서 독자적으로 개발한 萬里醫學은 수십 번을 재발간해서 문하생들의 절찬을 받았던 책으로 후학지도용 교재로만 오랫동안 사용되었으나 선생님께서 타계 하신 후 학인들의 열화와 같은 요청에 의해 서점판매를 결정하게 되었습니다.

만리의학은 천명과 체질위주로 진단하고 처방함으로서 간단명료하고 공식적이며 오진과 약사고가 전혀 없음으로서 누구나 쉽게 배우고 활용할 수 있는 만능교사가 될 것입니다.

주요목차:생명의진리/병증과병리/천지운기와음양의법칙/오행의조화/천명과체질/목화금수의체질별생리와병리/풍한조열의원리/병과약의진의/한방의허와실/성인병/체질병/체질별진단과처방의진수/사상의학은 체질의학이 아니다/체질별처방의주약/암이란무엇인가/사차원세계와사차원의학/

　　萬里醫學 : 4 / 6배판 416쪽 내외 정가 50,000원

　　03197 서울시 종로구 종로 258, 덕성빌딩233호

　　전화02)926-3248 도서출판 **資文閣** 팩스02)928-8122

　　공급처 **여산서숙** 주문전화02)928-8123.팩스02)928-8122

五象醫學

오상의학은 불문진(不問診)이다.

병진에는 환자가 절대적이다. 대화를 하고 진맥을 하며 검사를 해야만 비로소 윤곽을 짐작할 수 있다. 그러나 오상의학은 환자가 필요 없다. 대화나 진맥 없이 타고난 사주팔자로서 체질과 질병을 한 눈으로 관찰 할 수 있는 것이 오상의학이다. 타고난 체질이 강하냐 약하냐 木體냐 土체냐 金체냐 水체냐를 가려내어 지금 앓고있는 장부가 肝이냐 肺냐 脾냐 心이냐 腎이냐를 똑바로 밝혀내고 그 원인이 虛냐 實이냐를 구체적으로 분간할 수 있다. 허와 실이 정립되면 補와 瀉의 처방은 자동적이다. 환자 없이 일언반구의 대화도 없이 보지도 묻지도 따지지도 않고 병의 원인과 증상을 청사진처럼 분석하고 진단하며 자유자재로 처방할 수 있는 완전무결한 不問診은 동서고금을 통하여 전무후무한 사상초유의 신기원이자 의학의 일대혁명이다.

역술계의 巨星 변만리 선생님께서 수년간에 걸쳐서 독자적으로 개발한 五象醫學은 수십 번을 재발간해서 문하생들의 절찬을 받았던 책으로 후학지도용 교재로만 오랫동안 사용되었으나 선생님께서 타계하신 후 많은 사람들의 입소문으로 열화와 같은 요청에 의해 서점판매를 결정하게 되었습니다.

이제는 번거로운 진찰이나 따분한 입원을 하지 않고서도 내 집에서 편안하게 만병을 진단하고 처방하여 다스릴 수 있다. 간단명료하고 공식적이며 오진과 약사고가 전혀 없음으로서 누구나 쉽게 배우고 활용할 수 있는 만능교사가 될 것입니다.

　　五象醫學 : 4 / 6배판 572쪽 내외 정가 58,000원
　　03197 서울시 종로구 종로 258, 덕성빌딩233호
　　전화02)926-3248 도서출판 資 文 閣 팩스02)928-8122
　　공급처 여산서숙 주문전화02)928-8123.팩스02)928-8122

陰陽五行의 眞理

음양오행의 진리는 우주와 인생의 진리이다.
새로운 占術과 醫術

음양오행과 상생상극의 진리를 알기 쉽게 상세히 풀이함으로서 글자대로 풀이하는 중국의 음양오행의 상생상극이 터무니없는 가짜임을 논리적으로 파헤침과 동시에 중국 사주와 의학이 왜 오판과 오진투성이고 세인의 불신과 외면을 당하고 있는 이유를 철저히 밝혀냈다. 진리위주의 만리천명과 만리의학을 상세히 소개함으로서 무엇이 참다운 사주요 의술인가를 생생하게 정설했다.

만리천명과 만리의학에 입문하는 초보자에게 이책은 필수적이다. 이 책은 음양오행의 상생상극의 진리와 십간십이지와 십이운성 등 한국사주의 기초가 되는 여러 가지 원리를 다양하고 알기 쉽게 풀이한 한국사주 입문과 연구의 틀이 되는 서적이다.

역술계의 巨星 변만리 선생님께서 수년간에 걸쳐서 독자적으로 개발한 음양오행의 진리는 수십 번을 재발간해서 문하생들의 절찬을 받았던 책으로 후학지도용 교재로만 오랫동안 사용되었으나 선생님께서 타계하신 후 많은 사람들의 입소문으로 열화와 같은 독자와 학인들의 요청에 의해 서점판매를 결정하게 되었다.

누구나 쉽게 배우고 활용할 수 있는 만능교사가 될 것이다.

주요목차: 우주창조자/생명의진리/인류의기원/원자와원자탄/태양은불덩이가아니다/만유인력설과만유압력설/우주의운동과변화/십간십이지/인체의구조와생리와병리와약리/십이운성의신비/천명과인생/천명과질병/우주와인생의진리/동양점술과의술은왜오진과오판이허다한가/운명은개척할수있다/ 등 다수

陰陽五行의 眞理: 신국판 324쪽 내외 정가 15,000원

03197 서울시 종로구 종로 258, 덕성빌딩233호

전화02)926-3248 도서출판 **資文閣** 팩스02)928-8122

공급처 **여산서숙** 주문전화02)928-8123.팩스02)928-8122

氣質學의 眞理

내 병은 내가 고친다.

성인병과 암은 왜 난치 불치병인가?

병의 근본원인을 알지 못하기 때문이다. 그 원인을 뚜렷이 밝혀낸 기질학이 탄생했다. 병을 고치려면 병원에 가야하고 의사의 진단을 받아야 한다. 기질학은 진단 없이 무엇이 병이고 원인인지를 척척 판단한다. 의학이 진단할 수 있는 것은 나타난 병의 양상인 증(證-증거)이기본이요 전부다. 병의 원인은 전혀 알 수 없다. 기질학은 나타나지 않은 병의 원인을 소상히 밝혀준다. 병에는 두 가지가있다. 갑자기 발생한 급성병과 장기적으로 발생한 만성병이다. 급성은 나타난 병증이 기본이요 전부이지만 만성병은 나타난 병증과 더불어 나타나지 않은 원인이 있다.

나타난 병증은 지엽이요 나타나지 않은 병은 뿌리다 뿌리가 있는 지엽은 아무리 다스려도 재생하듯이 원인이 있는 병증은 아무리 다스려도 재발한다. 만성병을 성인병이라 하는데 성인병은 하나같이 뿌리인 원인을 가지고 있다. 그 원인을 발견하지 않는 한 뿌리는 다스릴 수 없으며 뿌리가 살아있는 한 완치는 불가능하다. 기질학은 간단명료해서 누구나 쉽게 실용할 수 있다 어느 장부가 허약하고 병인지 원인을 밝혀내고 뿌리채 뽑아야만 성인병과 암을 다스릴 수 있다. 역술계의 巨星 변만리 선생님께서 수년간에 걸쳐서 독자적으로 개발한 기질학의 진리는 수십번을 재발간해서 문하생들의 절찬을 받았던 책으로 후학지도용 교재로만 오랫동안 사용되었으나 선생님께서 타계 하신 후 많은 사람들의 입소문으로 열화와 같은 독자와 학인들의 요청에 의해 서점판매를 결정하게 되었다. 누구나 쉽게 배우고 활용할 수 있는 만능교사가 될 것이다.

氣質學의 眞理 : 신국판 200쪽 내외 정가 10,000원

03197 서울시 종로구 종로 258, 덕성빌딩233호

전화02)926-3248 도서출판 **資 文 閣** 팩스02)928-8122

공급처 **여산서숙** 주문전화02)928-8123.팩스02)928-8122

慢性病의 眞理
만성병은 난치 불치병이 아니다.

현대병은 만성병이 압도적이다.
현대의학은 성인병과 암을 비롯한 만성병을 다스릴 수 없어 하나 같이 난치 불치로 생각하는데 그 이유는 무엇이 만성병의 원인인가를 알지 못 하기 때문이다. 의학이 진단할 수 있는 것은 나타난 병의 양상인 증(證-증거)이 기본이요 전부다. 나타나지 않은 병의 근본인 원인에 대해선 진단이 전혀 불가능하다. 나타난 병증은 지엽이요 나타나지 않은 병은 뿌리다 뿌리가 있는 지엽은 아무리 다스려도 재생하듯이 원인이 있는 병증은 아무리 다스려도 재발한다. 만성병은 뿌리를 가지고 있다.
만성병을 완치하려면 뿌리를 발견하고 발본색원해야 한다.
가장 바람직하고 행복한 장수는 정상적으로 오래 사는 것이다. 그러기 위해서는 평소에 장수 공부를 열심히 해야 하고 능소능대하며 달관해야 한다. 산다는 의욕은 완성하되 .물질적인 부귀영화는 가능한 한 탐하지 말라 조물주의 낚시밥을 저승사자처럼 두려워하고 살아야만 한다.
천명(사주팔자)을 알고 순리대로 살아야 평생 적이 없고 천수를 누릴 것이다. 역술계의 巨星 변만리 선생님께서 수년간에 걸쳐서 독자적으로 개발한 만성병의 진리는 수십 번을 재발간해서 문하생들의 절찬을 받았던 책으로 후학지도용 교재로만 오랫동안 사용되었으나 선생님께서 타계 하신 후 많은 사람들의 입소문으로 열화와 같은 독자와 학인들의 요청에 의해 서점판매를 결정하게 되었다. 만성병의 진리를 정독하면 누구나 쉽게 익히고 활용할 수 있으며 이 책이 만능교사가 될 것이다.

慢性病의 眞理 : 신국판 200쪽 내외 정가 10,000원

03197 서울시 종로구 종로 258, 덕성빌딩233호

전화02)926-3248 도서출판 **資 文 閣** 팩스02)928-8122

공급처 **여산서숙** 주문전화02)928-8123.팩스02)928-8122

한국사주 입문

한국 사주는 개성지능 적성을 척척 알 수 있다

한국 사주는 간단명료하며 논리가 정연하다.

한국 사주는 인간해부학인 동시에 운명의 분석철학이다.
만인의타고난 천성과 지능과 적성을 비롯해서 인간의 모든 것을 송두리째 낱낱이 파헤치고 밝혀준다. 중국 사주는 10년을 공부해도 끝이 없고 미완성이며 애매모호하지만 한국 사주는 누구나 쉽게 입문하고 완성할 수 있다.

한국 사주는 이론이 간단해서 쉽게 배운다.

음양오행과 상생상극의 진리를 비롯하여 인체설계도를 최초로 발견한 변만리선생님이 진리위주로 개발한 한국 사주와 의학은 글자그대로 풀이하고 통용하는 중국 사주와는 판이한 동시에 운명과 질병의 분석과 판단이 간단명료하고 정확정밀하다.

격국과 신살을 쓰지 않고도 운명을 정확하게 판단한다.

혹세무민 귀신타령 없는 동시에 눈치코치로 이랬다저랬다 횡설수설하는 오판과오진이 없다. 사주는 음양오행의 운기로 형성된 인체의 설계도이다. 사주를 구성한 음양오행의운기와 원리를 분석하면 타고난 운명과 질병을 한눈으로 관찰하고 판단 할 수 있다. 한국 사주는 역술계의 巨星 변만리 선생님께서 수년간에 걸쳐서 독자적으로 개발해서 문하생들의 절찬을 받았던 책으로 후학지도용 교재로만 오랫동안 사용되었으나 선생님께서 타계하신 후 많은 사람들의 열화와 같은 학인들의 요청에 의해 서점판매를 결정하게 되었다.

한국사주입문:신국판 200쪽 내외 정가 10,000원
03197 서울시 종로구 종로 258, 덕성빌딩233호
전화02)926-3248 도서출판 資文閣 팩스02)928-8122
공급처 **여산서숙** 주문전화02)928-8123.팩스02)928-8122

개정신판
육 신 대 전

2025년04월15일 개정신판 발행
2011년07월10일 중판01쇄 발행
2023년06월30일 중판06쇄 발행
원저자 / 변 만 리
편저인 / 김 동 환
발행인 / 김 정 숙
발행처/ 도서출판 자문각
주 소 / 서울시 종로구 종로 258
　　　　　덕성빌딩 233호

공급처/여산서숙 02)928-8123
전화/02)928-2393 팩스/02)928-8122
등록/1978년08월12일
신고번호 제300-2011-1114
무단복제불허
값 25,000원

잘못된 책은 구입처에서 교환해 드립니다.